普通高等学校体育教育专业主干课配套教材

运动生理学题解

Yundong Shenglixue Tijie

（第三版）

乔德才　邓树勋　主编

高等教育出版社·北京

内容提要

    本书是普通高等学校体育教育专业主干课程《运动生理学（第三版)》教材的配套教学用书。在内容上全面反映了运动生理学课程的教学目标，突显了体育专业特点、重点和难点。全书共 15 章，每章包括习题和参考答案两部分。习题分为单选题、判断题、填空题、名词解释、简答题、论述题和案例分析题 7 种题型。每部分都附有参考答案，便于学生课后复习、自测和检验对每章基本知识的掌握情况。

    本书可供体育专业本、专科学生及成人教育函授生使用，也可作为报考研究生或参加教师职业资格考试的复习资料，还可作为各类体育师资培训、教练员岗位培训的参考用书。

图书在版编目（CIP）数据

    运动生理学题解/乔德才，邓树勋主编. --3 版
--北京：高等教育出版社，2016.2（2024.12 重印）
    ISBN 978-7-04-044250-2

    Ⅰ．①运… Ⅱ．①乔… ②邓… Ⅲ．①运动生理学-高等学校-题解 Ⅳ．①G804.2-44

    中国版本图书馆 CIP 数据核字（2015）第 275313 号

策划编辑	赵文良	责任编辑 赵文良	封面设计 王 琰	版式设计 于 婕
责任校对	刁丽丽	责任印制 张益豪		

出版发行	高等教育出版社		网 址	http://www.hep.edu.cn
社 址	北京市西城区德外大街 4 号			http://www.hep.com.cn
邮政编码	100120		网上订购	http://www.landraco.com
印 刷	北京鑫海金澳胶印有限公司			http://www.landraco.com.cn
开 本	787mm×960mm 1/16			
印 张	15.5		版 次	1997 年 7 月第 1 版
字 数	270 千字			2016 年 2 月第 3 版
购书热线	010-58581118		印 次	2024 年 12 月第 16 次印刷
咨询电话	400-810-0598		定 价	31.00 元

本书如有缺页、 倒页、 脱页等质量问题， 请到所购图书销售部门联系调换
版权所有 侵权必究
物 料 号 44250-00

编委名单

前　言

运动生理学是研究在体育运动的影响下，人体机能活动变化规律的一门科学，属于人体生理学的一门应用分支学科。通过系统地学习该学科的基本理论和知识，在运动实践中可以科学地指导体育锻炼和运动训练，以达到促进健康、增强体质、提高运动成绩的目的。为了适应运动生理学发展的需要，满足普通高等学校的教学要求，帮助学生复习与巩固已掌握的运动生理学理论和知识，启发学生应用这些理论和知识解决体育锻炼与运动训练中的生理学问题，培养学生综合应用和创新能力，我们受全国高等学校体育教学指导委员会和高等教育出版社的委托，组织国内部分高校从事运动生理学教学与研究的专家和学者编写了此书。

本书在编写过程中，是以"十二五"普通高等教育本科国家级规划教材《运动生理学》（第三版）为依据，力求系统地反映运动生理学的学科理论与知识，从实用的角度突出重点和难点。全书共分为 15 章，每章包括习题和参考答案两部分。习题分为单选题、判断题、填空题、名词解释、简答题、论述题和案例分析题 7 种题型。各部分都附有参考答案，便于学生课后复习，自测和检验对每章基本知识的掌握情况，并引导学生进行深入思考，提高其分析问题和解决问题的能力。

本书由北京师范大学和华南师范大学召集编写，参加编写的人员有（以编写章节为序）：邓树勋、侯莉娟（绪论）；王健（第一章）；张勇、廖鹏（第二章）；乔德才、侯莉娟（第三章）；汤长发（第四章）；郝选明（第五章）；房冬梅（第六章）；王维群（第七章）；王竹影（第八章）；刘洪珍（第九章；第十章第五节内容）；王凤阳（第十章第一节内容）；肖国强（第十章第二、三节内容）；刘一平（第十章第四节内容）；胡扬（第十章第六节内容）；胡柏平（第十一章）；刘善云（第十二章）；党晓云（第十三章第一节内容）；林华（第十三章第二、三节内容）；何玉秀（第十四章第一、二节内容）；黄玉山（第十四章第三节内容）；彭莉（第十五章第一、二、三节内容）；吴纪饶、吴华（第十五章第四、五节内容）。

在编写过程中，我们得到了高等教育出版社和全国高等学校体育教学指导委员会的大力支持和帮助，在此深表感谢。本书在编写过程中虽经多次讨论、修改，数易其稿，但不足之处在所难免，敬请读者批评指正。

《运动生理学题解》编写组

2014 年 11 月于北京

目　录

绪　论 0

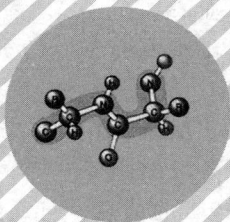

一、习题

（一）单选题

1. 下列有关运动生理学的表述错误的是（　　　）
   A. 属于人体生理学的一个分支学科
   B. 是研究体育活动影响下人体功能发生反应和适应规律的一门科学
   C. 是一门实验性科学，一切生理学的知识都来自于实验
   D. 研究对象是人，所以不能用动物实验进行研究

2. 新陈代谢是生命活动最基本的特征之一，它包括（　　　）
   A. 同化作用和异化作用　　　　　　　B. 物质代谢和能量代谢
   C. 合成代谢和分解代谢　　　　　　　D. 同化作用和能量代谢

3. 内环境是指人体细胞生存的环境，亦可称之为（　　　）
   A. 细胞外液　　　　　　　　　　　　B. 血清
   C. 血浆　　　　　　　　　　　　　　D. 细胞内液

4. 下列哪一种调节方式是人体内最主要的调节方式（　　　）
   A. 体液调节　　　　　　　　　　　　B. 正反馈调节
   C. 神经调节和体液调节　　　　　　　D. 负反馈调节

5. 当人们进行冬泳前，游泳环境各种刺激产生的信息，可通过条件反射的方式动员体温调节中枢，其机制属于（　　　）
   A. 减压反射　　　　　　　　　　　　B. 听觉反应
   C. 正反馈调节　　　　　　　　　　　D. 前馈反射

6. 下面哪一种反射活动属于正反馈（　　　）
   A. 排尿反射　　　　　　　　　　　　B. 减压反射
   C. 肺牵张反射　　　　　　　　　　　D. 动脉压感受性反射

7. 条件反射是在非条件反射基础上形成，是人或高等动物在生活过程中根据个体所处的生活条件而建立起来的，所以它是（　　　）
   A. 后天获得的一种低级神经活动
   B. 先天获得的一种高级神经活动
   C. 后天获得的一种高级神经活动
   D. 先天获得的一种低级神经活动

（二）判断题

1. 运动生理学研究的对象是人，因而只能通过对人体的实验测定而获取人体各种生理功能发展变化规律的实验资料。（　　　）

2. 生理学是一门实验科学，一切生理学的知识都来自于实验。（　　　）

3. 维持永远不变的内环境理化性质的平衡状态称为稳态。（　　　）

4. 兴奋性是一切生物体所具有的生理特性，是生物体生存的必要条件。（　　　）

5. 整个机体的生命活动是在稳态不断受到破坏而又得到恢复的过程中得以维持和进行的，稳态只是受到细胞新陈代谢的影响。（　　　）

6. 非条件反射是在条件反射基础上形成，是人或高等动物在生活过程中根据个体所处的生活条件而建立起来的，是一种后天获得的高级神经活动。（　　　）

7. 与神经调节相比，体液调节的作用具有缓慢、广泛和持久的特点。（　　　）

8. 自身调节的幅度虽然较小，也不十分灵敏，但对人体生理功能的调节仍有一定意义。（　　　）

（三）填空题

1. 人体生理学是研究正常人体＿＿＿＿＿＿＿＿规律和人体各器官、＿＿＿＿＿＿＿＿生理功能的一门科学。

2. 运动生理学是在实验基础上，研究人体对急性运动的反应和长期运动训练的适应所引起的机体＿＿＿＿＿＿＿＿和＿＿＿＿＿＿＿＿变化的规律。

3. 运动生理学研究范围既有以探索基本现象与规律为内容的＿＿＿＿＿＿＿＿，又有围绕体育教学训练实践的＿＿＿＿＿＿＿＿，两者密切联系、相辅相成。

4. 生命基本特征包括＿＿＿＿＿＿＿＿、＿＿＿＿＿＿＿＿和＿＿＿＿＿＿＿＿三个基本活动。

5. 人体的体液是由＿＿＿＿＿＿＿＿和＿＿＿＿＿＿＿＿两部分组成，其中＿＿＿＿＿＿＿＿是细胞生活的直接环境，称为内环境。

6. 反射弧是由＿＿＿＿＿＿＿＿、＿＿＿＿＿＿＿＿、神经中枢、传出神经和效应器5部分组成。

7. 反馈的效应表现为两方面：一种是使控制部分的作用增强，称为＿＿＿＿＿＿＿＿；另一种是使控制部分的作用减弱，称为＿＿＿＿＿＿＿＿。

8. 人体参加比赛或训练前可感知周围环境的变化，使身体各器官和系统产生一系列条件反射的现象称为＿＿＿＿＿＿＿＿，具有＿＿＿＿＿＿＿＿的调节特点。

（四）名词解释

1. 新陈代谢

2. 兴奋性

3. 反应

4. 内环境

5. 稳态

6. 反射

7. 体液调节

8. 自身调节

9. 反馈

10. 前馈

（五）简答题

1. 简述内环境的作用。

2. 反射活动可分为哪两种类型？各有何特点？

3. 何谓前馈？请举例说明它在运动实践中的作用和意义。

（六）论述题

请详细分析运动生理学的研究方法。

二、参考答案

（一）单选题

1. D　2. B　3. A　4. C　5. D　6. A　7. C

（二）判断题

1. 错　2. 对　3. 错　4. 对　5. 错　6. 错　7. 对　8. 对

（三）填空题

1. 生命活动，系统

2. 结构，机能

3. 基础性研究，应用性研究

4. 新陈代谢，兴奋性，生殖

5. 细胞外液，细胞内液，细胞外液

6. 感受器，传入神经

7. 正反馈，负反馈

8. 前馈，前瞻性

（四）名词解释

1. 一切生物体存在的最基本特征是在不断地破坏和清除已经衰老的结构，重建新的结构，这是生物体与周围环境进行物质与能量交换中实现自我更新的过程，称为新陈代谢。

2. 生物体对刺激发生反应的能力称为兴奋性。

3. 生物体生活在一定的外界环境中，当环境发生变化时，细胞、组织或机体内部的新陈代谢及外部的表现都将发生相应的改变，这种改变称为反应。

4. 相对于人体生存的外界环境，细胞外液是细胞生活的直接环境，称为内环境。

5. 在一定范围内，经过体内复杂的调节机制，维持不断变化的内环境理化性质并保持相对动态平衡的状态称为稳态。

6. 反射是指在中枢神经系统参与下，机体对内、外环境刺激产生的应答性反应。

7. 人体内分泌细胞分泌的各种激素进入血液后，经血液循环运送到全身各处，对人体的新陈代谢、生长、发育和生殖等重要基本功能进行的调节，称为体液调节。

8. 当体内外环境变化时，器官、组织、细胞可以不依赖于神经或体液调节而产生的某些适应性反应，称自身调节。

9. 在机体内进行各种生理功能的调节时，被调节的器官功能活动的改变又可通过回路向调节系统发送变化的信息，改变其调节的强度，这种调节方式称为反馈。

10. 在调控系统中，干扰信息可以直接通过受控装置作用于控制部分，引起输出效应发生变化，具有前瞻性的调节特点，称为前馈。

（五）简答题

1. 内环境可为机体细胞提供必要的理化条件，使细胞的各种酶促反应和生理功能得以正常进行；同时也为细胞提供营养物质，并接受来自细胞的代谢产物。所以，内环境的相对稳定是细胞进行正常新陈代谢，维持细胞正常兴奋性和各器官正常机能活动的必需条件。

2. 反射活动可分为非条件反射和条件反射两类。非条件反射是生来就有的、固定的反射，是一种较低级的神经活动。条件反射是在非条件反射基础上形成，是人或高等动物在生活过程中根据个体所处的生活条件而建立起来的，所以是后天获得的，是一种高级神经活动。

3. 在调控系统中，干扰信息可以直接通过受控装置作用于控制部分，引起输出效应发生变化，具有前瞻性的调节特点，称为前馈。人体参加比赛或训练前可感知周围环境的变化，使身体各器官和系统产生一系列条件反射，表现为神经系统的兴奋性适度提高、物质代谢加强、体温升高及内脏器官活动增强，有利于加快机体调节稳态的速度。

（六）论述题

运动生理学基本的研究方法是通过对人体的实验测定而获取各种生理功能发展变化规律的实验资料。有时为了深入观察某种特定条件下运动引起的生理变化，可能会对实验对象造成一定的损伤，此时就需要利用动物进行实验观察。根据进行实验的场所可分运动现场实验和实验室实验。运动现场测定就是在运动现场直接对运动者在运动前、运动中及运动后恢复期的若干生理指标进行测定。实验室实验研究是在实验室条件下进行，让实验对象按照预先设计的实验方案，在实验室采用跑台及自行车功量计等各种实验训练装置进行模拟实验性训练，观察实验性训练对机体各种生理功能的影响。近年来，随着物理、化学、数学、计算机科学等的发展，应用这些科学成果研究人体生理功能活动，派生出许多新兴的研究领域，如肌组织活检、遥测技术、数学模型、系统分析、计算机模拟等。

（华南师范大学　邓树勋）

（北京师范大学　侯莉娟）

第一章　肌肉活动

一、习题

（一）单选题

1. 在机体内各种形式的躯体运动得以实现，都依赖于（　　）
   - A. 骨骼肌的紧张性收缩
   - B. 骨骼肌的收缩和舒张
   - C. 中枢神经系统的精细调节
   - D. 神经系统控制下的骨骼肌活动

2. 具有兴奋性的细胞，在有效刺激作用下能够产生（　　）
   - A. 局部反应
   - B. 局部兴奋
   - C. 电位变化
   - D. 可传播的电位变化

3. 评价神经肌肉兴奋性的简易指标是（　　）
   - A. 刺激强度
   - B. 阈强度
   - C. 静息电位
   - D. 时间阈值

4. 评价神经与肌肉兴奋性常用的指标是（　　）
   - A. 基强度
   - B. 利用时
   - C. 时值
   - D. 动作电位

5. 短跑运动员与耐力性项目运动员相比，股四头肌的时值（　　）
   - A. 较长
   - B. 较短
   - C. 无区别
   - D. 先短后长

6. 细胞兴奋性得以维持是由于（　　）
   - A. 安静时细胞膜对 K^+ 有通透性
   - B. 兴奋时细胞膜对 Na^+ 通透性增加
   - C. Na^+ 和 K^+ 的易化扩散
   - D. 细胞膜上 Na^+-K^+ 泵作用

7. 组织兴奋后处于绝对不应期时，其兴奋性为（　　）
   - A. 零
   - B. 无限大
   - C. 正常
   - D. 正常水平以下

8. 若减少细胞外液中 Na^+ 浓度，可导致（　　）
   - A. 静息电位绝对值增大
   - B. 动作电位幅度降低
   - C. 动作电位幅度增大
   - D. 静息电位绝对值降低

9. 下列选项中有关局部兴奋的叙述错误的是（　　）
   - A. 局部兴奋由阈下刺激引起
   - B. 局部兴奋可实现时间或空间的总和
   - C. 局部兴奋可向周围传播，且幅度不变
   - D. 局部兴奋向邻近部位呈电紧张性扩布

10. 静息电位的大小接近于（　　）
    - A. 钠离子的平衡电位

B. 钾离子的平衡电位

C. 钠离子与钾离子平衡电位之和

D. 钠离子与钾离子平衡电位之差

11. 动作电位的特点之一是（　　　）

  A. 刺激强度小于阈值时，出现低幅度动作电位

  B. 刺激强度达到阈值后，再增加刺激强度动作电位幅度增大

  C. 动作电位一经产生，便可沿细胞膜作电紧张性扩布

  D. 动作电位一经产生，便可沿细胞膜以局部电流方式进行传导

12. 实现相邻细胞间直接电联系的结构基础是（　　　）

  A. 缝隙连接　　　　　　　　B. 紧密连接

  C. 突触连接　　　　　　　　D. 专属通道

13. 运动终板是指（　　　）

  A. 运动神经末梢装置

  B. 神经肌肉接点装置的总称

  C. 神经肌肉接点区的肌细胞膜增厚部分

  D. 分布于肌细胞膜上的突触装置

14. 在神经肌肉接点处乙酰胆碱与终膜受体结合，可触发终膜（　　　）

  A. 对 Ca^{2+} 通透性增大

  B. 对 Na^+ 通透性增大和对 K^+ 通透性减小

  C. 对 Na^+ 和 K^+ 通透性都增大

  D. 对 Na^+ 通透性减小和对 K^+ 通透性增大

15. 静息时，运动神经末梢囊泡内物质（　　　）

  A. 大量释放　　　　　　　　B. 少量轮流释放

  C. 少量随机释放　　　　　　D. 呈量子释放

16. 下列有关兴奋在神经肌肉接点传递特征的错误叙述是（　　　）

  A. 电传递　　　　　　　　　B. 单向性

  C. 时间延搁　　　　　　　　D. 易受药物或其他环境因素的影响

17. 表面电极所记录的肌电图是（　　　）

  A. 单个运动单位的电变化

  B. 多个运动单位电变化的综合

  C. 单个或多个运动单位肌纤维收缩的张力变化

  D. 肌肉兴奋时产生的动作电位变化

18. 实现肌肉收缩和舒张的最基本结构单位是（　　　）

  A. 肌纤维　　　　　　　　　B. 肌原纤维

9

C. 肌小节   D. 运动单位

19. 依据肌丝滑行理论，骨骼肌收缩时表现为（　　　）

     A. 明带缩短，H 带不变   B. 明带缩短，H 带变窄或消失

     C. 暗带缩短，H 带消失   D. 暗带长度不变，H 带不变

20. 环绕肌原纤维的横管系统是（　　　）

     A. Ca^{2+} 进出肌纤维的通道

     B. 营养物质进出肌纤维的通道

     C. 细胞外液与细胞内液交换的通道

     D. 将兴奋时的电变化传入细胞内部

21. 位于肌质网两端的终末池是（　　　）

     A. 实现肌纤维内外物质交换的场所

     B. Ca^{2+} 的贮库

     C. Ca^{2+} 和 Mg^{2+} 的贮库

     D. Ca^{2+} 的释放库

22. 目前认为骨骼肌细胞实现兴奋-收缩耦联的关键因素是（　　　）

     A. 兴奋沿横管系统传至肌细胞内部

     B. 兴奋沿肌浆网传播触发 Ca^{2+} 的释放

     C. 三联管兴奋引起终末池释放 Ca^{2+}

     D. Ca^{2+} 与肌钙蛋白亚单位 I 的结合

23. 通常认为，肌肉做等张收缩时（　　　）

     A. 负荷恒定，速度恒定   B. 负荷恒定，速度改变

     C. 负荷改变，速度改变   D. 负荷改变，速度恒定

24. 人体在进行屈膝纵跳时，股四头肌的工作特点是（　　　）

     A. 只做等张收缩   B. 只做等动收缩

     C. 先做拉长收缩再做等张收缩   D. 先做等张收缩再做拉长收缩

25. 下列关于张力-速度关系曲线意义的叙述，错误的是（　　　）

     A. 要增加肌肉收缩的速度，应当减少后负荷

     B. 当后负荷减少到零时，肌肉收缩的速度达到最大

     C. 要增大肌肉收缩的张力，应当降低收缩的速度

     D. 在后负荷的作用下，肌肉收缩产生的张力和速度呈正变关系

26. 根据肌肉收缩的长度-张力关系曲线图可以看出，肌小节的最适初长度应是（　　　）

     A. $3.5 \sim 4.0\ \mu m$ B. $3.0 \sim 3.5\ \mu m$

     C. $2.5 \sim 3.0\ \mu m$ D. $2.0 \sim 2.2\ \mu m$

27. 肌肉收缩能力实际上就是 （　　）

    A. 肌肉收缩产生的张力随负荷增大而增大的能力

    B. 肌肉收缩产生的张力随初长度增大而增大的能力

    C. 肌肉的绝对力量和比肌力

    D. 由肌肉本身生理生化特征决定的功能状态

28. 比肌力是评价人体力量素质的一个重要生理指标，下列有关比肌力的叙述错误的是 （　　）

    A. 比肌力指单位肌肉横断面的最大肌力

    B. 运动实践中比肌力的大小可用单位体重所能举起的最大重量来表示

    C. 从事跑、跳和技巧等项目的运动员，比肌力较绝对肌力更重要

    D. 训练使肌肉围度增大，比肌力反而减少

29. 快肌纤维与慢肌纤维相比，其形态特征是 （　　）

    A. 肌纤维直径粗，毛细血管丰富

    B. 肌纤维直径粗，线粒体数目多

    C. 肌纤维直径粗，肌浆网发达

    D. 肌纤维直径细，毛细血管少

30. 慢肌纤维与快肌纤维相比，其形态特征是 （　　）

    A. 肌纤维直径较大，由 α 神经元支配

    B. 肌纤维直径较小，毛细血管的密度高

    C. 肌纤维直径较大，线粒体数量多

    D. 肌纤维直径较小，肌浆网发达

31. 下列哪一选项属于慢肌纤维的代谢特征 （　　）

    A. 糖原含量低，糖酵解能力强

    B. 糖酵解能力差，乳酸脱氢酶的活性高

    C. 糖酵解能力差，氧化脂肪能力强

    D. 糖原含量高，有氧氧化能力强

32. 慢肌纤维与快肌纤维相比，具有不同的生理特征，具体表现为 （　　）

    A. 收缩力量大、耐持久   B. 收缩速度慢、抗疲劳能力差

    C. 收缩速度慢、兴奋阈值低   D. 收缩力量小、不耐持久

33. 下列哪一选项属于快肌纤维的生理特征 （　　）

    A. 兴奋阈值低、收缩速度快   B. 收缩速度快、抗疲劳能力差

    C. 收缩速度快、力量小   D. 收缩力量大、能持久

34. 下肢肌肉中快肌纤维占优势的人，较适宜从事 （　　）

    A. 5 000 m 跑   B. 3 000 m 跑

C. 1 500 m 跑　　　　　　　　D. 100 m 跑

35. 下肢肌肉中慢肌纤维百分组成占优势的人，较适宜从事的运动项目是
（　　）

　　　A. 100 m 跑　　　　　　　　B. 800 m 跑

　　　C. 马拉松跑　　　　　　　　D. 跳高与跳远

36. 有关肌纤维类型能否相互转变一直是学术界争论的一个问题，综合近年来的研究资料可以认为，通过长期的定向训练（　　）

　　　A. 两类肌纤维可以互变　　　　B. 两类肌纤维完全不能互变

　　　C. 可以使快肌转变为慢肌　　　D. 可以使慢肌转变为快肌

37. 长期的运动训练对肌纤维横断面积的影响表现为 （　　）

　　　A. 可使两类肌纤维都肥大　　　B. 对肌纤维横断面积大小无影响

　　　C. 肌纤维出现选择性肥大　　　D. 举重训练使慢肌纤维肥大

38. 通过长期的耐力训练可使肌纤维中（　　）

　　　A. 线粒体数目和体积增加，琥珀酸脱氢酶活性提高

　　　B. 线粒体数目和体积增加，乳酸脱氢酶活性提高

　　　C. 线粒体数目增加，而体积不变

　　　D. 乳酸脱氢酶和琥珀酸脱氢酶活性都提高

39. 下列关于肌腱和肌肉中结缔组织功能的叙述，错误的选项是 （　　）

　　　A. 构成肌肉的弹性成分

　　　B. 最重要的成分是胶原蛋白，决定着它们的功能

　　　C. 训练使胶原蛋白含量增加，因而能增强肌肉的抗拉能力

　　　D. 肌肉在超负荷工作时拉伤，多见于肌腱断裂

40. 保持一定的刺激时间和强度时间变化率，引起组织兴奋的最小刺激强度称为 （　　）

　　　A. 最小刺激强度　　　　　　　B. 利用时

　　　C. 刺激阈值　　　　　　　　　D. 基强度

41. 运动生理学中将兴奋性的定义可以理解为是 （　　）

　　　A. 组织或者细胞对外界刺激发生反应的能力

　　　B. 组织或者细胞对外界刺激发生反应的过程

　　　C. 细胞受到刺激时产生动作电位的能力

　　　D. 细胞受到刺激时产生动作电位的过程

42. 肌肉初长度的大小在一定范围内取决于 （　　）

　　　A. 被动张力　　　　　　　　　B. 前负荷

　　　C. 后负荷　　　　　　　　　　D. 前后负荷之和

43. 肌肉在进行强直收缩时力量明显增大，但其动作电位（　　）
　　A. 发生叠加或者总和　　　　B. 不发生叠加或者总和
　　C. 幅值变大　　　　　　　　D. 频率变低
44. 依据张力–速度关系曲线可以看出，肌肉收缩时如果后负荷越小，则（　　）
　　A. 收缩最后达到的张力越大　　B. 开始收缩的时间越迟
　　C. 缩短速度越慢　　　　　　　D. 缩短程度越大
45. 平滑肌与骨骼肌相比较，其主要的特点是（　　）
　　A. 具有自律性　　　　　　　B. 对被动牵拉敏感
　　C. 静息电位不稳定　　　　　D. 细胞间无直接联系
46. 在神经-肌肉接头处的信息传递属于化学性传递，当递质在接点后膜上发挥作用后被下列哪一种酶所阻断（　　）
　　A. 磷酸二酯酶　　　　　　　B. 腺苷酸环化酶
　　C. 胆碱酯酶　　　　　　　　D. 美洲剑毒

（二）判断题

1. 可兴奋细胞受到刺激后产生的生物电反应过程及其表现称为反应。（　　）
2. 锋电位的产生是一个不需要消耗能量的过程。（　　）
3. 如果组织接受刺激后，使显著活动转为相对静止，或从活动较强转为活动较弱，称为抑制。（　　）
4. 具有正常兴奋性的组织在接受一个刺激后未发生反应，则可认为该刺激是阈下刺激。（　　）
5. 细胞接受刺激兴奋后，兴奋性可发生周期性变化，其中，绝对不应期的兴奋性最低，故阈强度最小。（　　）
6. 在人体内细胞间的兴奋传递都具有单向性特征。（　　）
7. 正常情况下，阈下刺激不能引起组织细胞的兴奋。（　　）
8. 随着运动员训练水平的提高，其神经-肌肉的兴奋性也提高，表现为拮抗肌之间的协调程度增强，时值缩短。（　　）
9. 在神经-肌肉接点处运动神经末梢与终板膜紧密相连。（　　）
10. 当终板膜去极化达到阈电位水平时，即可触发终板膜产生一次动作电位。（　　）
11. 终板电位为局部电位，没有不应期，但有总和现象。（　　）
12. 兴奋经过神经-肌肉接点传递，其节律始终保持1∶1的关系。（　　）
13. 重复刺激坐骨神经，不一定都能引起腓肠肌强直收缩。（　　）
14. 肌肉收缩时，细肌丝向粗肌丝中部滑行，肌丝本身的长度不变，肌节

缩短。（　　　）

15. 肌肉收缩需要 ATP 分解提供能量，而肌肉舒张则无需 ATP 的参与。（　　　）

16. Ca^{2+} 与肌钙蛋白的结合与解离，不仅是触发肌肉收缩的关键因素，而且也是肌细胞兴奋必不可少的要素。（　　　）

17. 肌肉在进行等长收缩时，横桥与粗肌丝主干之间的角度变小。（　　　）

18. 肌肉进行拉长收缩时，粗肌丝不再向细肌丝中部滑行，肌小节被逐渐拉长。（　　　）

19. 肌细胞兴奋-收缩耦联是同一生理过程的两个不同阶段。（　　　）

20. 在肌细胞收缩中，肌钙蛋白-原肌球蛋白复合物对肌球蛋白分子与细肌丝的结合起着易化作用。（　　　）

21. 横桥和肌动蛋白相互作用的周期性变换涉及肌球蛋白-ATP 的形成和横桥 ATP 酶随后对 ATP 的作用。（　　　）

22. 肌肉单收缩持续时间越短，实现完全强直收缩所需刺激的最低频率也越低。（　　　）

23. 肌肉在做等长收缩时，其收缩成分和弹性成分的长度都完全不变。（　　　）

24. 等动收缩时，在关节运动的整个范围内肌肉都能产生最有效的收缩，这是因为负荷能随关节运动的进程而减少。（　　　）

25. 等张收缩时，肌肉长度的缩短发生在前，肌肉张力的增加出现在后，这种说法是错误的。（　　　）

26. 骨骼肌的张力-速度关系曲线表明，肌肉做等张收缩时，其产生的张力和收缩的初速度之间呈正变关系。（　　　）

27. 肌肉收缩时产生的张力和速度的变化，都取决于活化的横桥数目。（　　　）

28. 肌肉在最适初长度时，粗肌丝和细肌丝处于最理想的重叠状态，因而能取得最好的收缩效果。（　　　）

29. 随着后负荷的增加，肌肉收缩所做的外功不断增大。（　　　）

30. 肌肉收缩力是指肌肉机械收缩的强度。（　　　）

31. 肌肉收缩的力量与肌肉的生理横断面成正比。（　　　）

32. 在其他条件相同时，肌肉的长度越大，所做的机械功也就越大。（　　　）

33. 人类骨骼肌纤维类型的分配完全是由遗传因素所决定。（　　　）

34. 在不同强度运动中，肌纤维募集程序的差异主要是由两类肌纤维兴奋阈的不同所决定。（　　　）

35. 快肌纤维的收缩速度大于慢肌纤维，其原因之一是快肌纤维的氧化供能速度快。（　　）

36. 通过长期的力量训练能使肌纤维运动性肥大、有氧氧化能力提高。（　　）

37. 慢肌纤维百分比占优势的人，通过运动训练也能获得很高的有氧氧化能力。（　　）

38. 通过运动训练可使肌腱的抗拉能力增强，这可能与肌腱增粗、胶原含量增加有关。（　　）

39. 骨骼肌收缩过程是需要消耗 ATP 的，而舒张过程不需要消耗 ATP。（　　）

40. 局部反应与动作电位相同，都具有"全或无"的特征。（　　）

（三）填空题

1. 任何刺激要引起组织兴奋，必须具备三个基本条件，即_____、_____和_____。

2. 可兴奋细胞产生兴奋的标志是在_____作用下，产生_____。

3. 局部兴奋可以由它的产生部位向周围做短距离的扩布，这种扩布形式称为_____，其影响随距离增加而迅速_____。

4. 由刺激神经干记录到的动作电位通常是_____动作电位，其幅度的大小取决于_____，在一定范围内，刺激强度加大，动作电位的幅度就_____。

5. 静息时，膜对_____有较大的通透性，对_____的通透性很低，所以静息电位主要是_____所形成的电化学平衡电位。

6. 实现运动神经与骨骼肌兴奋传递的物质是_____，该物质可与终板膜上的_____结合，进而造成终板膜的去极化。

7. 终板电位具有_____电位的性质，其大小与神经末梢释放的化学递质的量成_____，可表现_____现象。

8. 在完整机体内，肌肉活动的基本功能单位称为_____，它包括_____连同所支配的_____。

9. 构成骨骼肌的基本组织，除肌组织外，还有_____和_____等。

10. 在光学显微镜下，每个肌小节是由中间的_____带和两侧各二分之一的_____带所组成。

11. 构成粗肌丝的主要成分是肌球蛋白；而构成细肌丝的蛋白至少包括_____、_____和_____三种。

12. 横桥有两个重要的功能特征：一是有一个能与_____结合的位点，

二是能与_____呈可逆性的结合。

13. 肌膜的电变化过程和肌丝滑行的收缩过程之间有一个中介过程，该过程被称为_____，而实现这一中介过程的结构基础是_____。

14. 引起横桥摆动的最直接因素是 ATP_____；当刺激中止时，肌浆网膜上的_____迅速地回收_____，从而导致收缩肌肉开始舒张。

15. 肌肉在前一次收缩的舒张早期，就开始新的收缩，称_____收缩；若在前一次收缩的收缩期尚未结束前，就开始新的收缩，称_____收缩。

16. 肌肉弹性成分的作用，一是被牵拉伸长时以贮存_____；二是缓和收缩成分产生的_____变化，以防止肌肉损伤。

17. 肌肉在做缩短收缩时，肌张力_____外加的阻力，肌肉起止点互相_____。

18. 肌肉在做拉长收缩时，肌张力_____外加的阻力，肌肉起止点相互_____。

19. 肌肉在做等长收缩时，肌张力_____外加的阻力，肌肉积极收缩，但长度不变，此时肌肉做功为_____。

20. 等动收缩时，在整个关节运动的范围内，肌张力的变化始终_____阻力的变化，肌肉能以_____的速度进行收缩。

21. 前臂弯举时，肱二头肌主要做_____收缩；步行下楼梯时，股四头肌主要做_____收缩。

22. 在一定的范围内，肌肉收缩产生的张力与后负荷呈_____关系，与收缩速度呈_____关系。

23. 根据张力-速度关系，肌肉收缩要发挥最大输出功率，应克服_____负荷并以_____速度进行收缩。

24. 一般认为，当肌肉的初长度稍长于静息长度时，肌肉收缩产生的主动张力_____；因为，此时活化的横桥数目_____。

25. 肌肉的收缩能力通常是指肌肉_____，区别于前、后负荷，它是影响肌肉收缩力学特征的_____条件。

26. 将肌肉在单位生理横断面积上所能发挥的最大力量，称为_____或_____。

27. 功率是指在单位时间所完成的功，也可以表述为_____和_____的乘积。

28. 慢肌纤维受脊髓前角胞体小的 α 神经元所支配，其传导速度_____，但，兴奋阈值_____。

29. 快肌纤维与慢肌纤维相比，其直径_____，肌浆网_____，因而收缩力量也_____。

30. 慢肌纤维不仅线粒体数目多，而且各种_____的含量高，因而其有氧氧化能力_____。

31. 慢肌纤维具有良好的供氧能力，是因为周围毛细血管密度_____，肌浆内_____含量高。

32. 快肌纤维收缩速度快，与受脊髓前角胞体大 α 神经元支配、神经的传导速度_____，以及肌原纤维 ATP 酶_____等因素有关。

33. 有研究表明，力量训练可使线粒体容积密度_____，这表明有可能限制肌肉的_____工作能力。

34. 耐力训练可使肌肉中琥珀酸脱氢酶活性得到提高，说明_____纤维百分比高的运动员，通过训练也可获得极高的_____能力。

（四） 名词解释

1. 兴奋

2. 横桥

3. 可兴奋细胞

4. 静息电位

5. 动作电位

6. 阈强度

7. 阈电位

8. 极化状态

9. 去极化

10. 复极化

11. 超极化

12. 局部反应

13. 兴奋-收缩耦联

14. 肌肉收缩蛋白

15. 等长收缩

16. 前负荷

17. 后负荷

18. 缩短收缩

19. 非等动收缩

20. 运动单位募集

21. 强直收缩

22. 肌纤维类型

23. 快运动单位

24. 慢运动单位

25. 肌管系统

26. 肌电图

27. 肌肉收缩能力

（五）简答题

1. 简述能够引起机体产生反应的刺激条件。

2. 简述动作电位的特点。

3. 兴奋在神经-肌肉接点处传递具有哪些特点？

4. 简述肌肉收缩的张力与速度的关系。

5. 简述肌肉收缩的长度与张力的关系。

6. 简述完整机体内肌肉收缩的全过程。

（六）论述题

1. 试述训练对两类肌纤维的影响。

2. 试述肌肉收缩的三种基本形式，并比较它们的力学特征及其应用。

3. 肌纤维百分比组成与运动能力有何关系？在指导运动实践中有何意义？

4. 试述静息电位形成的机制。

5. 试述动作电位形成的机制。

6. 试述兴奋在神经-肌肉接点处的传递过程。

（七）案例分析题

某中学校长跑运动队进行力量训练时，教师让学生进行下肢小负荷、多组数、长时间的力量练习，而非大负荷、短时间的力量练习。有的队员对此感到困惑不解，甚至有的同学认为老师的训练有问题。请你依据所学知识帮助老师给学生们做出合理的解释。

二、参考答案

（一）单选题

1. D　2. D　3. B　4. C　5. B　6. D　7. A　8. B　9. C　10. B

11. D　12. A　13. C　14. B　15. C　16. A　17. B　18. C　19. B　20. D

21. B　22. C　23. B　24. C　25. D　26. D　27. D　28. D　29. C　30. B

31. C　32. C　33. B　34. D　35. C　36. C　37. C　38. A　39. D　40. C

41. C　42. B　43. B　44. D　45. D　46. C

（二）判断题

1. 对　2. 对　3. 对　4. 对　5. 错　6. 错　7. 对　8. 对　9. 错　10. 错

11. 对 12. 对 13. 对 14. 对 15. 错 16. 错 17. 对 18. 错 19. 错　20. 错

21. 对 22. 错 23. 错 24. 错 25. 对 26. 错 27. 错 28. 对 29. 错　30. 错

31. 对 32. 错 33. 错 34. 对 35. 错 36. 错 37. 对 38. 对 39. 错　40. 错

（三）填空题

1. 一定刺激强度，一定作用时间，一定强度-时间变化率

2. 有效刺激，动作电位

3. 电紧张性扩布，减弱

4. 复合，被兴奋神经纤维数目，增大

5. K^+，Na^+，K^+

6. 乙酰胆碱，受体

7. 局部，正比，总和

8. 运动单位，运动神经，全部肌纤维

9. 结缔组织，神经组织

10. 暗，明

11. 肌动蛋白，原肌球蛋白，肌钙蛋白

12. ATP，肌动蛋白

13. 兴奋-收缩耦联，三联管

14. 分解供能，钙泵，钙离子

15. 不完全强直，完全强直

16. 弹性势能，张力

17. 大于，靠近

18. 小于，离开

19. 等于，零

20. 等同，恒定

21. 缩短，拉长

22. 正比，反比

23. 中等，尽可能快的

24. 最大，最多

25. 机能状态，内部

26. 比肌力，相对肌力

27. 张力，速度

28. 慢，低

29. 较粗，发达，大

30. 氧化酶，高

19

31. 大，肌红蛋白

32. 快，活性高

33. 降低，有氧

34. 快肌，有氧

（四）名词解释

1. 兴奋是生物体的器官、组织或细胞受到足够强的刺激后所产生的生理功能加强的反应。

2. 在组成粗肌丝的肌球蛋白分子球状头部，有规则地突出在 M 线两侧的粗肌丝主干表面的突起部分，称为横桥。

3. 在机体内神经、肌肉和内分泌腺细胞在刺激作用下能够产生可传播的动作电位，因此，这些细胞被称为可兴奋细胞。

4. 静息电位是指细胞未受刺激时存在于细胞膜两侧的电位差。由于这一电位差存在于安静细胞膜的两侧，故又称为跨膜静息电位或膜电位。

5. 细胞受到刺激而兴奋时，细胞膜在原来静息电位的基础上发生的一次迅速、短暂、可向周围扩布的电位波动称为动作电位。

6. 固定刺激作用时间和时间-强度变化率，可引起组织兴奋的最小刺激强度，称为阈强度。

7. 能够触发细胞兴奋产生动作电位的临界膜电位，称为阈电位。

8. 细胞在安静状态时，膜电位处于正常数值的外正内负状态，称为极化状态。

9. 去极化是指膜内电位负值较静息电位时减小的过程，即极化状态减弱。

10. 细胞去极化后又向原来极化状态恢复的过程，称为复极化。

11. 膜内电位负值较静息电位时加大的过程称为超极化，即极化状态加强。

12. 细胞受到阈下刺激时，在细胞膜上产生的局部去极化，其电位变化不能向远处扩布，因此称为局部反应。

13. 肌细胞兴奋过程是以膜的电变化为特征的，而肌细胞的收缩过程是以肌纤维机械变化为基础，它们有着不同的生理机制，肌肉收缩时必定存在某种中介过程把它们联系起来，这一中介过程称为肌肉的兴奋-收缩耦联。

14. 在肌肉收缩和舒张过程中，与肌丝滑行有关的蛋白质，称为肌肉收缩蛋白，包括肌球蛋白和肌动蛋白。

15. 当肌肉收缩产生的张力等于外力时，肌肉积极收缩，但长度不变，这种收缩形式称为等长收缩。

16. 肌肉收缩之前所承受的负荷称为前负荷。

17. 肌肉开始收缩后所遇到的负荷称为后负荷。

18. 缩短收缩是指肌肉收缩所产生的张力大于外加的阻力时，肌肉缩短，并牵引骨杠杆做相向运动的一种收缩形式。缩短收缩时，肌肉起止点互相靠近，又称向心收缩。

19. 非等动收缩是指肌肉克服恒定负荷的一种收缩形式，习惯上亦称为等张收缩。

20. 运动单位募集是指运动过程中不同类型运动单位参与活动的次序和程度。

21. 给予肌肉频率较高的连续性刺激时，在各次收缩期发生复合的收缩形式称为强直收缩。

22. 依据骨骼肌的形态、结构和功能特征对其类别进行判别的结果，称为肌纤维类型。

23. 一个大 α 运动神经元连同它支配的快肌纤维或 II 型肌纤维，称为快运动单位。

24. 一个小 α 运动神经元连同它支配的慢肌纤维或 I 型肌纤维，称为慢运动单位。

25. 肌管系统是指包绕在每一条肌原纤维周围的膜性囊管状结构，它们实际是由功能不同的两组独立的管道系统所组成。

26. 采用针电极或者表面电极，在肌肉收缩时所记录到的生物电变化，称为肌电图。

27. 不依赖于前、后负荷，可影响肌肉收缩效果的肌肉内在功能状态称为肌肉收缩能力。

（五）简答题

1. 虽然能够引起机体产生反应的刺激种类有很多，但是，由于电刺激的强度、时间等容易控制和改变，对组织细胞的损伤较小，所以在生理学研究领域常用电刺激来研究肌肉等组织和细胞的兴奋性。作为电刺激，能够引起机体反应通常需要具备三个条件，即一定的强度、一定的持续时间和一定的强度变化率。这三个条件可以互相影响，其中一个或两个条件的数值改变时，其他条件的数值也会发生相应的改变。

2. 动作电位具有两个特点：① 有"全或无"现象。单一神经或肌细胞动作电位的一个重要特点就是刺激若达不到阈值不会产生动作电位，刺激一旦达到阈值，就会爆发动作电位。动作电位一旦产生，其大小和形状不再随着刺激的强弱和传导距离的远近而改变；② 有绝对不应期。由于绝对不应期的存在，动作电位不可能发生融合。

3. 兴奋在神经-肌肉接点处传递具有以下几个特点：① 化学传递。神经和肌肉之间的兴奋传递是通过化学递质进行的，该递质为乙酰胆碱；② 兴奋传递节律是 1∶1 的。即每一次神经纤维兴奋都可引起一次肌肉细胞兴奋；③ 单向传递。兴奋只能由神经末梢传向肌肉，而不能反向传递；④ 时间延搁。兴奋的传递要经历递质的释放、扩散和作用等多个环节，因而传递速度缓慢；⑤ 高敏感性，易受化学和其他环境因素变化的影响，易疲劳。

4. 肌肉在后负荷作用下表现的张力与速度的这种关系描绘在直角坐标系上可得到一条曲线，称为张力-速度曲线。该曲线说明，在一定的范围内肌肉收缩产生的张力和速度大致呈反比关系。当后负荷增加到某一数值时，张力可达到最大，但收缩速度为零，肌肉只能做等长收缩；当后负荷为零时，张力在理论上为零，肌肉收缩速度达到最大。提示：要获得收缩的较大速度，负荷必须相应减少；要克服较大阻力，即产生较大的张力，收缩速度必须减慢。

5. 若在肌肉收缩前施加于肌肉一定负荷，使肌肉收缩前就处于某种被拉长状态，即改变肌肉初长度。当适当增大肌肉收缩的初长度时，肌肉收缩时产生的张力也在增加，但当初长度增大超过某一长度时，张力反而减小。如果在坐标图上将肌肉在不同前负荷作用下长度与张力的变化绘制成图，就可以得到一条曲线，该曲线称为肌肉收缩的长度-张力曲线。该曲线类似开口向下的抛物线，其顶点显示适宜初长度时，肌肉收缩产生的张力最大。

6. 在完整机体内肌肉收缩全过程包括以下主要环节：① 兴奋在神经-肌肉接点的传递；② 肌细胞的兴奋-收缩耦联；③ 横桥运动引起肌丝滑行，肌肉收缩；④ 兴奋中止后，收缩肌肉舒张。

（六）论述题

1. 训练能使肌纤维产生适应性变化，主要表现为：① 训练可导致肌纤维类型改变。近年来研究认为，长期大强度耐力训练，可使快肌纤维变成慢肌纤维，而速度和力量训练只能引起肌纤维某些微细结构和代谢功能的改变；② 训练能使肌纤维出现选择性肥大。如速度和力量训练使快肌纤维增粗，而大强度耐力训练可使慢肌纤维面积增大；③ 训练能显著提高肌纤维的代谢能力。如耐力训练不仅可以明显使慢肌纤维有氧能力获得提高，而且也能使快肌纤维有氧能力获得改善，而力量训练则使肌纤维有氧氧化能力下降；④ 训练对肌纤维影响的专一性。训练所引起的适应性变化，不仅表现在不同的运动专项和不同训练方式上，而且也表现在局部训练上。

2. 依据肌肉收缩时长度或张力的变化，肌肉收缩的形式可分为缩短收缩、拉长收缩和等长收缩三种形式。① 肌肉收缩产生的张力大于外加阻力，肌肉长度缩短，称为缩短收缩。在人体运动实践中，缩短收缩是实现身体各环节的主动运动，改变身体姿势，加速跑等原动肌活动的主要收缩形式，肌肉收缩时做正功；② 肌肉收缩产生的张力小于外加阻力时，肌肉被拉长、长度增大，称为拉长收缩。在人体运动实践中，拉长收缩起着制动、减速和克服重力等作用，肌肉收缩时做负功；③ 肌肉收缩产生的张力等于外加阻力，肌肉收缩长度不变，称为等长收缩。在人体运动实践中，等长收缩对运动环节固定、支持和保持身体某种姿势起重要作用，但在肌肉收缩时不做功。

3. 肌肉的最大收缩速度、爆发力、纵跳高度与快肌纤维的百分组成成正相关，静力性力量和耐力则与慢肌纤维百分组成成正相关，而优秀运动员两类肌纤维的百分组成与其专项运动成绩存在明显的依存关系。

依据肌纤维百分组成与运动能力的关系，可为运动员选取更为适合他们的运动项目。如腿部肌肉中快肌纤维百分比高的人适于从事于短跑、举重等短时间剧烈运动项目；腿部肌肉中慢肌纤维百分比高的人则适合于从事长距离跑等运动项目；而腿部快、慢肌纤维的百分组成接近的人，则适合进行中长距离跑的运动项目。但也应注意，两类肌纤维百分组成与运动能力及运动专项的对应关系，也并非是绝对的。在运动实践中，即使运动员不具备其所从事专项的相应肌纤维类型优势，由于充分发挥其他因素的作用，也可能取得好的成绩。因为优秀运动成绩最终是由运动员生理、生化和生物力学等综合因素决定的，在实践中既要关注科学选材，又要高度重视科学训练。

4. 静息电位主要是 K^+ 外流所形成的电-化学平衡电位。细胞膜在安静时，对 K^+ 的通透性最大，对 Na^+ 和 Cl^- 的通透性很小，而对 A^- 几乎不通透。因此，K^+ 便顺着浓度差向膜外扩散，使膜外具有较多的正电荷；膜内的 A^- 虽有随 K^+ 外流的倾向，但因不能透过膜而被阻留在膜的内侧面，使膜内具有较多的负电荷。这就造成膜外为正、膜内变负的极化状态。由 K^+ 外流造成的这种以膜为界的内负外正的电位差，将成为阻止 K^+ 外流的力量。随着 K^+ 外流的增加，阻止 K^+ 外流的电位差也增大。当促使 K^+ 外流的浓度差和阻止 K^+ 外流的电位差这两种拮抗力量达到平衡时，将不再有 K^+ 的净移动。此时，膜两侧内负外正的电位差将稳定于某一数值，即形成了 K^+ 的平衡电位，也就是静息电位。

5. 当细胞受刺激而兴奋时，Na^+ 通道大量开放，膜对 Na^+ 的通透性突然增大并超过了对 K^+ 的通透性，于是细胞外的 Na^+ 便顺浓度差和电位差迅速内流，导致膜内电位急剧上升，即膜内负电位快速消失并转为正电位。当膜内正电位增大到足以阻止由浓度差所推动的 Na^+ 内流时，Na^+ 的净内流停止，形成了运动电位的上升支。此时膜两侧的电位差即为 Na^+ 的平衡电位，其电位值与动作电位的超射值（峰值）基本一致。可见，动作电位的上升支主要是细胞外 Na^+ 快速内流造成的；当膜去极化达到峰值时，Na^+ 通道迅速失活而关闭，此时，

膜对 K^+ 的通透性增大，于是膜内的 K^+ 顺浓度差和电位差外向扩散，使膜内电位迅速下降，直至膜复极化到静息电位水平，形成了运动电位的下降支，可见动作电位的下降支主要是细胞内 K^+ 外流造成的；此后，膜对 K^+ 的通透性恢复正常，Na^+ 通道失活状态解除，并恢复到可激活状态。钠泵激活，将进入膜内的 Na^+ 泵出细胞，同时把扩散到膜外的 K^+ 泵入细胞，从而恢复静息时细胞内外的离子分布，以维持细胞的正常兴奋性。

6. 兴奋在神经-肌肉接点处的传递是通过化学递质乙酰胆碱（Ach）和终板膜电位变化来实现的，具体过程如下：① 当运动神经元兴奋时，神经冲动沿运动神经纤维传至轴突末梢，并刺激突触前膜。突触前膜去极化使膜上的钙通道开放，使得细胞外液中的 Ca^{2+} 进入突触前膜，触发轴浆中的囊泡向突触前膜的内侧面靠近；② 囊泡与突触前膜融合，其中所含的 Ach 被释放进入突触间隙，随后立即与突触后膜的 Ach 受体结合，引起突触后膜的 Na^+ 和 K^+ 等离子的通透性改变，突触后膜除极化，形成终板电位。终板电位通过局部电流作用，使邻近肌细胞膜去极化而产生动作电位，实现了兴奋由神经传递给肌肉；③ 由于突触间隙和终板膜上有大量胆碱酯酶，在它的作用下每次冲动从轴突末梢释放的 Ach，能在约 2 ms 的时间内被全部水解而失活，从而维持神经-肌肉接头下次正常的传递功能。

（七）案例分析题

分析要点：骨骼肌纤维类型按照其形态结构、代谢特征和生理功能特点，可以分为快肌和慢肌两类纤维。快肌纤维收缩速度快、产生的力量大，但易疲劳；而慢肌纤维收缩速度慢、产生的力量小，但不易疲劳。长跑项目属于耐力性项目，主要动用的是慢肌纤维。在力量训练时，选用小负荷、多组数、长时间的力量练习能够优先动用慢肌纤维，从而有效发展慢肌纤维的有氧供能能力，以达到提高运动成绩的目的。如果选用大负荷、短时间的力量练习，则主要锻炼的是快肌纤维，与实际运动项目的特点不相符，达不到力量训练的目的。

（浙江大学　王　健）

第二章　能量代谢

2

一、习题

（一）单选题

1. 在物质代谢过程中，伴随着能量的释放、转移、贮存和利用称为（　　）

    A. 能量代谢　　　　　　　　　　B. 能量代谢率

    C. 基础代谢　　　　　　　　　　D. 基础代谢率

2. 以下哪一种物质将提供能量的化学反应与利用能量的生命活动耦联起来（　　）

    A. 糖　　　　　　　　　　　　　B. 脂肪

    C. 蛋白质　　　　　　　　　　　D. ATP

3. 下列哪种物质既是重要的贮能物质，又是直接的供能物质（　　）

    A. ATP　　　　　　　　　　　　B. 磷酸肌酸

    C. 脂肪酸　　　　　　　　　　　D. 葡萄糖

4. ATP 分解会释放能量，一般是在酶的催化下分解为（　　）

    A. 三磷酸腺苷和无机磷酸　　　　B. 二磷酸腺苷和有机磷酸

    C. 二磷酸腺苷和无机磷酸　　　　D. 三磷酸腺苷和有机磷酸

5. 以下哪一项不是磷酸原供能系统的特点（　　）

    A. 能量输出功率高　　　　　　　B. 无氧代谢

    C. ATP 生成量少　　　　　　　　D. 由糖在缺氧条件下生成 ATP

6. 葡萄糖通过无氧酵解最终分解为（　　）

    A. 丙酮酸　　　　　　　　　　　B. ATP

    C. 乳酸　　　　　　　　　　　　D. 二氧化碳和水

7. 乳酸能系统供能实际上也是指糖酵解供能，糖酵解是（　　）

    A. 在线粒体生成丙酮酸的过程

    B. 由两分子丙酮酸生成一分子葡萄糖的过程

    C. 将一分子葡萄糖分解为两分子乳酸的过程

    D. 将淀粉分解为葡萄糖的过程

8. 20 分子葡萄糖经糖酵解最终可生成多少分子 ATP（　　）

    A. 100　　　　　　　　　　　　B. 40

    C. 20　　　　　　　　　　　　　D. 10

9. 导致剧烈运动时骨骼肌生成大量乳酸的代谢过程是（　　）

    A. 三羧酸循环　　　　　　　　　B. 糖酵解

    C. 氧化磷酸化　　　　　　　　　D. 糖原合成

10. 以下哪一项不属于糖酵解供能系统的特点（　　）

A. 提供的能量有限　　　　　　　　B. 可快速供能

C. 产生乳酸　　　　　　　　　　　D. 由乳酸提供能量

11. 磷酸原供能系统和乳酸供能系统的共同特点是（　　　）

    A. 不需要氧　　　　　　　　　　　B. 生成乳酸

    C. 供能时间长　　　　　　　　　　D. ATP 生成量多

12. 有氧氧化过程中生成 ATP 最多的阶段是（　　　）

    A. 三羧酸循环　　　　　　　　　　B. 糖酵解过程

    C. 氧化磷酸化　　　　　　　　　　D. 发酵

13. 下列哪一部位在有氧氧化过程中可生成大量的 ATP（　　　）

    A. 细胞质　　　　　　　　　　　　B. 细胞核

    C. 线粒体　　　　　　　　　　　　D. 内质网

14. 以下哪一项不属于有氧氧化供能系统的特点（　　　）

    A. 供能效率低　　　　　　　　　　B. 有氧条件下进行

    C. ATP 生成量多　　　　　　　　　D. 可生成大量乳酸

15. 10 分子葡萄糖完全氧化可产生多少个分子的 ATP（　　　）

    A. 200　　　　　　　　　　　　　　B. 360～380

    C. 1 000　　　　　　　　　　　　　D. 20

16. 体内能源贮存量最多的形式是（　　　）

    A. 肝糖原　　　　　　　　　　　　B. 肌糖原

    C. 脂肪　　　　　　　　　　　　　D. 蛋白质

17. 机体最主要的供能物质是（　　　）

    A. 糖　　　　　　　　　　　　　　B. 脂肪

    C. 蛋白质　　　　　　　　　　　　D. 维生素

18. 食物的氧热价是指（　　　）

    A. 1 g 食物氧化时所释放的能量

    B. 食物氧化消耗 1 L 氧时所释放的能量

    C. 1 g 食物燃烧时所释放的能量

    D. 氧化 1 g 食物，消耗 1 L 氧时所释放的能量

19. 混合食物的呼吸商通常为（　　　）

    A. 0.70　　　　　　　　　　　　　B. 0.75

    C. 0.80　　　　　　　　　　　　　D. 0.85

20. 1 g 食物氧化时所释放的热量称为（　　　）

    A. 食物的热价　　　　　　　　　　B. 氧热价

    C. 呼吸商　　　　　　　　　　　　D. 能量代谢

21. 每克脂肪在体内氧化释放的能量约为每克糖的 （   ）
    A. 0.5 倍   B. 1 倍
    C. 1.5 倍   D. 2 倍

22. 蛋白质生物热价小于物理热价的原因是 （   ）
    A. 人体无法完全吸收蛋白质
    B. 部分蛋白质要转化为糖
    C. 蛋白质的主要功能不是供应能量
    D. 蛋白质在体内不能完全氧化分解

23. 呼吸商最小的食物是 （   ）
    A. 糖   B. 蛋白质
    C. 脂肪   D. 维生素

24. 呼吸商是 （   ）
    A. 一定的时间内机体摄入的氧与呼出的二氧化碳量的比值
    B. 一定时间内机体呼出的二氧化碳量与氧摄入量的比值
    C. 呼出气与吸入气的比值
    D. 呼出气与肺容量的比值

25. 关于呼吸商，下列叙述错误的是 （   ）
    A. 呼吸商是一定时间内机体的耗氧量和二氧化碳生成量的比值
    B. 日常生活中，机体的呼吸商常变动于 0.71～1.00 之间
    C. 一般情况下，混合膳食的呼吸商在 0.85 左右
    D. 剧烈运动时呼吸商会大于 1

26. 食物特殊动力效应最大的食物是 （   ）
    A. 糖   B. 脂肪
    C. 蛋白质   D. 混合食物

27. 进食后，使机体产生额外热量最多的物质是 （   ）
    A. 糖   B. 蛋白质
    C. 脂肪   D. 混合食物

28. 对能量代谢影响最大的因素是 （   ）
    A. 寒冷   B. 进食
    C. 肌肉活动   D. 精神活动

29. 安静状态下机体能量代谢最为稳定的环境温度是 （   ）
    A. 5～10 ℃   B. 10～20 ℃
    C. 20～30 ℃   D. 30～35 ℃

30. 下列关于影响能量代谢的因素哪一项不正确 （   ）

A. 机体耗氧量的增加与肌肉活动强度呈正比关系

B. 精神紧张或情绪激动时产热量显著增加

C. 能量代谢在环境温度 20~30 ℃时最为稳定

D. 安静状态下思考问题会对能量代谢产生较大影响

31. 简便方法测定能量代谢，必须取得的数据是（　　）

   A. 一定时间内的耗氧量　　　　B. 食物的氧热价

   C. 呼吸商　　　　　　　　　　D. 食物的热价

32. 基础代谢率的大小与下列哪一项指标最为相关（　　）

   A. 体重　　　　　　　　　　　B. 身高

   C. 年龄　　　　　　　　　　　D. 体表面积

33. 有关基础代谢，下列哪一项是错误的（　　）

   A. 在基础状态下测定

   B. 儿童高于成人

   C. 反映人体安静时的能量代谢水平

   D. 男性高于女性

34. 测定基础代谢率时不要求（　　）

   A. 室温保持 20~25 ℃　　　　B. 熟睡

   C. 清醒、无精神紧张　　　　　D. 至少禁食 12 h

35. 下列哪种情况基础代谢率最低（　　）

   A. 基础条件下　　　　　　　　B. 熟睡

   C. 清醒未进食前　　　　　　　D. 平卧位

36. 全力运动时，以下哪一竞赛项目主要由糖酵解供能（　　）

   A. 30 m 跑　　　　　　　　　B. 10 000 m 跑的终点冲刺

   C. 马拉松跑　　　　　　　　　D. 400 m 跑

37. 马拉松跑的能量主要来自（　　）

   A. 糖类　　　　　　　　　　　B. 脂肪

   C. 蛋白质　　　　　　　　　　D. 水

（二）判断题

1. 物质代谢伴随能量代谢发生，是能量代谢的载体。（　　）

2. 能量代谢是在机体各系统精细调节下完成的。（　　）

3. 人体内贮存有一定量的高能化合物，高能化合物只有 ATP。（　　）

4. 通过运动训练可导致肌肉储存大量的 ATP。（　　）

5. 人体可将蕴藏在能源物质中的绝大多数能量转移给 ATP。（　　）

6. ATP 高能磷酸键的断裂会释放相对较多的能量。（　　）

7. ATP 是机体唯一的直接能源，但组织 ATP 含量过高会导致分解代谢抑制。（　　　）

8. 人体在缺氧的条件下可以生成 ATP。（　　　）

9. 机体在无氧代谢过程中 ATP 生成的量较少，所以该供能系统在生命活动中主要辅助有氧代谢供能。（　　　）

10. 磷酸原系统和糖酵解系统在代谢过程中都不需要氧的参与。（　　　）

11. 机体的瞬时能量供应系统又称为无氧供能系统。（　　　）

12. 三大营养物质中，只有糖能够直接在相对缺氧的条件下生成 ATP。（　　　）

13. 每分子葡萄糖经无氧分解生成 2 分子乳酸，并释放能量。（　　　）

14. 有氧代谢是在细胞内进行，所以人体所有细胞都能进行有氧代谢。（　　　）

15. 三大能源物质都可参与有氧氧化。（　　　）

16. 有氧氧化是绝大多数细胞主要的能量获取方式。（　　　）

17. 运动中生成的乳酸可通过有氧氧化彻底分解为二氧化碳和水。（　　　）

18. 能源物质中，蛋白质是能量代谢的首选燃料。（　　　）

19. 正常情况下，机体只有在糖供应相对不足时才开始大量消耗脂肪。（　　　）

20. 蛋白质是竞技体育最重要的能源物质。（　　　）

21. 机体只有在糖和脂肪均相对不足时蛋白质才作为有氧氧化的主要底物。（　　　）

22. 对于运动员而言，脂肪不是一种好的燃料。（　　　）

23. 脂肪是长期饥饿和超长时间运动的重要能源物质。（　　　）

24. ATP 在生成过程中也存在能量的消耗。（　　　）

25. 磷酸原供能系统 ATP 供应总量多，但合成效率较差。（　　　）

26. 有氧氧化途径虽然提供的 ATP 总量最多，但合成效率最低。（　　　）

27. 细胞质是细胞有氧代谢中生成 ATP 最多的部位。（　　　）

28. 糖酵解系统 ATP 供应总量多、合成效率也较高。（　　　）

29. 能量代谢测定是指定量测定机体单位时间所消耗的能量。（　　　）

30. 蛋白质的物理热价小于它的生物热价。（　　　）

31. 氧热价量指 1 g 食物氧化消耗 1 L 氧所产生的热量。（　　　）

32. 一定时间内机体的二氧化碳生成量和耗氧量的比值称为呼吸商。（　　　）

33. 三种能源物质具有不同的呼吸商，其中糖的呼吸商最小。（　　　）

34. 不同的能源物质具有不同的热价，脂肪的热价最高。（　　　）

35. 呼吸商一般介于 0.71~1.0 之间，但在某些特殊状态下（如剧烈运动时）呼吸商可能大于 1。（　　）

36. 进食会导致机体产热增加。（　　）

37. 精神紧张会降低能量代谢率。（　　）

38. 影响能量代谢的因素有很多，但运动是影响能量代谢最为显著的因素。（　　）

39. 人体日常生活的一切活动都伴随着能量代谢。（　　）

40. 基础状态是指人体空腹、熟睡、室温在 20 ℃ 左右的条件下。（　　）

41. 正常情况下各能量供应系统都参与运动的能量供应。（　　）

42. 人体在一天中，基础状态下的能量代谢率最低。（　　）

43. 无氧代谢仅能维持持续数秒钟的极大强度运动。（　　）

44. 马拉松跑中机体的能量供应以有氧代谢系统为主，糖酵解系统也占有一定比例。（　　）

45. 运动持续时间在 2 min 左右的剧烈运动项目，主要由糖酵解系统供能。（　　）

46. 即使持续几秒钟的极大强度运动，有氧氧化系统也参与供能。（　　）

47. 运动训练可以使机体对能源物质的储备大幅度提高，特别是 ATP 的贮备量。（　　）

48. 不同运动项目都具有自身的能量代谢特点。（　　）

（三）填空题

1. 机体能源储存的形式包括 ATP、CP、_____、_____ 和 _____。

2. 生命活动的直接能源是_____，主要以_____的形式存在。

3. ATP 末端脱去一个磷酸根时生成_____，脱去两个磷酸根则生成_____。

4. ATP 和 CP 均含_____，因此将组成的能量瞬时供应系统称为_____。

5. _____和_____在代谢过程中都不需要氧的参与，所以统称为无氧供能系统。

6. 能源物质中糖、_____和_____都可参与有氧氧化。

7. 有氧氧化过程中，能源物质被彻底分解为_____和_____。

8. 1 分子葡萄糖经糖酵解可生成_____分子 ATP，经有氧氧化可生成_____分子 ATP。

9. 三个能量供应系统中，_____ATP 供应总量最低，但 ATP 合成效率最大；_____虽然提供的 ATP 总量最多，但 ATP 合成效率最低；_____

的能量供应总量和供能效率则介于前二者之间。

10. 食物中的能源物质包括_____、_____和_____。

11. 在能量代谢过程中，_____和_____两个供能系统都不需要氧的参与。

12. 根据能量守恒定律，测定在一定时间内机体所消耗的_____或者测定机体所产生的_____与所做的外功，都可测算出整个机体的能量代谢。

13. 能量代谢的间接测热法的原理，就是利用反应物的量和产物的量之间的_____关系，计算一定时间内整个机体所释放出来的_____。

14. 1 g 食物氧化时产生的热量称为食物的_____；某种食物氧化时消耗 1 升氧所产生的热量称为食物的_____。

15. 一定时间内机体的_____和_____的比值称为呼吸商。

16. 能量代谢的影响因素主要有_____、_____、_____以及精神和情绪活动等。

17. 急性运动刚开始的能量主要来源于_____和_____的分解。

18. 糖酵解供能过程不需_____的参与，同时产生_____，又称无氧代谢的乳酸成分。

19. 依运动模式、运动持续时间和强度不同，各供能系统都参与能量供应，只不过各自在总体能量供应中所占的_____不同。

20. 有氧代谢和无氧代谢能力除取决于能源物质贮备外，能量代谢的_____以及_____也是重要因素。

21. 慢性运动可上调其主要能量代谢供能系统的酶活性，使急性运动对神经、激素的调节更加敏感，内环境变化时_____的功能更加协调，同时加速_____的恢复，促进_____的消除。

（四）名词解释

1. 能量代谢
2. ATP 稳态
3. 食物热价
4. 物理热价
5. 生物热价
6. 氧热价
7. 呼吸商
8. 基础代谢
9. 基础代谢率
10. 食物特殊动力效应

（五）简答题

1. 机体为什么要将 ATP 含量保持在稳定状态？

2. 简述各能量供应系统的 ATP 生成量和生成效率的特点。

3. 间接测热法的原理是什么？

4. 简述糖、脂肪和蛋白质的供能特点。

（六）论述题

1. 试述影响能量代谢的几个因素。

2. 试述人体运动时能量的供应过程。

3. 运动训练会对肌肉能量代谢产生哪些影响？

（七）案例分析

能源物质的摄入能够满足能量代谢的需求是运动员表现运动能力的前提。由于能量需求直接测定的限定因素较多、测定方法复杂，美国运动医学会推荐使用如下公式（改良自 Cunningham 公式和 Harris-Benedict 公式）来预测成人日能量需求（kcal），即：

男性日能量需求 = 662 − 9.53 × 年龄 + PA × (15.91 × 体重 + 539.6 × 身高)

女性日能量需求 = 354 − 6.91 × 年龄 + PA × (9.36 × 体重 + 726 × 身高)

注："PA" 为体力活动程度（表 2-1）；体重单位为 kg；身高单位为 m

表 2-1　活动程度系数换算表

活动程度	系数	活动内容
低体力活动程度	1.0～1.39	不运动，普通日常活动（如家务、步行去乘公交）
轻体力活动程度	1.4～1.59	较少运动，在普通日常活动基础上每天可进行中等强度运动（如以 5～7 km/时的速度散步）30～60 min
中体力活动程度	1.6～1.89	经常运动，在普通日常活动基础上每天可以中等强度运动 1 h
重体力活动程度	1.9～2.5	在普通日常活动基础上每天至少以中等强度运动 1 h，高强度运动 1 h；或每天以中等强度运动 2 h 以上

中国足球协会超级联赛某男子运动员，年龄 25 岁，体重 75 kg，身高 1.91 m。该运动员冬训期间平均每日专业训练 5 h，每周训练 6 天。试根据上述公式计算该运动员日能量需求，并根据足球项目特点为其推荐能源物质的摄入比例和摄入量。

二、参考答案

（一）单项选择题

1. A　2. D　3. A　4. C　5. D　6. C　7. C　8. B　9. B　10. D
11. A　12. C　13. C　14. D　15. B　16. C　17. A　18. B　19. D　20. A
21. D　22. D　23. C　24. B　25. A　26. C　27. B　28. C　29. C　30. D
31. A　32. D　33. C　34. B　35. B　36. D　37. B

（二）判断题

1. 对　2. 对　3. 错　4. 错　5. 错　6. 对　7. 对　8. 对　9. 错　10. 对
11. 错　12. 对　13. 对　14. 错　15. 对　16. 对　17. 对　18. 错　19. 对　20. 错
21. 对　22. 错　23. 错　24. 对　25. 错　26. 对　27. 错　28. 错　29. 对　30. 错
31. 错　32. 对　33. 错　34. 对　35. 对　36. 对　37. 错　38. 对　39. 对　40. 错
41. 对　42. 错　43. 错　44. 对　45. 对　46. 对　47. 错　48. 对

（三）填空题

1. 糖原，脂肪，蛋白质
2. 高能化合物，三磷酸腺苷（ATP）
3. ADP，AMP
4. 高能磷酸键，磷酸原系统
5. 磷酸原系统，糖酵解系统
6. 脂肪，蛋白质
7. 二氧化碳，水
8. 2，38 或 36
9. 磷酸原系统，有氧氧化系统，糖酵解系统
10. 糖，脂肪，蛋白质
11. 磷酸原系统，糖酵解系统
12. 食物，热量
13. 定比，热量
14. 热价，氧热价
15. 二氧化碳生成量，耗氧量
16. 肌肉活动，环境温度，进食
17. ATP，CP
18. 氧，乳酸
19. 比例
20. 调节能力，运动后恢复过程的代谢能力

21. 各器官系统，能源物质以及各代谢调节系统，疲劳

（四）名词解释

1. 生物体内物质代谢过程中所伴随的能量储存、释放、转移和利用，称为能量代谢。

2. 细胞、组织乃至器官、系统在能量转换过程中维持其 ATP 恒定含量的现象称为 ATP 稳态。

3. 1 g 食物氧化时产生的热量称为食物的热价。

4. 1 g 食物在体外彻底燃烧时释放的热量称为食物的物理热价。

5. 1 g 食物在体内氧化时所产生的热量称为食物的生物热价。

6. 某种食物氧化时消耗 1 L 氧所产生的热量称为该食物的氧热价。

7. 一定时间内机体的二氧化碳生成量和耗氧量的比值称为呼吸商。

8. 人体在清晨而又极端安静状态下，不受精神紧张、肌肉活动、食物和环境温度等因素影响时的能量代谢，称为基础代谢。

9. 单位时间内的基础代谢称为基础代谢率。

10. 由于机体摄入食物而引起机体能量代谢额外增高的现象，称为食物的特殊动力效应。

（五）简答题

1. ATP 是重要的代谢调节因子，机体要求 ATP 在低浓度保持稳态。ATP 浓度过低会导致机体能源不足，过高则会导致分解代谢抑制，两种情况都会使生命活动难以进行。

2. 依不同的反应条件，ATP 的生成效率和生成量存在较大差异。磷酸原供能系统 ATP 供应总量最低，但能提供最大的 ATP 合成效率；有氧氧化虽然提供的 ATP 总量最多，但 ATP 合成效率最低；糖酵解系统的能量供应总量和供能效率则介于二者之间。

3. 间接测热法的原理就是根据定比定律，即反应物与产物之间存在一定的比例关系。计算一定时间内人体中氧化分解的糖、脂肪和蛋白质各有多少，就可计算出整个机体单位时间内释放的热量。

4. 1 g 糖燃烧可释放 17 kJ 的热量。当血糖的来源超过利用时，糖会以糖原的形式储存在骨骼肌和肝脏。正常情况下，机体 70% 左右的能量来自糖的氧化。糖也是绝大多数运动形式的主要供能物质。运动时骨骼肌会优先氧化骨骼肌内的糖原。运动中的糖还可由脂肪和蛋白质的分解产物异化生成，尽管 1 g 脂肪燃烧可释放 40 kJ 的热量，但脂肪主要是机体重要的能量储存形式，正常情况下机体不以脂肪为主要供能物质。脂肪是长时间运动时的主要供能物质；蛋白质的主要功能不是供能。在长期饥饿和超长时间运动时蛋白质会作为

重要燃料参与供能。1 g 蛋白燃烧可释放 18 kJ 的热量。

（六）论述题

1. 肌肉活动、环境温度、食物的特殊动力效应、精神活动是影响能量代谢的主要因素。① 肌肉活动对能量代谢的影响最为显著。由于耗氧量增加，肌肉收缩可显著提高机体的代谢率。机体耗氧量的增加与肌肉活动的强度呈正比关系，耗氧量最多可达安静时的 10~20 倍。② 环境温度。安静状态下的能量代谢在 20 ℃~30 ℃ 的环境中最为稳定。环境温度过低可使肌肉紧张性增强，代谢率增高。环境温度过高，可使体内物质代谢加强，能量代谢也会增高。③ 进食。进食之后的一段时间内，机体产生的热量会额外增加。食物的这种作用称为食物的特殊动力效应。蛋白质的食物特殊动力效应最高，脂肪次之，糖类最少。④ 精神和情绪活动。精神紧张时，由于骨骼肌张力增加、交感神经兴奋、产热激素甲状腺激素和肾上腺素等的释放，使能量代谢可显著提高。

2. 运动时有三个能量供应系统参与能量供应。依运动模式、运动持续时间和强度不同，各能量代谢系统以不同供能比例整合、协调，共同满足体力活动的基本器官（肌肉）对能量的需求。

运动刚开始或瞬时极大强度运动时的能量主要来源于磷酸原供能系统。该系统的供能特点是 ATP 生成效率极高，但 ATP 生成总量非常低。尽管糖酵解供能系统的能量输出功率较低，但是再合成 ATP 的总量较磷酸原供能系统提高，因而能维持较长时间的高强度运动。低、中强度运动的能量供应主要来源于有氧氧化系统。该能量供应系统提供的 ATP 总量较高但 ATP 生成效率较低。

各种能源物质氧化分解后释放的能量必须转移给 ATP 才能被机体利用。ATP 是肌肉收缩的直接能源，将机体的放能反应和吸能反应联系起来。

3. 通过长期的运动训练会对肌肉能量代谢产生下列影响：① 提高肌糖原贮备量。肌糖原是中、高强度运动时骨骼肌首先动用的能源物质，通过长期运动训练会显著提高骨骼肌糖原含量，使能量代谢的底物水平提高；② 使骨骼肌的能量转换效率明显提高。运动训练主要表现为在能源物质氧化分解过程中，调节代谢途径关键酶的活性、调节关键酶对能量代谢底物的敏感程度、调节关键酶的基因表达，使神经-内分泌对运动内环境的变化更加敏感，其整体效应使能量代谢向更有利于氧化供能的方向进行；③ 促进能量代谢产物的清除。运动在显著提高能源物质氧化供能的同时会产生很多代谢产物，如乳酸、酮体、氨等。这些物质的组织水平过高会导致疲劳、限制运动能力。长期运动训练可促进这些代谢产物的利用和清除；④ 能源物质的恢复。运动训练会显著提高肌糖原在运动后的再合成速率，使运动员连续比赛的能力增强。

（七）案例分析

分析要点：

（1）该运动员体力活动等级为重度，取 PA 值为 2.5，可根据公式折算出其日能量需求约为 6 000 kcal。

（2）足球比赛时间为 90 min，运动员以各种高强度运动为主，但可被长短不一的低强度运动所间断，其中中场休息时间为 15 min。因此足球是以高强度有氧运动为主的运动项目。

（3）长时间高强度有氧运动为主的运动项目，糖、脂肪、蛋白质摄入比例一般为 0.5∶0.25∶0.25。因此，该运动员每日摄入的糖、脂肪、蛋白质分别供给的热量为 3 000 kcal、1 500 kcal 和 1 500 kcal。

（4）根据食物的热价计算出该运动员能源物质的大致日摄入量为：糖 750 g、脂肪 150 g、蛋白质 375 g。

（天津体育学院　张勇、廖鹏）

3

第三章　神经系统的调节功能

一、习题

（一）单选题

1. 局部反应和动作电位都是哪种离子流向的结果（　　　）

　　A. K^+ 外流 　　　　　　　　　　　　B. Na^+ 内流

　　C. Ca^{2+} 内流 　　　　　　　　　　D. Cl^- 内流

2. 神经纤维传导兴奋的速度与下列哪一因素无关（　　　）

　　A. 神经纤维直径的大小 　　　　　　　B. 有无髓鞘

　　C. 髓鞘的厚度 　　　　　　　　　　　D. 胞体的大小

3. 下列哪一选项不属于电突触传递的特性（　　　）

　　A. 突触延搁 　　　　　　　　　　　　B. 双向传递

　　C. 快速传递 　　　　　　　　　　　　D. 兴奋性突触

4. 英文缩略词"EPSP"的意思是（　　　）

　　A. 抑制性突触后电位 　　　　　　　　B. 神经生长因子

　　C. 氨基酸类递质 　　　　　　　　　　D. 兴奋性突触后电位

5. 中枢神经系统内的神经胶质细胞可分为哪几类（　　　）

　　A. 小胶质细胞、锥体细胞和少突胶质细胞

　　B. 星形胶质细胞、锥体外细胞和小胶质细胞

　　C. 少突胶质细胞、星形胶质细胞和颗粒细胞

　　D. 星形胶质细胞、少突胶质细胞和小胶质细胞

6. 最常见的突触类型除了轴突-树突型、轴突-胞体型，还有哪种类型（　　　）

　　A. 树突-树突型 　　　　　　　　　　B. 轴突-轴突型

　　C. 胞体-树突型 　　　　　　　　　　D. 胞体-胞体型

7. 神经营养因子的作用方式是（　　　）

　　A. 多样性、多效性和特异性

　　B. 多样性、多效性和兴奋性

　　C. 多样性、多效性和营养性

　　D. 多样性、多效性和抑制性

8. 星形胶质细胞的功能不包括下列哪一项（　　　）

　　A. 支持作用 　　　　　　　　　　　　B. 引导作用

　　C. 兴奋传导 　　　　　　　　　　　　D. 营养作用

9. 突触进行传递时，必须有哪种离子流入突触前膜（　　　）

　　A. Ca^{2+} 　　　　　　　　　　　　B. Na^+

C. K^+ D. Cl^-

10. 突触传递的兴奋效应表现为（   ）
    A. 突触前膜去极化   B. 突触后膜去极化
    C. 突触前膜超极化   D. 突触后膜超极化

11. 化学突触传递的特点不包括下列哪一项（   ）
    A. 单向性   B. 可塑性
    C. 突触延搁   D. 兴奋性

12. 神经营养因子的功能不包含（   ）
    A. 持续调节所支配组织的代谢活动
    B. 影响神经元的结构
    C. 影响神经元的生理、生化功能
    D. 增加突触后膜受体的量

13. 神经元代谢和整合的中心是（   ）
    A. 轴突   B. 树突
    C. 胞体   D. 轴突末梢

14. 下列哪种细胞属于外周胶质细胞（   ）
    A. 星形胶质细胞   B. 少突胶质细胞
    C. 施万细胞   D. 小胶质细胞

15. 神经元按其功能分类不包括（   ）
    A. 感觉神经元   B. 联络神经元
    C. 运动神经元   D. 兴奋性神经元

16. 内脏感觉传入冲动进入中枢后，沿着哪条传导束到达大脑皮质（   ）
    A. 皮质脊髓束   B. 脊髓丘脑束
    C. 皮质核束   D. 皮质延髓束

17. 视杆细胞的光感受器介导哪种视觉（   ）
    A. 强光   B. 白光
    C. 亮光   D. 暗光

18. 视锥细胞的光感受器介导哪种视觉（   ）
    A. 强光   B. 荧光
    C. 亮光   D. 暗光

19. 温度觉感受器包括热感受器和冷感受器，热感受器分布的皮下位置是
（   ）
    A. 0.1~0.2 mm   B. 0.3~0.6 mm
    C. 0.7~0.9 mm   D. 0.9~1.2 mm

20. 位于脑腹侧的枕、额区主要负责哪种特征的知觉和物体识别 （　　）

    A. 颜色、形状和纹理   B. 空间和运动知觉

    C. 物体的大小和色泽   D. 平面、立体和动态

21. 位于枕叶的背侧和顶叶皮质主要负责 （　　）

    A. 颜色、形状和纹理   B. 空间和运动知觉

    C. 物体的大小和色泽   D. 平面、立体和动态

22. 机体感受器按其所接受刺激性质的不同可分为五种，但不包含 （　　）

    A. 光感受器   B. 机械感受器

    C. 外感受器   D. 温度感受器

23. 机体感受器按其所接受刺激来源的不同可分为 （　　）

    A. 外感受器和内感受器   B. 伤害性感受器和无伤害感觉器

    C. 光感受器和机械感受器   D. 主观感受器和客观感觉器

24. 下列感觉类型可以被主观感知的是 （　　）

    A. 肌长度   B. 肌张力

    C. 平衡觉   D. 血浆渗透压

25. 主观上不产生特定感觉，不能被意识到的感觉类型是 （　　）

    A. 温度觉   B. 视觉

    C. 平衡觉   D. 血浆渗透压

26. 人眼能接受的刺激电磁波波长是 （　　）

    A. 100~370 nm   B. 380~760 nm

    C. 770~980 nm   D. 990~2 000 nm

27. 下列哪类神经元属于听觉各级中枢的神经元 （　　）

    A. 脊髓感觉神经元   B. 初级神经元

    C. 脊髓运动神经元   D. 中继神经元

28. 一般将脊髓灰质前角的 α 运动神经元称为脊髓运动反射的 （　　）

    A. 开始公路   B. 间接通路

    C. 最后公路   D. 直接通路

29. 当人体前庭感受器受到过度刺激时，反射性地引起骨骼肌紧张性改变及自主功能反应，但不包含 （　　）

    A. 心率加快   B. 血压下降

    C. 恶心呕吐、眩晕出汗   D. 反应时缩短

30. 正常情况下，脑干网状结构接受来自大脑皮质、小脑、纹状体和下列哪一位置的下行影响，然后再以其活动影响脊髓反射活动 （　　）

    A. 脑干   B. 丘脑

C. 中脑   D. 脑桥

31. 运动员举重时，提杠铃至胸前瞬间头后仰，是利用下列哪种反射 （   ）

     A. 牵张反射   B. 腱反射

     C. 翻正反射   D. 状态反射

32. 跳水运动员在做转体动作时，要充分利用下列哪种反射 （   ）

     A. 状态反射   B. 翻正反射

     C. 旋转运动反射   D. 直线运动反射

33. 迷路紧张反射的中枢位于中枢的哪一位置 （   ）

     A. 大脑   B. 间脑

     C. 中脑   D. 延髓前庭核

34. 翻正反射的中枢位于中枢的哪一部位 （   ）

     A. 大脑   B. 中脑

     C. 小脑   D. 延髓

35. 目前认为与运动有关的脑区主要包括主运动区、运动前区、辅助运动区、顶后叶皮质，还有 （   ）

     A. 联络区皮质   B. 感觉区

     C. 感觉运动区   D. 扣带运动区

36. 在编排复杂的运动程序和执行运动前的准备状态中，哪一脑区作用最为重要 （   ）

     A. 丘脑   B. 辅助运动区

     C. 纹状体   D. 扣带运动区

37. 基底神经节在肌肉活动控制中发挥着重要的作用，但不包含 （   ）

     A. 控制肌紧张并使运动动作适度

     B. 与随意运动有关

     C. 协助把联络皮质产生的运动计划转变为运动程序

     D. 情绪的调节

38. 运动区皮质具有一种柱状模块结构，这种结构处理同一条肌肉的哪种信息 （   ）

     A. 速度和强度   B. 时间和空间

     C. 传出和传入   D. 数量和体积

39. 前庭小脑的主要功能是 （   ）

     A. 参与随意运动的设计和程序的编制

     B. 调节肌紧张

　　C. 协调躯体运动和内脏活动

　　D. 控制躯体和平衡眼球运动

40. 当大脑皮质发动精细运动时，首先从小脑的哪一部位提取运动程序，并将它通过大脑-小脑回路回输到运动皮质 （　　　）

　　A. 脊髓小脑　　　　　　　　　　B. 前庭小脑

　　C. 皮层小脑　　　　　　　　　　D. 后外侧裂

41. 下列哪一反射性运动，不是以脊髓为中枢的反射 （　　　）

　　A. 牵张反射　　　　　　　　　　B. 翻正反射

　　C. 屈肌反射　　　　　　　　　　D. 对侧伸肌反射

42. 脊髓小脑的功能是调节正在进行过程中的运动，协助大脑皮质对哪种运动进行适时控制 （　　　）

　　A. 躯体运动　　　　　　　　　　B. 形式化运动

　　C. 反射性运动　　　　　　　　　D. 随意运动

43. 脊髓小脑的功能是调节正在进行过程中的运动，协助大脑皮质对何种运动进行适时的控制 （　　　）

　　A. 状态反射　　　　　　　　　　B. 翻正反射

　　C. 随意性运动　　　　　　　　　D. 节律性运动

44. 随意运动是一个非常复杂的过程，是由大脑皮质的哪一区域首先发起 （　　　）

　　A. 皮质联络区　　　　　　　　　B. 主运动区

　　C. 辅助运动区　　　　　　　　　D. 运动前区

45. 关于大脑皮质主要运动区功能特征错误的描述是 （　　　）

　　A. 对躯体运动的调节是交叉进行的

　　B. 具有精细的功能定位

　　C. 身体不同部位在皮质代表区，其大小与运动的精细复杂程度有关

　　D. 产生体表感觉机会达 50% 以上

46. 由大脑皮质发出，经内囊到达脑干内各脑区运动神经元的传导束，被称为何种传导束 （　　　）

　　A. 皮质脊髓束　　　　　　　　　B. 皮质脑干束

　　C. 红核脊髓束　　　　　　　　　D. 网状脊髓束

47. 基底神经节与大脑皮质之间有直接和间接两条通路，直接通路和间接通路分别对大脑皮质的活动起的作用是 （　　　）

　　A. 易化、抑制　　　　　　　　　B. 抑制、易化

　　C. 易化、易化　　　　　　　　　D. 抑制、抑制

48. 小脑在随意运动中产生"误差信号"，是它将大脑皮质命令与下列哪一感觉传入的执行情况进行比较后的结果（　　）

　　　A. 肌肉与内脏器官的感觉传入　　　B. 感知觉传入

　　　C. 肌肉与关节等处的本体感觉传入　D. 温度觉传入

（二）判断题

1. 神经细胞是神经系统的基本结构与功能单位。（　　）

2. 兴奋经过电突触传递所需时间要比化学性突触长得多，这一过程称为中枢延搁。（　　）

3. 一个神经元通常具有一个树突和多个轴突。树突可将细胞体加工、处理过的信息传出到另一个神经元或效应器。（　　）

4. 在神经细胞任何一个部位所产生的神经冲动，均可传播到整个细胞。（　　）

5. 根据神经元的形态，可将神经元分为假单极细胞和多极细胞两类。（　　）

6. 电突触主要是单向传递的兴奋性突触，化学突触则是双向传递，并且既有兴奋性的，又有抑制性的。（　　）

7. 兴奋性递质可导致突触后膜产生去极化效应，产生的电位称为兴奋性突触后电位。（　　）

8. 神经递质与突触前膜上的特殊受体结合引起膜电位发生改变，称为突触前电位。（　　）

9. 在活化区相对应的突触后膜上存在着相对应的特异性的受体或递质门控通道。（　　）

10. 神经元是神经组织实施其功能的主要细胞，但其数量在神经组织并不是最多的。（　　）

11. 神经元大小和形态多种多样，但从结构上大致都包括胞体和轴突两部分。（　　）

12. 兴奋性突触后电位具有"全和无"现象。（　　）

13. 抑制性突触后电位的产生与氯通道激活有关，而兴奋性突触后电位的产生与钠通道激活有关。（　　）

14. 神经元是神经组织实施其功能的主要细胞，其树突和轴突分别有接受和传出神经信息的作用。（　　）

15. 兴奋性突触后电位实际上是一种动作电位，不能发生总和。（　　）

16. 在神经系统中，电突触是最常见也是最重要的信息传导突触。（　　）

17. 神经系统活动的基本形式是反射，反射活动的结构基础是反射弧。（　　）

18. 非条件反射的建立是需要大脑皮质参与的。（　　　）

19. 条件反射数目有限，是生来就有的一种反射活动。（　　　）

20. 神经纤维在结构和功能受损的情况下也能传导兴奋。（　　　）

21. 在运动训练中可以采用两点辨别阈来判断人体的疲劳程度。（　　　）

22. 由于眼球前后径过长或折光系统的折光能力过强，远处物体发出的光线被聚焦在视网膜的前方，形成模糊的图像，称为远视。（　　　）

23. 由于眼球前后径过长或折光系统的折光能力过强，远处物体发出的光线被聚焦在视网膜的后方，形成模糊的图像，称为近视。（　　　）

24. 痛觉的主观体验只有生理成分。（　　　）

25. 痛觉既发生于躯体也发生于内脏。（　　　）

26. 视杆细胞对光的敏感度较高，能在昏暗环境中感受弱光刺激引起暗视觉，但无色觉，对被视物细节的分辨能力较差。（　　　）

27. 视锥细胞对光的敏感性较差，只有在强光条件下才能被激活，但视物时可辨别颜色，且对被视物的细节有较高的分辨能力。（　　　）

28. 人眼能接受的刺激电磁波的波长为 760~980 nm。（　　　）

29. 位于大脑腹侧的枕、额区主要负责空间和运动知觉等特征的知觉和物体的识别。（　　　）

30. 位于大脑枕叶的背侧和顶叶皮质主要负责空间和运动知觉。（　　　）

31. 视网膜是一种光感受器，它包含视杆细胞和视锥细胞。（　　　）

32. 前庭器包括椭圆囊和球囊。（　　　）

33. 旋转加速度的感受器是半规管壶腹嵴。（　　　）

34. 突触前抑制多见于感觉传入途径中。（　　　）

35. 肌梭是张力感受器，而腱器官是长度感受器。（　　　）

36. 运动单位的大小不等，支配比越大，神经对肌肉的调控越精细。（　　　）

37. 反射性运动是指受主观意识控制，运动形式固定，反应快捷的运动。（　　　）

38. 过度刺激前庭感受器而引起机体各种前庭反应的程度，称为前庭功能稳定性。（　　　）

39. 为了能更大地增强肌肉力量，在牵拉与随后的收缩之间延搁时间越长越好。（　　　）

40. 当 α 运动神经元活动时，支配梭内肌纤维的 γ 运动神经元也被激活，这种在运动时两者同时兴奋的模式称为 α-γ 共同激活。（　　　）

41. 肌紧张是维持姿势的基础，反射活动的初级中枢在脑干，需要受到上级中枢的调控。（　　　）

42. 红核脊髓束起源于中脑的红核，主要支配四肢远端肌肉粗略运动。（　　）

43. 在整体情况下，由于经常受到大脑皮质等中枢的调控，脑干网状抑制系统与易化系统的作用经常处于动态平衡中，因而四肢伸肌和其他重力肌肉群不出现僵直现象。（　　）

44. 迷路紧张反射的主要中枢在颈脊髓部位。（　　）

45. 举重时，提杠铃至胸前瞬间头后仰，可借提高肩背部肌群的力量，更好地完成动作，这是状态反射的实际应用。（　　）

46. 小脑对调节肌紧张、维持姿势、协调和形成随意运动均起重要作用。（　　）

47. 依据小脑的传入传出纤维联系，可将小脑分为前庭小脑、脊髓小脑和皮质小脑 3 个功能部分。（　　）

48. 大脑皮质功能代表区的大小与运动的精细复杂程度有关，运动越精细越复杂，其功能代表区就越小。（　　）

49. 大脑皮质对躯体运动的调节为交叉性支配，即左侧皮质支配右侧肢体，而右侧皮质支配左侧肢体。（　　）

50. 运动区定位从上到下的安排是按躯体组成顺序进行的，头面部肌肉代表区在皮质顶部，下肢肌肉的代表区在皮质底部。（　　）

51. 快速牵拉肌肉引起腱反射，对抗肌肉的拉长，缓慢持久牵拉肌肉引起肌紧张，调节肌肉的紧张度。（　　）

52. 一般把尾核、壳核称为新纹状体，将苍白球称为旧纹状体。（　　）

53. 中枢运动控制系统是以 3 个等级方式构成的。最高水平以大脑皮质的联合区和基底神经节为代表，负责运动的战略，即确定运动的目标和到达目标的最佳运动策略。（　　）

54. 由皮质发出，经内囊、脑干下行，到达脊髓前角运动神经元的传导束，称为皮质脊髓束。（　　）

55. 意向性运动的全过程均受到主观意识的支配，运动形式较为复杂，随着实践经验的积累，运动技巧逐渐完善。（　　）

（三）填空题

1. 神经组织由神经细胞和_____组成，神经细胞又称为_____。

2. 神经元细胞质中含有很多亚微结构，包括_____、_____和_____等。

3. 一个神经元通常具有一条细长的圆柱状_____，将神经元信息传出至另一神经元或效应器。

4. 神经纤维传导兴奋具有_____、_____、双向性和_____4个特征。

5. _____的轴突和包裹轴突的_____，总称为神经纤维。

6. 一个神经元一般可分为_____、树突和_____三个部分。

7. 神经元的主要功能是_____、_____、传导和_____信息。

8. 目前已发现并分离到多种神经营养因子，主要有_____、_____和神经营养因子3等。

9. 轴浆从胞体向轴突末梢的运输称为_____，轴浆自末梢到胞体的运输则称为_____。

10. 星形胶质细胞参与实现的功能活动主要有_____、营养作用、_____和_____。

11. 神经冲动传导主要有_____和_____两种方式。

12. 信息在化学突触的传递过程主要包括神经递质在_____、递质与突触后膜受体结合、_____等环节。

13. 反射弧由_____、_____、_____、_____和_____5部分构成。

14. 巴甫洛夫将人和高等动物的反射分为_____和_____两类。

15. 根据突触后膜发生去极化或超极化的不同，可将突触后电位分为_____和_____两种。

16. 在突触前膜产生的抑制为_____，这种抑制在中枢内广泛存在，尤其多见于_____中，对调节感觉传入活动具有重要意义。

17. 由于突触前膜轴突末梢_____时程延长，使末梢释放的_____增多，产生突触前易化。

18. 由于突触后膜的_____，而使膜电位靠近_____水平，这一现象称为突触后易化。

19. 任何一种刺激作用于感受器到引起感觉，需要经过_____、_____和相应中枢三个相互联系的结构水平才能引起清晰的感觉。

20. 感受器的一般生理特性包括_____、换能作用、_____和适应现象。

21. 躯体感觉包括来自骨骼肌、肌腱和关节等处的_____和来自皮肤的_____两大类。

22. 眼内与产生视觉直接有关的结构是眼的_____和_____。

23. 人眼的折光系统包括角膜、房水、晶状体和玻璃体四种介质，并通过_____和_____四个屈光度不同的折射面，才能在视网膜上形成物像。

24. 耳是听觉的外周感受器官，它由 _____、中耳和内耳的 _____ 组成。

25. 前庭器官是由内耳的 _____、球囊和三个 _____ 组成的。

26. 由于眼球前后径 _____ 或折光系统的折光能力 _____，远处物体发出的光线被聚焦在视网膜的前方，形成模糊的图像，称为近视。

27. 由于眼球 _____ 过短或折光系统的 _____ 太弱，远处物体发出的光线被聚焦在视网膜的后方，形成模糊的图像，称为远视。

28. 如果将两个点状刺激同时或相继触及皮肤，人体能分辨出这两个刺激点的最小距离，称为 _____。

29. 躯体感觉代表区主要包括 _____ 和 _____。

30. 已在人脑鉴定出十多个视觉功能区域，其中位于脑腹侧的枕、颞区主要负责颜色、_____ 和 _____ 等特征的知觉和物体的识别。

31. 牵张反射有 _____ 和 _____ 两种表现形式。这两类牵张反射的中枢都在 _____。

32. 动态牵张反射也称为腱反射，该反射的感受器是受牵拉肌肉中的 _____，效应器是受牵拉肌肉中的 _____ 纤维。

33. 静态牵张反射也称为 _____，是由缓慢持续牵拉肌肉而形成的，主要调节肌肉的紧张度，不表现出明显的动作，对维持 _____ 非常重要。

34. 生理学中通常依据运动时主观意识参与的程度，将躯体运动分为 _____ 和 _____、_____ 三类。

35. 投掷前的引臂、起跳前的膝屈都是利用 _____，可增加肌肉收缩 _____。

36. 脑干对脊髓的运动神经元具有 _____ 和 _____ 作用，它们主要是由脑干网状结构实现的。

37. 头前倾时，引起 _____ 和 _____ 的紧张性加强，而上下肢及背部伸肌紧张性减弱。

38. 体操运动员在平衡木上做动作时，如头部位置 _____，就会使 _____ 伸肌力量不一致，身体随之失去平衡。

39. 翻正反射比状态反射复杂，它有赖于 _____ 的协调，_____ 在翻正反射中的作用是很重要的。

40. 大脑皮质运动区包括 _____、_____、_____ 和后顶叶皮质。

41. 大脑皮质对身体运动的调节功能是通过 _____ 和 _____ 两条传导通路来实现的。

42. 基底神经节接受大脑皮质的纤维投射，其传出纤维经 _____ 接替后，又返回到_____，从而构成基底神经节与大脑皮质之间的直接和间接两条通路。

43. 前庭小脑的功能主要是_____和_____。

44. 中枢运动控制系统是以三个等级的方式组构的，最高水平以大脑皮质的_____和基底神经节为代表，负责_____。

45. 中枢运动控制系统中间水平以大脑皮质的_____和_____为代表，负责运动的战术。

46. 小脑与基底神经节都参与运动的设计、程序编制、运动的协调和_____的调节，以及_____的处理等活动。

47. 在中枢神经系统，神经元之间有多种联系方式，归纳起来主要有_____、_____、_____、链锁式和环式联系等几种。

（四）名词解释

1. 神经纤维

2. 神经传导

3. 兴奋性突触后电位

4. 化学突触

5. 抑制性突触后电位

6. 聚合式联系

7. 电突触

8. 突触

9. 突触传递

10. 突触小体

11. 非条件反射

12. 条件反射

13. 反射

14. 单线式联系

15. 辐散式联系

16. 躯体感觉

17. 本体感受器

18. 两点辨别阈

19. 回返性抑制

20. 特异神经能量定律

21. 交互抑制

22. 前庭器官

23. 感光换能系统

24. 近视

25. 远视

26. 突触前抑制

27. 突触前易化

28. 突触后易化

29. 感受器

30. 肌梭

31. 腱器官

32. 运动单位

33. 运动神经元池

34. 意向性运动

35. 牵张反射

36. 静态牵张反射

37. 屈肌反射

38. 动态牵张反射

39. 状态反射

40. 翻正反射

41. 脑干网状结构

42. 前庭反应

43. 组构原则

44. 姿势反射

45. 迷路紧张反射

46. 颈紧张反射

47. 皮质脊髓束

（五）简答题

1. 简述神经纤维传导兴奋的几个特征。

2. 简述条件反射和非条件反射各自的特点。

3. 简述反射的基本过程。

4. 试述化学突触传递的基本过程。

5. 试述化学突触的结构特征。

6. 试述电突触的结构特征。

7. 简述神经胶质细胞的分类及其功能。

8. 简述感受器的一般生理特性。

9. 简述机体主要的本体感受器及其功能。

10. 简述视网膜的感光换能系统及其功能。

11. 简述躯体感觉和内脏感觉信息的传入通路。

12. 简述躯体感觉代表区。

13. 脑干对肌紧张是如何进行调控的？

14. 状态反射包括哪两种形式？简述其机制。

15. 什么叫翻正反射？简述翻正反射的过程、发生的机制以及应用。

16. 大脑皮质与运动有关的脑区有哪几个部分，指出各部分的具体位置和功能。

17. 简述大脑皮质主运动区的功能特征。

18. 简述大脑皮质的运动传出通路有哪些。

（六）论述题

1. 详细阐述化学性突触传递的几个特征及其产生的原因。

2. 试述中枢神经元的几种联系方式，并举例说明。

3. 请详细分析神经元的结构和功能。

4. 试述躯体感觉代表区及本体感觉代表区的感觉投射规律及其功能特点。

5. 论述听觉信息的传入通路及其中枢分析。

6. 试述重力及直线正负加速度和旋转运动产生的生理机制。

7. 何谓牵张反射？牵张反射有哪些特点和意义？请举例说明。

8. 试述基底神经节的神经通路及其功能。

9. 试述中枢运动控制系统的等级划分及其功能特点。

10. 请详细阐述小脑各部分的功能及其机制。

11. 试述大脑、基底神经节和小脑在调控躯体运动中是如何协调进行的。

（七）案例分析

1. 某教师在投掷标枪的教学课中，花费较多时间和精力给学生讲述了投掷标枪中"引枪"的动作要领和技术特点，并再三强调其对投掷技术的完成和取得良好成绩的重要性，随后又进行了几次动作示范，获得了同学们的一片赞叹声，授课效果良好。此时有一位同学突然问道："老师，投掷标枪为什么不直接向前投，而要做一个引枪动作呢？"老师深思片刻但没有做出明确的答复，就让学生开始练习了。请你从肌肉活动的神经调控角度来帮助这位老师分析一下"引枪"这一技术动作的生理机制可能是什么。

2. 在举重比赛（无论是抓举还是挺举）时，我们都可以观察到举重运动员在提杠铃至胸前的瞬间很自然地都会有一个头部后仰动作，这一动作看似不经意但在举重运动中却发挥着重要的作用。其实在运动训练中，举重教练也会反复向运动员强调这一动作的重要性。试分析运动员在提杠铃至胸前的瞬间头后仰动作应用了运动生理学中哪一反射的基本原理？并说明此种反射的规律和在举重项目中的作用。

二、参考答案

（一）单选题

1. B 2. D 3. A 4. D 5. D 6. B 7. A 8. C 9. A 10. B
11. D 12. D 13. C 14. C 15. D 16. B 17. D 18. C 19. B 20. A
21. B 22. C 23. A 24. C 25. D 26. C 27. D 28. C 29. D 30. B
31. D 32. B 33. D 34. B 35. D 36. B 37. D 38. C 39. D 40. C
41. B 42. D 43. C 44. A 45. D 46. B 47. A 48. C

（二）判断题

1. 对 2. 错 3. 错 4. 对 5. 错 6. 错 7. 对 8. 对 9. 对 10. 对
11. 错 12. 错 13. 对 14. 对 15. 错 16. 错 17. 对 18. 错 19. 错 20. 错
21. 对 22. 错 23. 错 24. 错 25. 对 26. 对 27. 对 28. 错 29. 错 30. 对
31. 对 32. 错 33. 对 34. 对 35. 错 36. 错 37. 错 38. 对 39. 错 40. 对
41. 错 42. 错 43. 对 44. 错 45. 对 46. 对 47. 对 48. 错 49. 对 50. 错
51. 对 52. 对 53. 对 54. 对 55. 对

（三）填空题

1. 神经胶质细胞，神经元

2. 尼氏体，Golgi 复合体，线粒体

3. 轴突

4. 完整性，绝缘性，相对不疲劳性

5. 神经元，髓鞘

6. 胞体，轴突

7. 接受，整合，传递

8. 神经生长因子，脑源性神经生长因子

9. 顺向轴浆运输，逆向轴浆运输

10. 支持作用，引导迁移作用，隔离作用

11. 局部电流方式传导，跳跃式传导

12. 突触前的合成和释放，递质的分解和重吸收

13. 感受器，传入神经纤维，反射中枢，传出神经纤维，效应器

14. 条件反射，非条件反射

15. 兴奋性突触后电位，抑制性突触后电位

16. 突触前抑制，感觉传入通路

17. 动作电位，神经递质

18. 去极化，阈电位

19. 感受器，特定的传入神经

20. 适宜刺激，编码功能

21. 深感觉，浅感觉

22. 折光系统，感光换能系统

23. 角膜前后表面，晶状体前后表面

24. 外耳，耳蜗

25. 椭圆囊，半规管

26. 过长，过强

27. 前后径，折光能力

28. 两点辨别阈

29. 体表感觉区，本体感觉区

30. 形状，纹理

31. 动态牵张反射，静态牵张反射，脊髓

32. 肌梭，快肌

33. 肌紧张，躯体姿势

34. 反射性运动，形式化运动，意向性运动

35. 牵张反射，力量

36. 易化，抑制

37. 屈肌，腹肌

38. 不正，两臂

39. 中脑，视觉

40. 运动皮质，运动前区，辅助运动区

41. 皮质脊髓束，皮质脑干束

42. 丘脑，大脑皮质

43. 控制躯体，平衡眼球运动

44. 联合区，运动的战略

45. 运动区，小脑

46. 肌紧张，本体感觉传入信息

47. 单线式联系，辐散式联系，聚合式联系

（四）名词解释

1. 神经元的轴突和包裹轴突的髓鞘总称为神经纤维。

2. 在神经细胞任何一个部位所产生的神经冲动，均可传播到整个细胞，使细胞未兴奋部位依次经历一次膜电位的倒转，这一过程称为神经冲动的传导，简称神经传导。

3. 兴奋性递质可导致突触后膜产生去极化效应，所产生的后电位称为兴奋性突触后电位。

4. 化学突触是由突触前膜、后膜和突触间隙组成，具有单向传递、可塑性和突触延搁等特征。

5. 突触前膜释放的是抑制性递质，可引起突触后膜对 K^+ 和 Cl^-（尤其是 Cl^-）升高，导致突触后膜产生超极化，这一电位变化称之为抑制性突触后电位。

6. 聚合式联系是指一个神经元接受来自许多神经元的轴突末梢而建立突触联系，因而有可能使来源于不同神经元的兴奋和抑制在同一神经元上发生整合，导致后者兴奋或抑制。

7. 电突触是缝隙连接的突触结构，突触前膜和突触后膜无结构分化，其突触间隙仅为 3.5 nm，这种结构又称为缝隙连接。

8. 生理学中将相互连结的两个神经元之间或神经元与效应器之间的接触部称之为突触。

9. 信息从前一个神经元传递给后一个神经元，这一信息传递过程被称为突触传递。

10. 在轴突主干上，轴突的末梢分成许多分支，每个分支末端的膨大部分称为突触小体。

11. 非条件反射是人和动物生来就有、数量有限、种系所有、比较固定和形式低级的反射活动，如防御反射、食物反射、性反射等。

12. 条件反射是反射活动的高级形式，是指人和动物在个体生活过程中，按照所处的生活环境，在非条件反射的基础上，通过后天学习和训练不断建立而形成的一种反射活动。

13. 身体的各种感受器相当于不同的换能器，它们的功能是将所感受的刺激转变为一定形式的神经放电信号，后者通过传入神经纤维传至相应的神经中枢，中枢对传入信号进行分析并作出反应后，再通过传出神经纤维将中枢的指令传达到相应的效应器官，发动或改变其活动，这一过程被称为反射。

14. 单线式联系是指一个突触前神经元仅与一个突触后神经元发生的突触联系。

15. 辐散式联系是指一个神经元可通过其轴突末梢与多个神经元形成突触联系，从而使与之相联系的许多神经元同时兴奋或抑制。

16. 来自骨骼肌、肌腱和关节等处的深感觉和来自皮肤的浅感觉，总称为躯体感觉。

17. 位于肌肉、肌腱和关节等处的肌梭、腱器官和关节感受器称为本体感受器。

18. 将两个点状刺激同时或相继触及皮肤，人体能分辨出这两个刺激点的最小距离，称为两点辨别阈。

19. 中枢神经元兴奋时，传出冲动沿轴突外传，同时又经轴突侧枝兴奋一个抑制性中间神经元，后者释放抑制性神经递质，反过来抑制原先兴奋的神经元及同一个中枢的其他神经元，这种抑制称为回返性抑制。

20. 当刺激发生在一个特定感觉的神经通路时，无论该通路的活动是如何引起的，或者是由该通路的哪一部分所产生的，所引起的感觉总是该感受器在生理情况下兴奋所引起的感觉，这一原理称为特异神经能量定律。

21. 牵拉肌肉引起某些运动神经元的兴奋，而另一拮抗肌的运动神经元抑制，这一生理现象称为交互抑制。

22. 人体感知自身运动状态和头部空间位置的感受器，称为前庭器官，由内耳的椭圆囊、球囊和三个半规管组成。

23. 视网膜上含有对光高度敏感的视杆细胞和视锥细胞，以及与之相联系的双极细胞和视神经节细胞，构成了眼的两种感光换能系统，即视杆系统和视锥系统。

24. 由于眼球前后径过长或折光系统的折光能力过强，远处物体发出的光线被聚焦在视网膜的前方，形成模糊的图像，称为近视。

25. 由于眼球前后径过短或折光系统的折光能力过弱，远处物体发出的光线被聚焦在视网膜的后方，形成模糊的图像，称为远视。

26. 在突触前膜产生的抑制称为突触前抑制。这种抑制在中枢内广泛存在，尤其多见于感觉传入通路中，对调节感觉传入活动有重要意义。

27. 突触前轴突末梢的动作电位时程延长，使末梢释放的神经递质增多，最终使突触后膜神经元的兴奋性突触后电位增大，称为突触前易化。

28. 突触后膜去极化，使膜电位靠近阈电位水平，这一现象称为突触后易化。

29. 在任何动物的体表或组织内部，存在着一些专门感受机体内、外环境变化所形成的刺激结构和装置，称为感受器。

30. 肌梭是存在于骨骼肌内的一种高度特化的感受器，呈梭状，内含细的梭内肌纤维，其主要功能是当它所在的那块肌肉被拉长时，可发放牵拉长度和速率变化的信息。

31. 腱器官是位于肌纤维和肌腱连接部位的囊状结构，与骨骼肌呈串联式排列，是一种张力感受器。

32. 一个运动神经元与它所支配的那些肌纤维组成一个运动单位。

33. 一块骨骼肌通常接受许多运动神经元的支配，这些神经元比较集中的位于脑干内几个毫米或脊髓相邻节段的前角，因此将支配一块肌肉的那一组运动神经元相对集中的区域，称为运动神经元池。

34. 具有明确目的性、运动全过程均受主观意识支配、运动形式较为复杂，一般通过后天学习获得，随着实践经验的积累运动技巧日渐完善的运动，称为意向性运动。

35. 在脊髓完整的情况下，一块骨骼肌如受到外力牵拉使其伸长时，能反射性地引起受牵扯的同一肌肉收缩，这种反射被称为牵张反射。

36. 静态牵张反射是缓慢持续牵拉肌肉而形成的，主要调节肌肉的紧张度，对维持躯体姿势是非常重要的。

37. 脊椎动物在受到伤害性刺激时，受刺激的一侧肢体关节的屈肌快速收缩而伸肌弛缓、肢体屈曲，这种反射称为屈肌反射。

38. 由快速牵拉肌肉引起反射称为动态牵张反射，它的作用是对抗肌肉的拉长。

39. 头部空间位置的改变以及头部与躯干的相对位置发生改变时，将反射性地引起躯干和四肢肌肉紧张性的改变，这种反射称为状态反射。

40. 当人和动物处于不正常的体位时，通过一系列协调运动将体位恢复常态的反射活动，称为翻正反射。

41. 在脑干中轴部位内许多形状和大小各异的神经元组成的脑区，其间穿行着各类行向不同的神经纤维呈网状，这一部位称为脑干网状结构。

42. 当人体前庭感受器受到过度刺激时，反射性地引起骨骼肌紧张性的改变、眼震颤以及自主功能反应，如心率加快、血压下降、恶心呕吐、眩晕、出冷汗等现象，这些改变统称为前庭反应。

43. 运动皮质发出下行控制纤维的细胞是高度分域地组织起来的，与每一块肌肉有关的皮质神经元都有集聚的中心和围绕的外野，任何支配不同肌肉的中心区不会重叠，但是一条肌肉的外野支配区可能和另一条肌肉的外野，甚至和它的中心区发生重叠，这一分布规律被称之为皮质运动区神经元的组构原则。

44. 在躯体活动过程中，中枢神经系统不断地调整不同部位骨骼肌的张力以完成各种动作，保持或变更躯体各部分的位置，这种反射称为姿势反射。

45. 迷路紧张反射是指头部空间位置发生改变时，内耳迷路耳石器官的传入冲动对躯体伸肌紧张性的调节反射。

46. 颈紧张反射是指颈部扭曲时，颈椎关节韧带和颈部肌肉受到刺激后，对四肢肌肉紧张性的调节反射。

47. 由皮质发出，经内囊、脑干下行，到达脊髓前角运动神经元的传导束，称为皮质脊髓束。

（五）简答题

1. 神经纤维传导兴奋具有以下特征。① 完整性：神经纤维只有在其结构和功能都完整时才能传导兴奋，如果神经纤维受损，兴奋传导将受阻。② 绝缘性：一根神经干内含有许多神经纤维，它们同时传导兴奋时基本上互不干扰。③ 双向性：人为刺激神经纤维上任何一点，所引起的兴奋可沿纤维同时向两端传播。④ 相对不疲劳性：与突触传递比较而言，神经纤维传导兴奋是相对不容易产生疲劳的。

2. 巴甫洛夫将人和高等动物的反射分为非条件反射和条件反射两类。非条件反射是指人和动物生来就有、数量有限、种系所有、比较固定和形式低级的反射活动（如防御反射、食物反射、性反射等）。非条件反射的建立无需大脑皮质的参与，通过皮质下各级中枢就能形成。它使人和动物能够初步适应环境，对于个体生存和种系生存具有重要意义；条件反射是反射活动的高级形式，是指人和动物在个体生活过程中，按照所处的生活环境，在非条件反射的基础上，通过后天学习和训练不断建立而形成的一种反射活动。条件反射的数量是无限的，可以建立也可以消退。

3. 反射的基本过程是刺激信息经感受器、传入神经、中枢、传出神经和效应器依次传递的过程，中枢是反射弧中最复杂的部位。在整体情况下，无论是简单的还是复杂的反射，传入冲动进入脊髓或脑干后，除在同一水平与传出部分发生联系并发出传出冲动外，还有上行冲动传到更高级的中枢部位进一步整合，再由高级中枢发出冲动来调整反射的传出冲动。因此，完成一个反射，往往既有初级水平的整合活动，也有高级水平的整合活动，在通过多级水平的整合后，反射活动将更具复杂性和适应性。

4. 当突触前神经元产生了动作电位而需要传递时，首先传导到神经末梢的突触前膜，突触前膜产生动作电位所引起的去极化，激活突触前膜的电压门控钙离子通道，导致细胞外的钙进入末梢内，使神经末梢内的钙离子浓度升高，诱发含有神经递质的突触囊泡与突触前膜结合，通过胞吐作用进行释放，神经递质被释放到突触间隙后，通过扩散到达突触后膜，与突触后膜上的特异性受体或化学门控离子通道结合，导致突触后膜对一些离子的通透性改变，发生离子的跨膜移动，所产生的跨膜离子电流即可改变突触后膜的膜电位，这是一个局部电位，如果叠加达到阈电位，就会使周围的细胞膜产生动作电位，继续传递神经电信号。

5. 一个经典的化学突触是由突触前膜、突触间隙和突触后膜三个部分组成的。前一个神经元的突触末梢首先分成许多细枝，每个细枝的末梢膨大成纽扣状，为突触小体，突触小体贴在突触后神经元的胞体，树突或轴突表面形成突触。突触前膜是突触小体膜，突触后膜是突触后神经元与突触前膜相对的那部分膜，两膜之间的间隙称为突触间隙。突触小体的轴浆内含有较多的线粒体和大量聚集的囊泡，囊内含高浓度的神经递质，在突触后膜上有相应的受体。

6. 电突触也称缝隙连接，由突触前膜、突触后膜及突触间隙构成。两侧膜均没有增厚特化，也无突触囊泡的存在。缝隙连接的通道可允许带电离子通过产生离子电流传递冲动，其信号传递是双向的，而且速度快，几乎没有突触延搁。电突触也可与化学突触共存于一个突触中，构成混合突触。

7. 中枢神经系统的神经胶质细胞分为星形胶质细胞、少突胶质细胞、小胶质细胞。周围神经系统中有来源于神经嵴的施万细胞，包裹神经轴突形成髓鞘；还有感觉上皮的支持细胞等。

神经胶质细胞的功能：① 支持作用。② 绝缘、屏障作用。③ 保护、修复与再生作用。④ 物质代谢营养作用。⑤ 免疫应答反应。⑥ 维持局部离子平衡作用。⑦ 对递质的调节。⑧ 合成神经活性物质。

8. 感受器一般生理特性：① 适宜刺激。一种感受器通常只对某种特定形式的能量变化最敏感，这种形式的刺激就称为该感受器的适宜刺激。② 换能作用。各种感受器都能把作用于它们的各种形式的刺激能量转换为传入神经的动作电位，这种能量转换称为感受器的换能作用。③ 编码功能。感受器在把外界刺激转换为神经动作电位时，不仅发生了能量的转换，而且把刺激所包含的环境变化的信息也转移到了动作电位的序列之中，起到了信息的转移作用，这就是感受器的编码功能。④ 适应现象。当某一恒定强度的刺激持续作用于一个感受器时，感觉神经纤维上的动作电位的频率会逐渐降低，这一现象称为感受器的适应现象。

9. 机体主要的本体感受器包括肌梭和腱器官。肌梭是存在于骨骼肌内的一种高度特化的感受器，呈梭状，内含细的梭内肌纤维，主要功能是当它所在的那块肌肉被拉长时，可发放牵拉长度和速率变化的信息。腱器官：位于肌纤维和肌腱连接部位的囊状结构，与骨骼肌呈串联式排列，是一种张力感受器。

10. 视网膜是位于眼球最内层的神经组织，视网膜上含有对光高度敏感的视杆细胞、视锥细胞以及与之相联系的双极细胞和视神经节细胞，构成了眼的两种感光换能系统，即视杆系统和视锥系统。视杆系统又称晚光觉或暗视觉系统，视杆细胞和与它们相联系的双极细胞以及神经节细胞等组成对光的敏感度较高，能在昏暗环境中感受弱光刺激引起暗视觉，但无色觉，对被视物细节的分辨能力较差；视锥系统又称昼光觉或明视觉系统，由视锥细胞和与它们相联系的双极细胞以及神经节细胞等组成，对光的敏感性较差，只有在强光条件下才能被激活，但视物时可辨别颜色，且对被视物的细节有较高的分辨能力。

11. 躯体感觉包括浅感觉和深感觉两大类，浅感觉又包括触-压觉（触觉和压觉）、温度觉（热觉和冷觉）和痛觉；深感觉即为本体感觉，主要包括位置觉和运动觉。躯体感觉的传入通路一般由三级神经元接替。初级传入神经元的胞体位于后根神经节或脑神经节中，其周围突起与感受器相连，中枢突起进入脊髓或脑干后发出两类分支，一类在不同水平直接或间接通过中间神经元与运动神经元相连而构成反射弧，完成各种神经反射，另一类经多级神经元接替后向大脑皮质投射而形成感觉传入通路，产生各种不同感觉。

内脏感觉的传入神经为自主神经，包括交感神经核副交感神经。它们的细胞主要位于脊髓胸 7~腰 2 脊髓节段和骶 2~4 后根神经节，以及第Ⅶ、Ⅸ、Ⅹ对脑神经节内。内脏感觉传入冲动进入中枢后，沿着躯体感觉的同一通路上行，即沿着脊髓丘脑束和感觉投射系统到达大脑皮质。

12. 大脑皮质的躯体感觉代表区主要包含有体表感觉区和本体感觉区。① 体表感觉代表区有两个感觉区。第一感觉区位于中央后回，相当于 Brodmann 分区的 3-1-2 区；第二感觉区位于大脑外侧沟的上壁，由中央后回底部延伸到脑岛的区域，其面积远较第一感觉区小，身体各部分的定位不如第一感觉区那么完善和具体；② 本体感觉代表区位于中央前回的 4 区，该区既是运动区，也是本体感觉代表区。在较低等的哺乳类动物，体表感觉区与运动区基本重合在一起，称为感觉运动区。

13. 脑干网状结构存在的抑制区和易化区对肌紧张进行调控。抑制区范围较小，仅位于延髓网状结构的腹内侧部，该区的兴奋可减弱肌紧张的活动；易化区分布的范围广泛，贯穿于整个脑干中央区域，该区域活动增强时，起着易化肌紧张的作用。从活动的强度来看，易化区的活动比较强，抑制区的活动比较弱，因此在肌紧张的平衡调节中易化区略占优势。正常情况下，脑干网状结构接受来自大脑皮质、小脑、纹状体和丘脑的下行影响，然后再以其活动影响脊髓反射活动。

14. 头部空间位置的改变以及头部与躯干的相对位置发生改变时，将反射性地引起躯干和四肢肌肉紧张性的改变，这种反射称为状态反射。状态反射包括迷路紧张反射和颈紧张反射。

迷路紧张反射是指头部空间位置发生改变时，内耳迷路耳石器官的传入冲动对躯体伸肌紧张性的调节反射。由于不同的头部位置会造成对耳石器官的不同刺激，使传入冲动沿前庭神经进入延髓的前庭神经核，再通过前庭脊髓束到达脊髓前角，与 α 运动神经元构成突触联系，并发出传出冲动引起有关伸肌紧张性增强，这一反射的主要中枢是前庭核；颈紧张反射是指颈部扭曲时，颈椎关节韧带和颈部肌肉受到刺激后，对四肢肌肉紧张性的调节反射。颈紧张反射的中枢在颈脊髓部位。在正常人体，由于高位中枢的存在，这类反射被抑制而表现不明显。

15. 当人和动物处于不正常体位时，通过一系列协调运动将体位恢复常态的反射活动称为翻正反射。这类反射包括许多步骤，主要是由于头部位置不正，视觉和耳石器官受到刺激而兴奋，传入的冲动反射性地引起头部位置率先复正。由于头部复正引起颈肌扭曲，从而使颈肌内的感受器发生兴奋，继而导致躯干翻转，使动物恢复站立姿势。视觉在翻正反射中的作用是很重要的。在体育运动中，有许多动作就是在翻正反射的基础上形成的，例如跳水中的许多空翻动作，都要先转头，再转上半身，然后再转下半身。

16. 目前认为大脑皮质与运动有关的脑区主要包括有主运动区、运动前区、辅助运动区、顶后叶皮质以及扣带运动区等。

主运动区位于中央前回和中央旁小叶前部，相当于 4 区；运动前区位于中央前回前方 6 区的外侧部，这两个区域是控制躯体运动的重要脑区。它们接受本体感觉冲动，感受躯体的姿势和躯干各部分在空间的位置及运动状态，并调整和控制躯体运动；辅助运动区主要位于大脑皮质的内侧面和背外侧面上部的 6 区，在编排复杂的运动程序和执行运动前的准备状态中起着重要作用；顶后叶皮质位于 5 区和 7 区，在解码并用于指导肢体运动的感觉信息方面起着重要的作用；此外在大脑皮质内侧面上，扣带沟背腹皮质（6 区、23 区、24 区）也与运动调控有关，此区称为扣带运动区或内侧运动区。

17. 大脑皮质主运动区的功能特征有如下几点：① 对躯体运动的调节为交叉性支配，即一侧皮质支配对侧躯体的肌肉（头面部大部分是双侧性支配）。② 具有精细的功能定位，运动越精细复杂的肌肉，其皮质代表区的面积就越大。③ 运动区的定位从上到下的安排是倒置的，即下肢肌肉的代表区在皮质顶部，膝关节以下肌肉的代表区在内侧面，上肢肌肉的代表区在中间部，而头面部肌肉的代表区在底部。

18. 大脑皮质对躯体运动的调控是通过皮质脊髓束和皮质脑干束两条传导通路而实现的。由皮质发出，经内囊、脑干下行，到达脊髓前角运动神经元的传导束，称为皮质脊髓束，其功能是控制躯干和四肢肌肉，与姿势的维持、精细的、技巧性的运动有关；而由皮质发出，经内囊到达脑干内各脑区运动神经元的传导束，称为皮质脑干束，其功能是控制脑干运动神经元的活动。此外，皮质脊髓束和皮质脑干束也发出侧支和一些直接起源于运动皮质的纤维，经脑干某些核团接替后形成顶盖脊髓束、网状脊髓束和前庭脊髓束，其功能与皮质脊髓束相似，参与对近端肌肉粗略运动和姿势的调节，而红核脊髓束则参与四肢远端肌肉精细运动的调节。

（六）论述题

1. 化学性突触传递具有的几个特征及其产生的原因如下。① 单向传播。在反射活动中，兴奋经化学性突触传递，只能从突触前末梢传向突触后神经元，这一现象称为单向传播。这是因为神经递质通常贮存于突触前末梢，并由突触前膜释放，受体则通常位于突触后膜。这种传递方式的意义在于限定了神经兴奋传导携带的信息只能沿着指定的路线运行。② 中枢延搁。兴奋经中枢传播与在相同距离的神经纤维上传导相比所需时间要长得多，这一现象称为中枢延搁。这是由于化学性突触传递须经历递质释放、递质在突触间隙内扩散、递质与后膜受体结合以及后膜离子通道开放等多个环节。兴奋通过一个化学性突触通常需要 $0.3 \sim 0.5$ ms，反射通路上跨越的突触数目越多，兴奋传递所需的时间就越长。③ 兴奋的总和。在反射活动中，单根神经纤维传入冲动一般不能引起传出效应，如若干神经纤维的传入冲动同时到达同一中枢才可能产生传出效应，这一现象称为兴奋的总和。因为单根纤维传入冲动引起的 EPSP 具有局部兴奋的性质，不足以引发外传性动作电位。但若干传入纤维引起的多个 EPSP 可发生空间性和时间性总和，只要总和达到阈电位即可爆发动作电位；如果总和未达到阈电位，亦可使膜电位与阈电位水平之间的差距缩小，表现出易化现象。④ 兴奋节律的改变。在同一反射弧中，传入神经（突触前神经元）中兴奋传递的放电频率往往与传出神经（突触后神经元）不同，这一现象称为兴奋节律的改变。这是因为突触后神经元常常同时接受多个突触传递，而且自身功能状态也可能不同，所以最后传出冲动的频率取决于各种因素的综合效应。⑤ 后发放。在中枢神经系统，兴奋冲动通过环式联系即使最初的刺激已经停止，传出通路上冲动发放仍能继续一段时间，这种现象称为后发放或后放电。这种现象也常见于各种神经反馈活动中。例如，当随意运动发动后，中枢将不断收到由肌梭返回的关于肌肉运动的反馈信息，用以纠正和维持原先的反射活动。⑥ 对内环境变化敏感和易疲劳。内环境理化因素的变化（如缺氧、二氧化碳过多、使用某些药物等），均可影响化学性突触的传递，这是因为突触间隙与细胞外液是相通的。另外，突触传递与神经纤维相比，相对容易发生疲劳，这可能与神经递质的耗竭有关。

2. 在中枢神经系统神经元之间有多种联系方式，归纳起来主要有以下几种：① 单线式联系：是指一个突触前神经元仅与一个突触后神经元发生突触联系。其实，在中枢真正的单线式联系很少见，会聚程度较低的突触联系通常视为单线式联系。② 辐散式联系：是指一个神经元可通过其轴突末梢与多个神经元形成突触联系，从而使与之相联系的许多神经元同时兴奋或抑制。在脊髓，传入神经元与其他神经元发生突触联系中主要是通过这种方式联系的。③ 聚合式联系：是指一个神经元接受来自许多神经元的轴突末梢而建立突触联系，这可能使来源于不同神经元的兴奋和抑制在同一神经元上发生整合，导致后者兴奋或抑制。这种联系方式在传出通路中较为多见，如脊髓前角运动神经元接受不同轴突来源的突触联系，主要表现为聚合式联系。④ 链锁式和环式联系：在中间神经元之间，由于辐散与聚合式联系同时存在而形成链锁式联系或环式联系。神经冲动通过链锁式联系，在空间上可扩大其作用范围；兴奋冲动通过环式联系，可因负反馈而使活动及时终止，或因正反馈而使兴奋增强和延续。在环式联系中，即使最初的刺激已经停止，传出通路上冲动发放仍能继续一段时间，这种现象称为后发放或后放电。这种现象可见于各种神经反馈活动中。

3. ① 神经元是由胞体、突起两部分组成。胞体是神经元的主体部分，是细胞代谢和信息整合的中心，其形状和大小差异很大，有圆形、星形、梭形和锥形等，直径 4～150 μm 不等。胞体是由细胞膜、细胞质和细胞核 3 部分组成。细胞膜具有调节神经元与周围环境间进行物质交换的作用；细胞质中含有许多亚微结构，如尼氏体、Golgi 复合体、线粒体、中心体和内涵物等；细胞核一般是位于胞质的中央，它是遗传信息储存、复制和表达的主要场所，又是将 DNA 转录成 RNA 的部位；突起可看作是胞体的延伸部，有树突和轴突之分。一个神经元具有多个树突，其作用是接收其他神经元传来的冲动，并将之传至胞体；一个神经元轴突只有一条，从胞体发出的部分膨大形成锥形叫作轴丘，它是轴突的始段。在轴突主干上，轴突的末端分成许多分支，每个分支末端的膨大部分称为突触小体，它与另一个神经元或效应器细胞相接触形成突触。神经元的轴突和包裹轴突的髓鞘总称为神经纤维。在中枢神经系统，神经纤维主要构成白质，在周围神经系统神经纤维构成神经干。② 神经元的主要功能是接受、整合、传导和传递信息。一个神经元从功能学的角度可区分出不同的功能区域。神经元的质膜在接受信息中发挥着重要作用；神经元的细胞核与细胞质内存在蛋白质合成体系，机体所需的各种功能蛋白质均在此处合成，在维持神经元生长、发育、存活以及完成正常功能活动中具有不可替代的作用；胞体和树突是接受和整合信息的区域；轴突始段是产生动作电位的区域，轴突是传导信息的区域；而突触末梢则是将信息从一个神经元传递给另一个神经元或效应器细胞的区域。神经元的主要功能是接受刺激和传递信息。神经元既能产生冲动和传导冲动，又能合成和释放多种信息分子（如神经递质、神经调质等）以及其他维持细胞生命所需的活性物质，有些神经元还能分泌激素，将神经信号转变为体液信号。中枢神经系统可通过传入神经接受来自体内外环境变化的刺激信息，通过中间神经对这些信息加以分析、综合和储存，再经过传出神经把指令传到所支配的器官和组织，产生调节和控制效应；神经纤维的主要功能是传导兴奋，亦即传导动作电位或神经冲动。

4. 体表感觉代表区有第一和第二两个感觉区，第一感觉区更为重要。第一感觉区位于中央后回，相当于 Brodmann 分区的 3-1-2 区。其感觉投射规律为：① 躯干和四肢部分的感觉为交叉性投射，即躯体一侧的传入冲动向对侧皮质投射，但头面部感觉的投射是双侧性的。② 投射区域的大小与感觉的分辨程度有关，分辨愈精细的部位，代表区愈大，如手，尤其是拇指和食指的代表区面积很大，相反，躯干的代表区则很小。③ 投射区域具有一定的分野，下肢的代表区在中央后回的顶部，膝以下的代表区在半球的内侧面，上肢的代表区在中央后回的中间部，而头面部则在底部，总体安排是倒置的，但在头面部代表区内部，其安排是正立的；第二感觉区位于大脑外侧沟的上壁，由中央后回底部延伸到脑岛的区域。其面积远较第一感觉区小，身体各部分的定位不如中央后回那么完善和具体。

本体感觉代表区位于中央前回的 4 区，该区域既是运动区，也是本体感觉代表区。在较低等的哺乳类动物，体表感觉区与运动区基本重合在一起，称为感觉运动区。

5. 听神经传入纤维首先在同侧脑干的耳蜗神经核换元，换元后的纤维大部分交叉到对侧上橄榄核，再次换元后形成外侧丘系直接或经下丘换元后抵达内侧膝状体，后者再发出纤维最后投射至大脑的颞横回和颞上回初级听皮质。根据对声音反应的不同形式，把听觉各级中枢的细胞分为三类。第一类是以传递声音信息为主要功能的接替（中继）神经元；第二类是能对声音信息的鉴别、整合作用的神经元；第三类是具有专门检查某种特殊形式的声音信息的神经元，这些神经细胞只对某种特殊声音或声音中的某种参量反应敏感。随着动物的进化，神经系统的许多功能越来越多地集中在大脑皮质。复杂声音信息的精确分辨、处理和加工最后要在皮层进行。

6. 重力及直线正负加速度的感受器是囊斑。当头部位置改变，由于重力对耳石的作用方向改变，耳石膜与毛细胞之间的空间位置发生改变，使毛细胞兴奋，冲动经前庭神经传到前庭神经核，反射性地引起躯干与四肢有关肌肉的肌紧张变化。同时冲动传入大脑皮质前庭感觉区，产生头部空间位置改变的感觉。人体做直线变速运动开始、停止或突然变速时，耳石膜因直线加速度或减速度的惯性而发生位置偏移，使毛细胞的纤毛弯曲，毛细胞兴奋，通过姿势反射来调整有关骨骼肌的张力，维持身体平衡。同时也有冲动经丘脑传入大脑皮质感觉区，产生身体在空间位置及变速的感觉。

旋转运动的感受器是半规管壶腹嵴。当旋转运动开始、停止或突然变速时，由于内淋巴的惯性作用，使终帽弯曲，刺激毛细胞兴奋，冲动经前庭神经传入中枢，产生旋转运动感觉。在内耳迷路中两侧的水平半规管主要感受绕垂直轴左右旋转的变速运动。其他两对前、后半规管形成前后轴和横轴成45°角排列，主要是感受绕前后轴和横轴旋转的变速运动。因此，人体可以感受任何平面上不同方向旋转变速运动的刺激，并做出准确的反应。

7. 在脊髓完整的情况下，一块骨骼肌如受到外力牵拉使其伸长时，能反射性地引起受牵扯的同一肌肉收缩，这种反射被称为牵张反射。牵张反射有动态牵张反射和静态牵张反射两种表现形式。动态牵张反射又称为腱反射，是由快速牵拉肌肉引起，它的作用是对抗肌肉的拉长，其特点是时程较短和产生较大的肌力，并发生一次位相性收缩；静态牵张反射也称为肌紧张，是由缓慢持续牵拉肌肉时而形成的，主要调节肌肉的紧张度，不表现出明显的动作，但对维持躯体姿势是非常重要的。牵张反射的意义在于维持站立姿势，如果肌肉在收缩前适当的受到牵拉可以增加其收缩的力量。例如，投掷标枪时的引臂和跳高时的屈膝动作，都是通过牵拉主动肌，刺激其中的肌梭，通过肌梭的传入纤维，把兴奋传到中枢，加强支配该肌的运动神经元的兴奋，使其收缩更加有力。因此，对于任何需要大力量的运动来说，适当的快速牵拉肌肉是必要的，但在牵拉与随后的收缩之间的时间应尽可能短，否则牵拉引起的增力作用就将消失。

8. 基底神经节属于古老的前脑结构，它包括有尾核、壳核、苍白球、丘脑底核和黑质等。基底神经节接受大脑皮质的纤维投射，其传出纤维经丘脑前腹核和外侧腹核接替后，又回到大脑皮质，从而构成基底神经节与大脑皮质之间的回路。这一回路可分为直接通路和间接通路两条途径。直接通路是指从大脑皮质的广泛区域到新纹状体，再由新纹状体发出纤维以苍白球接替后到达丘脑，最后返回大脑皮质运动前区和前额叶的通路；间接通路是指在直接通路中的新纹状体与苍白球内侧部之间插入苍白球外侧部和丘脑底核两个中间接替过程的通路，这条通路存在抑制现象，可部分抵消直接通路对丘脑和大脑皮质的兴奋作用。

基底神经节具有以下几方面的功能：① 参与运动的设计和程序编制，将一个抽象的设计转换为一个随意运动。② 与随意运动的产生和稳定、肌紧张的调节、本体感受传入冲动信息的处理有关。③ 基底神经节中某些核团还参与自主神经活动的调节、感觉传入、行为和学习记忆活动。

9. 中枢运动控制系统是以 3 个等级的方式构成的。最高水平以大脑皮质的联合区和基底神经节为代表，负责运动的战略，即确定运动的目标和达到目标的最佳运动策略；中间水平以大脑皮质的运动区和小脑为代表，负责运动的战术，即肌肉收缩的顺序、运动的空间和时间安排以及如何使运动协调而准确地达到预定的目标；最低水平以脑干和脊髓为代表，负责运动的执行，即激活那些发起目标定向性运动的运动神经元和中间神经元池，并对姿势进行必要的调整。

10. 依据小脑的传入、传出纤维联系，可将小脑分为前庭小脑、脊髓小脑和皮质小脑 3 个功能部分。

前庭小脑主要接受前庭器官传入的有关位置改变和直线或旋转加速度运动情况的平衡感觉信息，而传出冲动主要影响躯干和四肢近端肌肉的活动，因而具有控制躯体平衡的作用。另外前庭小脑也接受经脑桥核中转的来自外侧膝状体、上丘和视皮质等处的视觉传入，并通过对眼外肌的调节而控制眼球的运动，从而协调头部运动时眼的凝视运动。

脊髓小脑的功能是调节正在进行过程中的运动，协助大脑皮质对随意运动进行适时的控制。研究认为，当运动皮质向脊髓发出运动指令时，还通过皮质脊髓束的侧支向脊髓小脑传递有关运动指令的"副本"。另外运动过程中来自肌肉与关节等处的本体感觉传入以及视、听觉传入等也到达脊髓小脑。脊髓小脑将来自这两方面的反馈信息加以比较和整合，察觉运动执行情况和运动指令之间的误差。一方面向大脑皮质发出矫正信号，修正运动皮质的活动，使其符合当时运动的实际情况；另一方面通过脑干-脊髓下传途径调节肌肉的活动，纠正运动的偏差，使运动能按运动皮质预定的目标和轨道准确进行。此外，脊髓小脑还具有调节肌紧张的功能，分别通过脑干网状结构的抑制区和易化区发挥作用。

皮质小脑的主要功能是参与随意运动的设计和程序的编制。完成一个随意运动，通常需要组织多个不同关节同时执行相应的动作，这种协调性动作需要脑的设计，并需要脑在设计和执行之间进行反复的比较，并经过反复的训练才能使动作完成得协调流畅。在此过程中，皮质小脑参与了运动计划的形成和运动程序的编制，当运动技能熟练之后，皮质小脑就储存了一整套运动程序。当大脑皮质发动精细运动时，首先通过大脑-小脑回路从皮质小脑提取程序，并将它回输到运动皮质，再通过皮质脊髓束发动运动，这样动作就变得非常协调、精细和快速。

65

11. 随意运动的设想起源于皮质联络区。运动的设计在大脑皮质和皮质下的基底神经节和小脑皮质中进行，设计好的运动信息被传送到运动皮质，再由运动皮质发出指令经由运动传出通路到达脊髓和脑干的运动神经元。在此过程中，运动的设计需在大脑皮质和皮质下的两个运动脑区之间不断进行信息交流；而运动的执行需要小脑中间部的参与，后者利用其与脊髓、脑干和大脑皮质之间的纤维联系，将来自肌肉、关节等处的感觉传入信息与大脑皮质发出的运动指令反复进行比较，并修正大脑皮质的活动。

（七）案例分析

1. 分析要点："引枪"这一技术动作的生理机制可以从两个方面来解释。第一，投掷标枪时，通过"引枪"动作可以牵拉肢体大部分肌肉，使肌肉中的本体感受器受到刺激，使之产生发生器电位进而形成动作电位，此信息通过传入神经传到中枢，使中枢的兴奋性得以提高，从而可增强下传指令；第二，"引枪"技术运用了人体的牵张反射原理。在脊髓完整的情况下，一块骨骼肌如受到外力牵拉使其伸长时，能反射性地引起受牵拉的同一肌肉收缩，这种反射活动称为牵张反射。投掷标枪时，通过"引枪"动作可以使肌肉在收缩前适度地受到快速牵拉，在一定范围内增强其后收缩的力量，这就有利于更好地完成技术动作。但应注意，在牵拉与随后收缩之间的延搁时间应尽可能缩短，否则牵拉引起的增力效应就会消失。

2. 分析要点：在举重运动中，运动员在提杠铃至胸前的瞬间头后仰动作是利用了运动生理学中状态反射的基本原理，状态反射是指头部空间位置的改变以及头部与躯干的相对位置发生改变时，将反射性地引起躯干和四肢肌肉紧张性的改变。状态反射的规律是：头部后仰引起上下肢及背部伸肌紧张性加强，使四肢伸直，背部挺直；头部前倾引起上下肢及背部伸肌紧张性减弱，屈肌及腹肌的紧张相对加强，四肢弯曲；头部侧倾或扭转时，引起同侧上下肢伸肌紧张性加强，异侧上下肢伸肌紧张性减弱，在正常人体，由于高位中枢的存在，这类反射常常被抑制而表现不明显。举重运动员在提杠铃至胸前的瞬间头部后仰可以通过状态反射增强人体肩、背部肌群的力量，从而更好地完成翻腕这一技术动作。

（北京师范大学　乔德才、侯莉娟）

第四章　内分泌调节

4

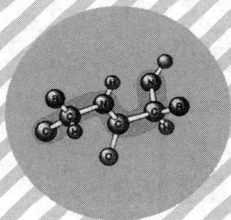

一、习题

（一）单选题

1. 下列被称为第一信使的物质是 （　　　）

    A. cGMP   B. cAMP   C. 递质   D. 激素

2. 从信息传递的角度考虑，下列哪一种物质可以被称之为第二信使 （　　　）

    A. ADP   B. ATP   C. AMPV   D. cAMP

3. 甲状腺主要分泌下列哪一种物质 （　　　）

    A. 三碘甲腺原氨酸   B. 四碘甲腺原氨酸

    C. 二碘酪氨酸   D. 一碘酪氨酸

4. 含氮类激素作用的机制是 （　　　）

    A. 通过激活细胞膜受体使细胞内 cAMP 浓度增加

    B. 通过激活细胞膜受体使细胞内 cGMP 浓度增加

    C. 通过激活胞浆的受体和核受体，刺激 mRNA 形成

    D. 通过 Ca^{2+} 发挥作用

5. 幼儿时期如甲状腺素分泌不足，可导致何种疾病 （　　　）

    A. 侏儒症   B. 黏液性水肿   C. 呆小症   D. 巨人症

6. 下列哪一选项是甲状腺素的作用 （　　　）

    A. 增加血胆固醇   B. 抑制肠道对糖类的摄取

    C. 提高脑、肺、皮肤的耗氧率   D. 促进肌肉蛋白质的合成

7. 胰岛有两种内分泌细胞，其中 B 细胞分泌的激素是 （　　　）

    A. 胰岛素   B. 胰高血糖素   C. 胰多肽   D. 生长抑素

8. 下列哪种激素既可促进蛋白质的合成，又可抑制蛋白质分解 （　　　）

    A. 胰高血糖素   B. 胰岛素   C. 胰多肽   D. 氢化可的松

9. 胰岛素可促进组织细胞对葡萄糖的摄取和利用，如果胰岛素缺乏，则 （　　　）

    A. 血糖浓度下降   B. 脂肪合成加强

    C. 血糖浓度升高   D. 血脂下降

10. 调节胰岛素分泌最重要的因素是 （　　　）

    A. 血脂浓度   B. 血中氨基酸的浓度

    C. 血中生长素的浓度   D. 血糖浓度

11. 下列哪一选项属于胰高血糖素的生理作用 （　　　）

    A. 促进糖原分解，抑制糖异生   B. 促进脂肪分解，使酮体生成增加

    C. 抑制胰岛素分泌   D. 促进胆汁和胃液分泌

12. 机体产生应激反应时，血中主要增高的激素是（　　）
   A. 氢化可的松与肾上腺素　　　　B. 肾上腺素与去甲肾上腺素
   C. 促肾上腺皮质激素与皮质醇　　D. 雄激素

13. 糖皮质激素具有哪一作用（　　）
   A. 可抑制糖原合成酶，使肝糖原合成减少
   B. 可激活糖原合成酶，使肝糖原合成增加
   C. 可激活糖原合成酶，使肝糖原合成减少
   D. 可抑制糖原合成酶，使肝糖原合成增加

14. 引起机体"应激反应"和"应急反应"的刺激基本是相同的，但反应的途径则不同，引起"应激反应"的途径是（　　）
   A. 下丘脑-垂体-肾上腺髓质系统活动的增强
   B. 下丘脑-垂体-肾上腺髓质系统活动的减弱
   C. 下丘脑-垂体-肾上腺皮质系统活动的增强
   D. 下丘脑-垂体-肾上腺皮质系统活动的减弱

15. 睾酮能促进体内蛋白质的合成代谢，尤其是肌肉、骨骼肌等器官内的蛋白质合成出现（　　）
   A. 负氮平衡　　B. 氮平衡　　　C. 正氮平衡　　D. 氮紊乱

16. 在运动应急状态下，儿茶酚胺分泌增多，且升高的程度与运动强度的关系是（　　）
   A. 运动强度越大、升高的幅度越大
   B. 运动强度越大、升高的幅度越小
   C. 运动强度越小、升高的幅度越大
   D. 运动强度越小、下降的幅度越大

17. 运动时与脂肪代谢调节有关的激素变化，下列哪一选项是错误的（　　）
   A. 儿茶酚胺分泌增加　　　　B. 性激素分泌减少
   C. 甲状腺激素分泌减少　　　D. 生长素分泌增加

18. 在运动恢复期，下列与糖代谢调节有关的激素变化，错误的叙述是（　　）
   A. 儿茶酚胺分泌减少　　　　B. 胰岛素分泌增加
   C. 皮质醇分泌增加　　　　　D. 性激素分泌增加

19. 运动中血浆葡萄糖浓度依赖于肌肉摄取和糖代谢之间的平衡。此时，在胰高血糖素和儿茶酚胺的协同作用下，大大促进了（　　）
   A. 糖原的合成　　　　　　　B. 糖原的分解
   C. 蛋白质的合成　　　　　　D. 蛋白质的分解

（二）判断题

1. 内分泌系统是由内分泌腺和具有内分泌作用的细胞共同组成的体内信息传递系统。（　　　）

2. 人体内所有细胞的膜上都有受体，它们均可对同一激素产生反应。（　　　）

3. 激素和酶极为相似，它们都是蛋白质，都能传递信息。（　　　）

4. 激素可加速或减慢体内原有的代谢过程，但不能发动一个新的代谢过程。（　　　）

5. 如果把激素称之为信息传递的第一信使，cAMP 则为信息传递中的第二信使。（　　　）

6. 含氮类激素的受体存在于细胞内。（　　　）

7. 呆小症是由于幼儿时期垂体功能低下，生长素分泌不足造成的。（　　　）

8. 甲状腺功能亢进时，人体基础代谢率升高。（　　　）

9. 侏儒症是由于少儿时期甲状腺功能低下引起的一种疾病。（　　　）

10. 血糖浓度是调节胰岛素分泌的最重要因素。（　　　）

11. 醛固酮分泌过多，可引起细胞外液中 Na^+ 浓度降低。（　　　）

12. 肾上腺素既可促进肝糖原分解，又可与胰岛的 A 细胞受体结合，促进胰高血糖素的释放。（　　　）

13. 生长素可促进蛋白质的合成，主要因为它可引起胰岛素分泌增加。（　　　）

14. 长时间运动时，血浆胰岛素水平的降低有利于提高脂解过程，进而促进游离脂肪酸的氧化。（　　　）

15. 生长素的靶细胞是全身的骨骼肌和骨组织。（　　　）

16. 运动结束后即刻，注射肾上腺素，糖原恢复和乳酸消除的速度加快。（　　　）

17. 剧烈运动时，血浆儿茶酚胺的升高，主要是由于肾上腺髓质分泌增多的结果。（　　　）

18. 在进行递增负荷运动中，随着运动强度的增大和运动时间的延长，血浆胰岛素浓度逐渐下降。（　　　）

19. 运动员长期服用睾酮衍生物能提高肌肉力量，促进红细胞生成，从而有利于提高运动成绩和促进身体健康。（　　　）

20. 运动时，加强糖异生作用的激素有糖皮质激素、胰高血糖素和肾上腺素。（　　　）

（三）填空题

1. 内分泌细胞所分泌的具有生物活性的物质称为_____，其种类很多，依其化学性质可归纳为_____和_____两大类。

2. 凡能被激素作用的细胞称为_____，它之所以能够识别特异激素信息，是因为其表面或胞浆内存在与该激素发生特异性结合的_____。

3. 激素对生理功能的调节作用，表现为只能使正在进行的功能活动加强或_____，而不能产生_____。

4. cAMP 和 cGMP 在细胞_____起_____信使的作用。

5. 内分泌系统与神经系统的关系是：几乎所有的内分泌腺都_____受神经系统的影响，同时，激素也可以影响神经系统的_____。

6. 内分泌腺分泌水平的相对稳定，主要是通过_____反馈机制实现的，当环境发生急剧变化时，_____系统也参与激素分泌的调节。

7. 甲状腺分泌的激素主要是_____和_____。

8. 甲状腺激素分泌明显增加时，食欲及摄食量_____，并常使体重_____。

9. 甲状腺激素分泌增加时，常引起心率_____，心脏收缩力_____。

10. 甲状腺功能低下的婴幼儿，体内甲状腺激素缺乏，故_____和_____的生长发育受到障碍，表现为呆小症。

11. 胰岛素依据其化学本质属于_____，它由胰岛中的_____细胞所分泌。

12. 胰岛素是促进供能物质_____的主要激素，其分泌量直接受_____的调节。

13. 胰高血糖素的化学本质是_____，是由胰岛的_____细胞分泌。

14. 胰高血糖素使心肌中 cAMP 的浓度_____，而 cAMP 使 Ca^{2+} 从肌质网贮库动员出来，从而使心肌的收缩力_____。

15. 胰高血糖素最主要的功能是促进_____分解和糖的异生，使血糖浓度_____。

16. 正常人血糖水平的维持取决于_____的比值，运动时此比值_____，因此，体内代谢以分解代谢为主。

17. 儿茶酚胺能使组织细胞的氧耗量_____，机体产热量_____。

18. 一般认为，_____强度的运动时，血浆儿茶酚胺浓度无明显变化，而其浓度升高的临界值是_____。

19. 糖皮质激素的作用在于加强_____，并抑制肝外组织对_____的摄取和利用，从而使血糖浓度升高。

20. 体内盐皮质激素主要是_____，是维持体内_____的重要激素。

21. 醛固酮缺乏时，将导致血容量_____，心输出量_____。

22. 糖皮质激素可使糖异生的速率_____，引起血糖浓度_____。

23. 当血液中促肾上腺皮质激素达到一定浓度时，能抑制_____释放促肾上腺皮质素释放激素，这种反馈根据作用的距离称之为_____反馈。

24. 在应激状态下，腺垂体分泌的_____增加，以加强_____系统的活动。

25. 腺垂体中含量最多、分泌量最大的激素是_____，它的化学本质是_____。

26. 生长激素和胰岛素有_____作用，当生长激素缺乏时，机体对胰岛素低血糖效应的敏感性_____。

（四）名词解释

1. 内分泌
2. 允许作用
3. 应激
4. 生理应激
5. 应急
6. 长反馈
7. 短反馈

（五）简答题

1. 简述含氮类激素的作用机理。
2. 简述类固醇激素的作用机理。
3. 简述甲状腺激素对代谢的调节作用。
4. 简述胰岛素对代谢的调节作用。
5. 简述胰高血糖素对代谢的调节作用。
6. 简述激素受体在细胞的分布特征与作用特点。

（六）论述题

1. 试述运动应激时的激素调节过程。
2. 试比较生长激素和甲状腺激素影响机体生长发育的异同点。
3. 为什么长期大量使用糖皮质激素的人停药时应逐渐减量？
4. 试述激素对急性负荷的应答以及对长期运动的适应特征。

（七）案例分析题

在安静时与运动时机体激素水平会发生明显的变化，在急性运动时机体激素水平会发生哪些变化？发生这些变化的原因和意义是什么？请简要分析。

二、参考答案

（一）单选题

1. D　2. D　3. B　4. A　5. C　6. D　7. A　8. B　9. C　10. D
11. B　12. C　13. B　14. C　15. C　16. A　17. C　18. C　19. B

（二）判断题

1. 对　2. 错　3. 错　4. 对　5. 对　6. 错　7. 错　8. 对　9. 错　10. 对
11. 错　12. 对　13. 错　14. 对　15. 错　16. 错　17. 错　18. 对　19. 错　20. 对

（三）填空题

1. 激素，含氮类激素，类固醇激素

2. 靶细胞，受体

3. 减弱，新的过程

4. 胞浆内，第二

5. 直接或间接，功能

6. 负，神经

7. 甲状腺激素，降钙素

8. 增加，减少

9. 加快，增强

10. 骨骼，脑

11. 含氮类激素，B

12. 贮存，血糖浓度

13. 多肽，A

14. 升高，增强

15. 肝糖原，升高

16. 胰岛素和胰高血糖素，变小

17. 增加，增加

18. 中等，大于60%最大摄氧量强度

19. 糖异生，葡萄糖

20. 醛固酮，水盐平衡

21. 减少，减少

22. 提高，增加

23. 下丘脑，长

24. 促肾上腺皮质激素，腺垂体-肾上腺皮质

25. 生长激素，蛋白质

26. 拮抗，提高

（四）名词解释

1. 内分泌是指内分泌腺或内分泌细胞将所产生的生物活性物质直接分泌入血液并发挥作用的一种功能活动方式。

2. 有些激素本身不引起某种生理效应，但却是其他激素引起生理效应的必要条件，激素的这种条件化作用称为允许作用。

3. 当机体受到感染、中毒、创伤、缺氧、高温、冷冻以及进行剧烈运动时，会产生一些非特异性的全身综合反应，以增强机体对这些不利因素的耐受能力，减轻对机体的损害，称为应激，其过程包括警戒期、抵抗期和衰竭期三个阶段。

4. 生理应激是指一种日常生活中少见的强烈刺激引起的反应和恢复过程的总称，包括机体对刺激的直接反应及代偿反应、机体对刺激的部分适应或全部适应和刺激停止后的恢复三个阶段。

5. 当机体遭遇特殊紧急情况（如畏惧、严重焦虑、剧痛、失血、脱水、暴冷暴热以及缺氧窒息等）时，交感－肾上腺系统即被调动起来，通过调整身体各种机能，以抵抗环境的变化或暂时渡过紧急时刻，称为应急。

6. 激素分泌的调节中，某些靶腺所分泌的激素可对下丘脑或腺垂体的分泌活动发生反馈作用，由于这种反馈的途径较长，故称为长反馈。

7. 腺垂体分泌的促激素对下丘脑有反馈作用，由于这类反馈的路程较短，故称之为短反馈。

（五）简答题

1. 含氮类激素的作用机制多用第二信使学说来解释。该学说把激素看作第一信使。当激素与靶细胞膜上的专一性受体结合时，可激活膜上的腺苷酸环化酶系统，在 Mg^{2+} 存在的条件下，使 ATP 转变成被称为第二信使的 cAMP。cAMP 能使无活性的蛋白激酶转变为有活性，从而激活磷酸化酶，引起靶细胞固有的反应，由此发挥激素的生理作用。

2. 类固醇激素的作用机制多用基因表达学说来解释。该学说认为，类固醇激素能透过细胞膜进入靶细胞，并与胞浆和核内相应的受体结合形成激素－受体复合物，该复合物能启动或抑制 DNA 的转录过程，促进或抑制 mRNA 的形成，从而诱导或减缓蛋白质的生成，发挥生理作用。

3. 甲状腺激素对代谢的调节作用具体表现为以下几个方面：① 具有产热效应。② 适量的甲状腺素能促进骨骼肌、肾、肝等组织蛋白质合成增加，但甲状腺素过多，则使多数组织蛋白质分解加强。③ 甲状腺素对糖代谢的作用。一方面能提高肝、心和骨骼肌中糖原的合成，提高肝中糖的异生和肠道对糖的摄取，从而提高糖的生成，另一方面过量的甲状腺素又能提高组织对糖的摄取和肝糖原的分解，使血糖升高。④ 甲状腺素能刺激脂肪的合成，但更明显的是增强脂肪的动员和降解。

4. 胰岛素是促进合成代谢的激素，其作用具体表现为三个方面：① 能促进外周组织（如肌肉等）对糖类的利用，并促进糖原的合成、抑制糖原异生，从而使血糖浓度降低。② 能促进脂肪的合成和贮存。③ 通过作用于蛋白质合成的各个主要环节，促进蛋白质合成。

5. 胰高血糖素是一种促进分解代谢的激素，它的作用在许多方面与胰岛素相拮抗。① 能促进肝糖原的分解，在数分钟内使血糖浓度升高，同时还能促进糖异生，使丙酮酸、乳酸和丙氨酸转变为糖类。② 能促进脂肪的分解，使血浆中游离脂肪酸的含量升高，同时还能促进肝脏摄取游离脂肪酸，使脂肪酸进入线粒体被氧化。③ 可使蛋白质分解增加、合成减少。

6. 从激素受体在细胞的定位不同，可将受体分为两类：一类是细胞内的受体，也被称为激素（配基）调控的转录因子受体，或核受体。这类受体都是在胞浆中与激素结合，再移于细胞核，启动相应基因转录而发挥作用。与这类受体结合的激素，亲脂性强，可以穿过细胞膜进入细胞内，如类固醇激素、甲状腺素；另一类是位于细胞膜上的细胞膜受体，主要包括离子通道受体、酶有关受体和 G 蛋白耦联受体三种类型。与细胞膜受体结合的激素亲水性强，大多数激素受体属于这一类型。

（六）论述题

1. 剧烈运动对人体来说是一种生理应激。应激时各种刺激作用于外周和中枢神经系统的不同部分，最后通过神经联系将信息汇集到下丘脑有关神经元，使其分泌促肾上腺皮质激素释放激素，该激素经垂体门脉系统到达垂体前叶，促使垂体前叶分泌促肾上腺皮质激素。促肾上腺皮质激素由血液运输到达对应的靶腺肾上腺皮质，促进糖皮质激素合成和分泌。糖皮质激素被认为是参与应激反应的主要激素。由此看来，运动时应激激素反应主要是通过"下丘脑-腺垂体-肾上腺皮质轴"起作用的。研究表明，一次应激反应可使肾上腺皮质激素的分泌持续几小时，刺激愈强、分泌量愈多、持续的时间也愈长。在应激反应中除肾上腺皮质激素分泌增加以外，β-内啡肽、生长激素、催乳素、胰高血糖素、抗利尿激素、醛固酮和肾素的分泌也增加。

2. 生长激素具有影响长骨生长的作用。人幼年时缺乏生长激素，将导致侏儒症，临床特征为身材矮小、性成熟延缓；成年后，长骨已停止生长，此时若生长激素过多，将导致肢端肥大症，临床表现为肢端骨增生为特征的肢端肥大，同时内脏组织也增生肥大。甲状腺素除影响长骨的生长发育外，还影响脑的发育。婴幼儿甲状腺素缺乏，将导致呆小症，其临床特征为身高和智力发育障碍。

3. 长期大量使用糖皮质激素的人，血中糖皮质激素的浓度很高。血中糖皮质激素的高浓度可以通过负反馈作用，抑制腺垂体促肾上腺皮质激素的分泌合成，以致人体的肾上腺皮质萎缩，分泌减少甚至停止。此时，若突然停药，人体会因为自身糖皮质激素分泌的不足，产生一系列的糖皮质激素缺乏症状，如低血糖、血压下降、神经系统兴奋性降低和对有害刺激的耐受力减弱等。因此，为了避免血中糖皮质激素水平的突然降低，人体在停药时需要逐渐减量，以促使自身皮质功能的恢复。

4. 激素对急性负荷的应答以及对长期运动的适应的基本特征有：① 应激激素水平在急性运动过程中会升高，而且升高的幅度与运动负荷强度或运动持续时间相关。② 对主要应激激素而言，运动中要引起其浓度升高，需要有一个运动强度阈值，而且，激活不同激素升高的阈值不尽相同。③ 长期运动训练后，激素水平会发生某种程度的"去补偿"现象，表现为反应幅度更加精确，机能更加节省化。④ 经过长期训练后，不同激素变化的综合结果总是朝着有利于运动的趋势发展。

（七）案例分析题

分析要点：急性运动时，机体激素水平会发生剧烈的应答性反应。不同激素对运动的应答反应不一。其中生长激素、促肾上腺皮质激素、糖皮质激素、盐皮质激素、胰高血糖素、睾酮、雌二醇和孕酮等，其水平均会升高，而胰岛素水平会明显下降。激素水平的变化也直接会影响机体各功能状况。

（湖南师范大学　汤长发）

第五章　运动与免疫

一、习题

（一）单选题

1. 下列哪一选项对机体免疫反应结果的表述是正确的（　　）
   A. 对机体有利　　　　　　　　　　　B. 对机体有害
   C. 通常有利，某些条件下有害　　　　D. 无利也无害

2. 下面哪种细胞不属于非特异性免疫（　　）
   A. 单核细胞　　　　　　　　　　　　B. 巨噬细胞
   C. 中性粒细胞　　　　　　　　　　　D. 淋巴细胞

3. 在免疫应答中，起核心作用的免疫细胞是（　　）
   A. 单核-巨噬细胞　　　　　　　　　B. NK 细胞
   C. 淋巴细胞　　　　　　　　　　　　D. 粒细胞

4. 免疫防御异常的后果是（　　）
   A. 易发生肿瘤　　　　　　　　　　　B. 易发生超敏反应
   C. 易发生感染　　　　　　　　　　　D. 易发生自身免疫性疾病

5. 免疫稳定功能失调的后果是（　　）
   A. 易发生肿瘤　　　　　　　　　　　B. 易发生超敏反应
   C. 易发生感染　　　　　　　　　　　D. 易发生自身免疫性疾病

6. 免疫监视功能低下的后果是（　　）
   A. 易发生肿瘤　　　　　　　　　　　B. 易发生超敏反应
   C. 易发生感染　　　　　　　　　　　D. 易发生自身免疫性疾病

7. 下列哪种免疫功能可以识别和清除突变细胞（　　）
   A. 免疫监视　　B. 免疫稳定　　C. 免疫耐受　　D. 免疫防御

8. 下列哪种免疫功能可以防御外来病原体（　　）
   A. 免疫监视　　B. 免疫稳定　　C. 免疫耐受　　D. 免疫防御

9. 下列哪种免疫功能可以清除体内变性和衰老的细胞（　　）
   A. 免疫监视　　B. 免疫稳定　　C. 免疫耐受　　D. 免疫防御

10. 下列哪个器官属于免疫器官（　　）
    A. 胸腺　　　　B. 肝脏　　　　C. 胰腺　　　　D. 心脏

11. 下列哪种细胞不属于淋巴细胞（　　）
    A. T 细胞　　　B. B 细胞　　　C. NK 细胞　　D. 单核细胞

12. T 细胞是在哪一部位分化成熟的（　　）
    A. 骨髓　　　　B. 胸腺　　　　C. 脾脏　　　　D. 淋巴结

13. B 细胞是在哪一部位分化成熟的（　　）

A. 骨髓　　　　B. 胸腺　　　　C. 脾脏　　　　D. 淋巴结

14. 主要介导体液免疫的细胞是（　　）

A. B 细胞　　　B. T 细胞　　　C. NK 细胞　　　D. K 细胞

15. 主要介导细胞免疫的细胞是（　　）

A. B 细胞　　　B. T 细胞　　　C. NK 细胞　　　D. K 细胞

16. 下列哪种细胞能够直接杀灭肿瘤细胞和病毒感染细胞（　　）

A. B 细胞　　　B. T 细胞　　　C. NK 细胞　　　D. K 细胞

17. 下列哪种细胞能够杀伤被抗体覆盖的靶细胞（　　）

A. B 细胞　　　B. T 细胞　　　C. NK 细胞　　　D. K 细胞

18. 具有吞噬杀伤、抗原提呈和分泌作用的细胞是（　　）

A. B 细胞　　　　　　　B. T 细胞

C. 单核-巨噬细胞　　　D. 中性粒细胞

19. 下列哪种粒细胞是体内最有效的吞噬细胞（　　）

A. 噬碱性粒细胞　　　　B. 噬酸性粒细胞

C. 中性粒细胞　　　　　D. 以上均不是

20. 抗体一般由下列哪种细胞产生（　　）

A. B 细胞　　　B. T 细胞　　　C. NK 细胞　　　D. K 细胞

21. 细胞因子主要具有的免疫功能是（　　）

A. 免疫识别　　　　　　B. 免疫黏附

C. 免疫信息传递　　　　D. 免疫杀灭

22. 补体的生物学作用不包括下列哪种功能（　　）

A. 溶菌杀菌　　　B. 细胞毒作用　　　C. 炎症介质　　　D. 免疫信息传递

23. "open window" 理论主要表明（　　）

A. 运动后有一段免疫低下期

B. 运动后有一段免疫增强期

C. 经常参加锻炼者免疫功能会增强

D. 经常参加运动训练者免疫功能会增强

24. "J" 型曲线模式表明（　　）

A. 运动后有一段免疫低下期

B. 运动后有一段免疫增强期

C. 经常参加锻炼者免疫功能会增强

D. 长期从事大强度运动训练者免疫功能会增强

25. "J" 型曲线模式表明（　　）

A. 运动后有一段免疫低下期

B. 运动后有一段免疫增强期

C. 经常参加锻炼者免疫功能会降低

D. 长期从事大强度运动训练者免疫功能会降低

26. 经常参加适宜的体育锻炼者不会出现下列哪种免疫变化 （　　　）

  A. 细胞免疫功能增强　　　　　　　B. 体液免疫功能增强

  C. 特异免疫功能增强　　　　　　　D. 非特异性免疫功能增强

27. 心血管疾病、糖尿病等慢性病的主要形成机理是 （　　　）

  A. 抗炎和促炎功能均增强　　　　　B. 抗炎和促炎功能均降低

  C. 抗炎功能降低，促炎功能增强　　D. 抗炎功能增强，促炎功能降低

28. 运动能够预防慢性病的主要机理是 （　　　）

  A. 抗炎和促炎功能均增强　　　　　B. 抗炎和促炎功能均降低

  C. 抗炎功能降低，促炎功能增强　　D. 抗炎功能增强，促炎功能降低

29. 下列哪种不属于运动训练影响下免疫功能的负性变化 （　　　）

  A. 细胞免疫功能降低　　　　　　　B. 体液免疫功能降低

  C. 黏膜免疫功能降低　　　　　　　D. 抗原提呈过程增强

30. 神经-内分泌-免疫调节网络中，起着重要介导作用的物质是 （　　　）

  A. 细胞因子　　　B. 免疫球蛋白　　　C. 补体　　　　D. 淋巴细胞

31. 下列哪种激素不属于免疫增强类调节物质 （　　　）

  A. 生长激素　　　B. 儿茶酚胺　　　C. 催乳素　　　D. 褪黑激素

32. 下列哪种激素不属于免疫抑制类调节物质 （　　　）

  A. β-内啡肽　　　　　　　　　　B. 促肾上腺皮质激素

  C. 糖皮质激素　　　　　　　　　　D. 儿茶酚胺

33. 具有强烈的免疫抑制作用的激素是 （　　　）

  A. 糖皮质激素　　　B. 盐皮质激素　　　C. 甲状腺素　　　D. 生长激素

34. 具有重要的免疫增强作用的激素是 （　　　）

  A. 糖皮质激素　　　B. 盐皮质激素　　　C. 甲状腺素　　　D. 生长激素

35. 下列哪种反应不会引起免疫抑制作用 （　　　）

  A. 交感神经兴奋　　　　　　　　　B. 副交感神经兴奋

  C. 应激激素升高　　　　　　　　　D. 血糖水平升高

36. 下列哪种反应会引起免疫抑制作用 （　　　）

  A. 交感神经兴奋　　　　　　　　　B. 副交感神经兴奋

  C. 盐皮质激素升高　　　　　　　　D. 氧自由基水平降低

37. 能明显改善肠道内微生物种群比例的哪种物质 （　　　）

  A. 乳糖　　　　B. 麦芽糖　　　C. 低聚果糖　　　D. 蔗糖

38. 哪种维生素被誉为"抗感染维生素"（　　）

    A. 维生素 A   B. 维生素 B   C. 维生素 C   D. 维生素 D

39. 适量补充哪种维生素可增强黏膜的抗感染免疫功能（　　）

    A. 维生素 A   B. 维生素 B   C. 维生素 C   D. 维生素 D

40. 下列哪种维生素可调节各种免疫细胞的生长和分化进程（　　）

    A. 维生素 A   B. 维生素 B   C. 维生素 C   D. 维生素 D

41. 下列哪种维生素可促进免疫器官发育，提高胸腺、脾脏的重量（　　）

    A. 维生素 A   B. 生物素   C. 维生素 C   D. 维生素 E

42. 下列哪种维生素可通过抑制前列腺素合成保护免疫功能（　　）

    A. 维生素 A   B. 维生素 B   C. 维生素 C   D. 维生素 E

43. 下列哪种酶属于抗氧化酶（　　）

    A. 过氧化物歧化酶   B. 乳酸脱氢酶

    C. 肌酸激酶   D. 磷酸化酶

44. 下列哪种酶不属于抗氧化酶（　　）

    A. 过氧化物歧化酶   B. 过氧化氢酶

    C. 谷胱甘肽过氧化酶   D. 肌酸激酶

45. 下列哪种物质属于免疫细胞的能源物质（　　）

    A. 糖   B. 脂肪   C. 蛋白质   D. 氨基酸

46. 下列哪种物质属于免疫细胞的能源物质（　　）

    A. 谷氨酰胺   B. 脂肪   C. 蛋白质   D. 氨基酸

47. 运动时自由基水平升高主要通过下列哪种途径降低免疫功能（　　）

    A. 降低免疫细胞的能量供应   B. 降低免疫细胞的增殖分化能力

    C. 降低免疫反应的强度和范围   D. 通过攻击细胞膜破坏免疫细胞

48. 下列哪种物质是免疫细胞和小肠黏膜上皮细胞的重要能源物质（　　）

    A. 谷氨酰胺   B. 脂肪   C. 蛋白质   D. 氨基酸

49. 下列哪种物质是对抗自由基最有效的抗氧化剂（　　）

    A. 生物素   B. 胡萝卜素   C. 葡萄糖   D. 氨基酸

50. 下列哪种物质可缓解胸腺和脾脏的萎缩，并增加淋巴细胞活性（　　）

    A. 生物素   B. 胡萝卜素   C. L-精氨酸   D. 谷氨酰胺

（二）判断题

1. 人体发生的免疫反应，总是对机体有利。（　　）

2. 人体免疫机能包括非特异性免疫和特异性免疫。（　　）

3. 特异性免疫是通过遗传获得的，是先天具有的。（　　）

4. 非特异性免疫是因受某种病原微生物感染或接种疫苗而获得的

免疫。（　　　）

5. 一般概念中的免疫是指特异性免疫。（　　　）

6. 一般概念中的免疫是指非特异性免疫。（　　　）

7. 免疫细胞发育、增殖、分化、成熟的场所，称为外周免疫器官。（　　　）

8. 淋巴细胞在免疫应答过程中起着核心作用。（　　　）

9. T细胞主要介导细胞免疫，B细胞主要介导体液免疫。（　　　）

10. NK细胞能够杀伤被抗体（IgG）覆盖的靶细胞。（　　　）

11. K细胞能够直接杀伤某些肿瘤细胞或病毒感染的细胞。（　　　）

12. 淋巴细胞除介导细胞免疫和体液免疫外，还可分泌多种细胞因子。
（　　　）

13. 循环血中的单核细胞并非终末细胞。（　　　）

14. 粒细胞中起免疫作用的主要是嗜酸性粒细胞。（　　　）

15. 抗体一般由T细胞产生，分布于细胞表面、血清和其他体液中。
（　　　）

16. 补体并非单一物质，而是包含30多种成分的血浆蛋白。（　　　）

17. 机体在免疫反应过程中，主要通过细胞因子在免疫细胞之间传递信
息。（　　　）

18. 在神经-内分泌-免疫调节网络中，细胞因子起着非常重要的介导作
用。（　　　）

19. 激活的 T_D 细胞发挥特异性的细胞毒性作用，攻击靶细胞（病原体）。
（　　　）

20. T_C 细胞则释放出多种淋巴因子，参与对抗病原体感染的炎性反应。
（　　　）

21. 经常从事适中运动可提高免疫机能，降低感染性疾病的患病风险。
（　　　）

22. 长期从事大强度运动训练对感染性疾病的抵抗力反而下降。（　　　）

23. "open window" 理论主要表明急性运动后有一段免疫增强期。（　　　）

24. "J" 型曲线模式表明经常参加锻炼者免疫功能会增强。（　　　）

25. "J" 型曲线模式表明长期从事大强度运动训练者免疫功能会增强。
（　　　）

26. 经常从事适中运动者比静坐工作者患上呼吸道感染的风险明显要低。
（　　　）

27. 经常锻炼者抗炎性细胞因子活性增强，而促炎性细胞因子的活性降
低。（　　　）

28. 长期从事大强度运动训练对免疫机能有强烈的正性影响。（　　　）

29. 长期进行运动训练会导致机体的抗炎-促炎机制失衡。（　　　）

30. 运动性免疫抑制涉及免疫增强类信息物与免疫抑制类信息物之间的相互平衡，与营养问题也有密切关系。（　　　）

31. 交感神经兴奋会增强免疫效应，而副交感神经兴奋则抑制免疫效应。（　　　）

32. 绝大部分激素均为免疫抑制类调节物质。（　　　）

33. 血糖浓度降低会对免疫机能形成抑制性效应。（　　　）

34. 运动后恢复期内所发生的免疫抑制现象，与氧自由基无关。（　　　）

35. 血糖是骨骼肌收缩的重要能源，但不是免疫细胞的能源物质。（　　　）

36. 低聚果糖主要是通过对肠道微生态的调理作用来保护免疫功能的。（　　　）

37. 维生素 E 被誉为"抗感染维生素"。（　　　）

38. 适量补充维生素 A 可以增强黏膜的抗感染免疫功能。（　　　）

39. V_C 主要通过调节各种免疫细胞的生长和分化进程，影响细胞因子、趋化因子和活性氧的水平。（　　　）

40. 生物素通过降低前列腺素的合成和/或减少自由基的形成，增强机体的免疫功能。（　　　）

41. V_E 能增加胸腺、肠道淋巴结和脾的重量。（　　　）

42. 维生素 B_6 缺乏可以改变淋巴细胞分化和成熟，直接损害抗体产生。（　　　）

43. 自由基水平增高不仅抑制免疫机能，而且是重要的致疲劳物质。（　　　）

44. β-胡萝卜素能增加大鼠胸腺重量和胸腺细胞增殖，提高淋巴细胞的功能。（　　　）

45. 精氨酸是对抗自由基最有效的抗氧化剂之一，有助于免疫细胞对抗自由基的攻击。（　　　）

46. 谷氨酰胺是免疫细胞和小肠黏膜上皮细胞的重要能源物质。（　　　）

47. 依中医理论，运动导致的免疫功能降低主要归因于正不压邪和阴阳失调。（　　　）

48. 现代中药化学研究表明，中药的免疫增强作用与多糖、苷类、生物碱等物质有关。（　　　）

（三）填空题

1. 免疫系统主要由_____、_____和_____组成，它们是机体免疫功能和发生免疫反应的物质基础。

83

2. 免疫系统的主要功能有_____、_____和_____。

3. 免疫器官是免疫细胞分化、增殖与定居的场所，分为_____和_____。

4. 免疫系统主要功能是识别并排除体内的非己物质，执行此功能的细胞称为免疫细胞，包括_____、_____、_____和粒细胞等。

5. 脊髓和胸腺是淋巴干细胞增殖、分化成 T 细胞和 B 细胞的场所；接受免疫细胞的主要场所包括_____、_____和_____。

6. _____占白细胞总数的 50%～70%，是体内最有效的吞噬细胞，在入侵病原体的早期控制与防御急性感染中起重要作用。

7. 免疫分子主要包括_____、_____和_____。

8. 抗原性物质进入机体后所激发的免疫细胞_____、_____和_____的过程称为免疫应答。

9. T 细胞主要参与机体的_____免疫应答；而 B 细胞在抗原刺激下形成大量的_____，主要参与机体的_____免疫应答。

10. 急性运动后会产生数小时的免疫低下期，机体对感染性疾病的易感率_____，抵抗力_____，此段时间称为_____。

84

11. 形成运动性免疫抑制，应该是_____、_____、谷氨酰胺降低和自由基升高等因素共同作用的结果。

12. 具有重要免疫调节作用的维生素包括_____、_____、_____和生物素等。

13. 吞噬细胞、单核吞噬细胞及体液中的抗菌物质，有抑菌、_____、_____等作用的都属于非特异性免疫。

14. 免疫防御是指机体防御外来病原微生物的抗感染免疫，但在异常情况下若免疫反应过于强烈，可引起_____，免疫功能过低或缺陷则表现为易受感染或_____。

15. 抗体一般由_____产生，分布于细胞表面、_____和其他体液中。

16. 补体系统的生物学作用为溶菌、杀菌、_____作用、调理作用、_____作用、中和及溶解病毒以及炎症介质作用。

17. 经常锻炼者抗炎性细胞因子活性_____，而促炎性细胞因子的活性_____，从而可以及时清理机体局部可能形成的炎症，使炎症难于形成与积累。

18. 大负荷运动之后，离体发生的对丝裂原和内毒素的反应过程中，所生成的细胞因子_____，表明机体免疫系统产生细胞因子的能力_____。

19. 交感神经兴奋对免疫功能有_____作用，而副交感神经兴奋则对免疫功能有_____作用。

20. 对免疫功能有保护或提升作用的主要激素包括_____、_____和_____等。

21. 对免疫功能有抑制作用的主要激素包括_____、_____和_____等。

22. 血糖不仅是_____收缩的重要能源，而且也是_____的重要能源物质。

23. 运动引起血糖浓度下降，会直接影响_____、_____等免疫细胞的能源供应，继而影响免疫机能的发挥。

24. 急性运动中，体内氧自由基显著上升，上升幅度因_____、_____、_____不同而不同。

25. 研究表明，补充维生素 E 增强免疫作用的最适剂量为_____。

26. 抗氧化酶包括_____、_____和_____。

27. 非酶抗氧化剂包括_____、_____、_____和谷胱甘肽等。

28. 特异性免疫的基本特征有：_____、_____、_____、耐受性和自限性。

（四）名词解释

1. 免疫
2. 免疫防御
3. 免疫稳定
4. 免疫监视
5. 抗原与抗体
6. 特异性免疫
7. 非特异性免疫
8. 运动性免疫抑制
9. "J" 型曲线模式
10. 免疫调理

（五）简答题

1. 何谓非特异性免疫和特异性免疫？它们各具有哪些特征？
2. 简述免疫的三大功能及异常。
3. 简述细胞因子及其主要作用。
4. 何为抗体？抗体与免疫球蛋白有何异同？
5. 简述补体系统具有哪些生物学作用？
6. 简述体液免疫的过程。

7. 简述细胞免疫的过程。

8. 简述"J"型曲线模式的主要发现。

（六）论述题

1. 试述特异性免疫的几个基本特征。

2. 试述人体免疫系统的几个基本功能。

3. 试述淋巴细胞的分类及其主要功能。

4. 试述经常进行适宜体育锻炼改善慢性病的主要机理。

5. 试述长期从事大强度运动训练导致运动性免疫抑制的主要机理。

6. 请详细说明运动员发生运动性免疫抑制后的调理方法？

（七）案例分析

1. 2001年中国国家男子足球队在上海四强赛结束后，由于运动员大面积感冒，从而不得不调整原来到海南的训练计划而直接回到沈阳，前国家队教练米卢甚至明确规定，运动员即使在炎热的夏天比赛后，也不能乘坐空调车回营地，房间不得开空调，个别运动员睡觉时甚至不敢脱袜子。请从运动免疫抑制的表现、成因分析为什么运动员易发感冒？

2. 陈某是一名15岁的男孩，自小体弱多病，隔三差五就发烧、感冒。他母亲带他到医院检查，发现总淋巴细胞计数为理想百分率的60%~80%。医生建议他多进行体育锻炼，提高身体素质。于是他就每天都去跑步，而且非常刻苦，每次运动都大汗淋漓，十分疲惫。但经过一段时间后，他又去医院检查，免疫功能非但没有得到改善，甚至比原来更差。为什么这名小男孩根据医嘱去进行体育锻炼，免疫功能反倒下降得更厉害呢？试从运动免疫的角度进行分析。

二、参考答案

（一）单选题

1. C　2. D　3. C　4. B　5. D　6. A　7. A　8. D　9. B　10. A
11. D　12. B　13. A　14. A　15. B　16. C　17. D　18. C　19. C　20. A
21. C　22. D　23. A　24. 　25. 　26. C　27. 　28. D　29. D　30. A
31. B　32. 　33. A　34. 　35. 　36. A　37. C　38. A　39. A　40. C
41. B　42. D　43. 　44. 　45. 　46. A　47. D　48. A　49. B　50. C

（二）判断题

1. 错　2. 对　3. 错　4. 错　5. 对　6. 错　7. 错　8. 对　9. 对　10. 错
11. 错　12. 对　13. 对　14. 错　15. 错　16. 对　17. 对　18. 对　19. 错　20. 错
21. 对　22. 对　23. 错　24. 对　25. 错　26. 对　27. 对　28. 错　29. 对　30. 对

31. 错 32. 对 33. 对 34. 错 35. 错 36. 对 37. 错 38. 对 39. 对 40. 错
41. 错 42. 对 43. 对 44. 错 45. 错 46. 对 47. 对 48. 对

（三）填空题

1. 免疫器官，免疫细胞，免疫分子

2. 免疫防疫，免疫稳定，免疫监视

3. 中枢免疫器官，外周免疫器官

4. 淋巴细胞，单核细胞，巨噬细胞

5. 淋巴结，脾脏，扁桃体

6. 中性粒细胞

7. 抗体，补体，细胞因子

8. 活化，分化，效应

9. 细胞，浆细胞，体液

10. 升高，下降，开窗期

11. 交感神经兴奋，应激激素升高，血糖降低

12. 维生素 C，维生素 A，维生素 E

13. 溶菌，杀菌

14. 超敏反应，免疫缺陷病

15. B 细胞，血清

16. 细胞毒，免疫黏附

17. 增强，降低

18. 减少，降低

19. 抑制，改善

20. 生长激素，甲状腺素，催乳素

21. 促肾上腺素释放激素，促肾上腺素，糖皮质激素

22. 骨骼肌，免疫细胞

23. 淋巴细胞，巨噬细胞

24. 运动强度，运动量，持续时间

25. 200 mg/d

26. 超氧化物歧化酶（SOD），过氧化氢酶（CAT）和谷胱甘肽过氧化酶
（GSH-PX）。

27. 维生素 E，维生素 C，β-胡萝卜素

28. 特异性，多样性，记忆性

（四）名词解释

1. 免疫是指机体对"自己"或"非己"的识别，并排除"非己"以保持

机体安全的一种生理反应。

2. 免疫防御是指机体防御外来病原生物的抗感染免疫，但异常情况下免疫反应过分强烈可引起超敏反应，或免疫功能过低则表现为易受感染或免疫缺陷病。

3. 免疫稳定或称免疫自身稳定，是指正常情况下机体对自身组织成分不发生免疫反应，处于自身耐受状态。

4. 免疫监视是指体内细胞在增殖过程中，总有极少数由于种种原因而发生突变，这种突变的或异常的有害细胞可能成为肿瘤，机体的免疫功能可识别并清除这些有害细胞。

5. 一般意义上的抗原，就是指侵入人体的病原体，包括细菌、病毒和微生物，而抗体是机体针对抗原而产生的对抗性物质，即机体受到抗原刺激而产生的特异性糖蛋白（亦称免疫球蛋白）。

6. 个体在生活过程中，因受某种病原微生物感染或接种疫苗而获得的免疫称为获得性免疫。因这种免疫一般仅针对所感染的病原微生物或疫苗所能预防的疾病，故称为特异性免疫。

7. 人体对抗原性异物的抵抗力，有些是天生具有的，即在种系发育进化过程中形成的，经遗传获得的，称为先天性免疫。因其并非针对某一特定的病原微生物，故又称非特异性免疫。

8. 在长期大强度运动训练的影响下，机体的免疫系统可能出现明显的免疫功能抑制现象，表现为免疫功能降低，对感染性疾病的易感率上升。这种由于运动而诱发的免疫功能降低现象，称为运动性免疫抑制。

9. 若以正常不运动者安静水平作为参照，可以发现适中强度的经常性身体运动可明显降低上呼吸道感染率，而大强度运动训练则会使之明显升高。三者相比，形成一条类似"J"型的曲线。

10. 免疫调理是通过补充有助于保护和提升免疫功能的外源性物质（如维生素、微量元素、抗氧化剂等），或通过医学手段（中医中药、激光照射等）保护或恢复免疫功能所用的各种方法。

（五）简答题

1. 非特异性免疫（先天性免疫），是个体出生时就具有的天然免疫，可通过遗传获得，是机体在长期进化过程中逐渐建立起来的主要针对入侵病原体的天然防御功能。其主要特征是反应迅速，针对外来异物的范围较广，不针对某个特定异物抗原，也称固有性免疫。特异性免疫，是个体出生后，接触到生活环境中的多种异物抗原，并在不断刺激中逐渐建立起来的后天免疫，也称获得性免疫。其主要特征是针对某个特定的异物抗原而产生免疫应答，开始的应答过程比较缓慢，一旦建立清除该抗原的效率很高，特异性很强，也称适应性免疫。

2. 免疫主要发挥三种功能：① 免疫防御。机体防御外来病原生物的抗感染免疫，但异常情况下免疫反应过分强烈可引起超敏反应，或免疫功能过低则表现为易受感染或免疫缺陷病。② 免疫稳定。或称免疫自身稳定，正常情况下机体对自身组织成分不发生免疫反应，处于自身耐受状态。此功能失调可导致自身免疫性疾病。③ 免疫监视。体内细胞在增殖过程中，总有极少数由于种种原因而发生突变，这种突变的或异常的有害细胞可能成为肿瘤，机体的免疫功能可识别并清除这些有害细胞。此功能失调可导致肿瘤的发生或持续的病毒感染。

3. 细胞因子主要由淋巴细胞与单核-巨噬细胞所产生，习惯上称前者为淋巴因子，后者为单核因子，实际上其他免疫细胞与非免疫细胞（包括神经细胞和内分泌细胞）也可以产生，故统称为细胞因子。

机体在对"非己"物质（即抗原）进行免疫应答并加以排除的过程中，主要通过细胞因子在免疫细胞之间传递信息。从这个意义上讲，细胞因子对于免疫系统，正如激素对于内分泌系统、神经递质对于神经系统一样重要。此外，在神经-内分泌-免疫调节网络中，细胞因子也起着非常重要的介导作用。

4. 淋巴细胞在抗原刺激下分化为浆细胞，并由浆细胞产生的具有与相应抗原发生特异性结合的免疫球蛋白，称为抗体。

抗体是生物学功能的概念，所有的抗体都是免疫球蛋白，但并非所有免疫球蛋白都具有抗体活性。

5. 补体系统具有下述生物学作用：① 溶菌和溶细胞作用。细菌与相应抗体结合后可通过经典途径激活补体，在细菌表面形成膜攻击复合物而溶解细菌。② 促进中和与溶解病毒作用。补体、抗体与病毒作用后可有效阻止病毒对宿主细胞的吸附和穿入，另外，补体也可直接溶解灭活某些病毒。③ 调理作用和免疫黏附作用。补体裂解产物（C3b、C4b）与细胞或其他颗粒性物质结合，可促进吞噬细胞的吞噬作用。抗原抗体复合物激活补体后，可通过 C3b 或 C4b 黏附于具有 CR1 的红细胞、血小板或某些淋巴细胞上，形成较大的聚合物，易被吞噬细胞吞噬和清除。④ 炎症介质作用。C2a 具有激肽样作用，可使小血管扩张、通透性增加；C3a、C4a、C5a 具有过敏毒素作用，可以使肥大细胞和嗜碱性粒细胞脱颗粒，释放血管活性介质，引起炎症反应；C3a、C567、C5a 有趋化作用，可以吸引炎症细胞向补体激活的炎症区域游走和积累，增强炎症反应。

6. 体液免疫的应答反应过程包括感应、增殖和分化、效应三个阶段：

① 感应阶段。进入体内的抗原被巨噬细胞捕获，进行吞噬加工处理后，递呈给 T_H 细胞，T_H 细胞受该抗原（处理过的）和 IL-1 诱导而活化。② 增殖和分化阶段。T_H 细胞被活化后，发生增殖并释放出 IL-2、B 细胞分化因子以及 B 细胞生长因子，促使 B 细胞成熟、增殖并分化成浆细胞。③ 效应阶段。多数 B 细胞能够成为浆细胞，合成和分泌免疫球蛋白（抗体），然后由抗体直接或间接发挥免疫效应，杀灭进入人体的抗原物质。同时，部分 B 细胞变为记忆性 B 细胞，这样就对该病原体产生了抵抗力。

7. 细胞免疫应答反应过程包括感应阶段、增殖和分化阶段和效应阶段：① 感应阶段。与体液免疫的感应阶段基本相同。② 增殖和分化阶段。活化的 T_H 细胞开始大量增殖，最终导致激活相应的 T_D 细胞和 T_C 细胞，进入效应阶段。同时，部分 T 细胞分化为记忆性 T 细胞。③ 效应阶段。激活的 T_C 细胞发挥特异性的细胞毒性作用，攻击靶细胞（病原体），T_D 细胞则释放出多种淋巴因子，参与对抗病原体感染的炎性反应。

8. "J" 型曲线模型描述了运动量和运动强度与呼吸道感染的关系，即适量运动可以降低上呼吸道感染的危险，而长期从事大强度运动负荷则可显著增加上呼吸道感染（URTI）的危险。

（六）论述题

1. 特异性免疫的基本特征有：① 特异性。对某个特定的异物性抗原能引起特异性免疫应答。② 多样性。机体可针对环境中多种多样的抗原，分别建立起不同的特异性免疫应答。③ 记忆性。当异物抗原再次入侵时，可产生快而强的再次免疫应答效应。④ 耐受性。正常情况下，免疫系统对自身成分有保护性的免疫耐受。⑤ 自限性。异物抗原激发免疫应答的程度和水平可以自我调控在一定的范围内，以免扩大和累及正常组织。

2. 免疫功能是指免疫系统在识别和排除异己物质过程中所产生的各种生物学效应，主要表现在下列三个方面：① 免疫防御。免疫防御（或称免疫预防）是指机体抵抗和清除病原微生物或其他异物的功能。若此功能发生异常可引起疾病，如反应过高可出现超敏反应，反应过低则可导致免疫缺陷病。② 免疫稳定。免疫稳定（或称免疫自稳）是指机体清除变性或衰老的细胞，维持生理平衡的功能。这是机体免疫系统内部的自控调节机制，通过清除体内出现的变性、损伤、衰老和死亡细胞等，维持机体在生理范围内的相对稳定。若此功能失调，可导致自身免疫性疾病。③ 免疫监视。免疫监视是指机体识别和清除体内出现的突变细胞，防止发生肿瘤的功能。若此功能失调，可导致肿瘤的发生或持续的病毒感染。

3. 淋巴细胞在免疫应答过程中起着核心作用。淋巴细胞包括 T 细胞、

B 细胞、K 细胞（killer，杀伤细胞）和 NK 细胞（natural killer，自然杀伤细胞）。

T 细胞主要介导细胞免疫，B 细胞主要介导体液免疫，K 细胞能够杀伤被抗体（IgG）覆盖的靶细胞，NK 细胞能够直接杀伤某些肿瘤细胞或病毒感染的细胞。

T 细胞的许多功能是通过其亚群发挥的，如 T_H 细胞（helper T cell，辅助性 T 细胞）在介导细胞免疫和体液免疫过程中充当着关键角色；T_C（cytotoxic T cell，细胞毒性 T 细胞）和 T_D（delayed type T cell，迟发型 T 细胞）两者在细胞免疫应答过程中起重要作用。

淋巴细胞除介导细胞免疫和体液免疫外，还可分泌多种细胞因子。这些细胞因子不仅仅作用于免疫系统自身，调节和控制免疫反应的发生与程度，还可作用于神经系统和内分泌系统，参与神经-内分泌-免疫网络对身体功能的整合调节。

4. 近年来，学者们逐步揭示了经常从事健身运动能够有效提升免疫功能、降低感染性疾病，尤其是降低慢性病发生发展的机理。

有研究证实，肿瘤、高血压、糖尿病、冠心病、动脉硬化等威胁人类健康的主要慢性病的形成，最初均起因于病灶部位慢性炎症的形成，并逐步加重，呈现进行性病变。而慢性炎症的形成，则是源于机体抗炎系统和促炎系统的平衡关系遭到破坏。在正常情况下，机体的抗炎因子（IL-10，IL-6 等细胞因子为代表）和促炎因子（IL-1，TNF-a 等细胞因子为代表）形成动态平衡，使得炎症在形成最初就得到及时清除。而在病理情况下，这种平衡被打破，促炎因子活性增高而抗炎因子活性降低，炎症更易形成且难于及时清除，炎症就会形成并逐渐加重最终形成病变。

经常参加体育锻炼能够增强免疫功能的机理正在于此。经常锻炼者抗炎性细胞因子活性增强，而促炎性细胞因子的活性降低，从而可以及时清理机体局部可能形成的炎症，使炎症难于形成与积累。从这个角度而言，每参加一次健身运动，相当于在身体内部进行一次"大扫除"，使慢性炎症无法形成。

5. 引起运动性免疫抑制的原因非常复杂，既涉及神经、内分泌与免疫系统之间的相互关系，也涉及免疫增强类信息物与免疫抑制类信息物之间的相互平衡，而且与营养问题也有密切关系。概括起来主要有以下几方面的原因。

① 交感神经兴奋对免疫功能的抑制作用。中枢淋巴器官（骨髓、胸腺）与外周淋巴器官（脾脏、淋巴结、淋巴管等）直接接受交感神经、副交感神经和肽能神经纤维的支配，这是神经系统对免疫系统施加直接影响的结构基础。交感神经兴奋会抑制免疫效应，而副交感神经兴奋则增强免疫效应。由于

运动时交感神经系统兴奋水平高，且持续时间长，故对免疫系统有显著的抑制作用。

② 免疫调控信息物之间的平衡关系遭到破坏。从对免疫机能调控作用的角度，可将调节信息物划分为两大类，即免疫增强类调节物质与免疫抑制类调节物质。正常情况下，这两类调节物质在体内相互作用，维持机体正常的免疫应答与免疫适应。但在身体运动这种特殊刺激作用下，这两类调节物质相互作用的力量会发生根本性变化。凡是与运动有关的应激激素等调节物质生成明显增加，其余激素等调节物质则处于抑制状态。而应激激素等调节物质绝大部分为免疫抑制类调节物质，其中最重要的有糖皮质激素、促肾上腺素、促肾上腺激素释放激素等，再加上交感神经兴奋所产生的免疫抑制效应，可对免疫系统会产生非常强烈的抑制作用。

③ 血糖浓度降低对免疫功能的抑制作用。血糖浓度降低后，会从两个方面对免疫机能形成抑制性效应。第一，通过加强糖皮质激素的分泌活动间接加强免疫抑制。若血糖降低，会加强 HPA 轴的激活程度，促进糖皮质激素的分泌。糖皮质激素是强烈的免疫抑制剂，会形成更深的免疫抑制。第二，淋巴细胞能源不足而造成免疫机能降低。运动引起血糖浓度下降，会直接影响淋巴细胞、巨噬细胞等免疫细胞的能源供应，继而影响免疫机能的发挥。

④ 氧自由基升高对免疫细胞的破坏作用加强。急性运动中，体内氧自由基显著上升，上升幅度因运动强度、运动量、持续时间不同而各异。而且这种升高现象在运动后仍然会持续相当长时间。这不仅是机体重要的致疲劳因素，而且会通过攻击免疫细胞膜等途径，形成免疫损伤，造成免疫抑制。

⑤ 免疫抑制因子升高对免疫功能的负性影响。运动应激过程中，免疫抑素升高，故对免疫机能有抑制作用。此外在运动应激情况下血清中会出现多种免疫抑制因子。它们可抑制淋巴细胞生成 IL-2，抑制淋巴细胞增殖作用。

6. 运动员发生运动性免疫抑制后需要结合运动员的具体情况进行调理，一般多从以下几个方面进行：

① 采取适当的训练量，避免过度疲劳。适合的运动能增强机体免疫力，过度运动或剧烈运动可抑制、降低机体免疫功能，因此使身体免除疾患的根本方法就在于如何将自己的训练量限定在适度范围内，如何在运动疲劳后找出办法尽快恢复被抑制的免疫功能。免疫系统的运动反应取决于运动类型、强度、持续时间，运动者身体素质，如年龄、训练水平，环境条件，如环境温度、湿度等。对应激的适应性也是可以增强的。

② 注意调整心理状态，锻炼良好的心理素质。在训练紧张时注意放松情绪，避免过度紧张。避免单调重复训练持续时间过长。

③ 平衡身体营养素，构建坚实的身体基础。训练繁忙时注意调整饮食，合理搭配。最好寻求专业运动营养师的帮助。建议合理搭配膳食，避免营养素缺乏进一步加重。请营养师评定膳食结构，了解营养素的摄入情况。合理补充营养素，发挥营养素的药理作用，如适当补充能增强机体免疫力的维生素和抗氧化剂。

④ 尽量远离致病微生物。免疫功能下降也就意味着机体对疾病的易感性增加，并且在疾病潜伏期训练或比赛还会加重发病症状。外来致病菌有的是来自不洁空气，有的是早已潜伏在皮肤黏膜表面，在机体抵抗力下降时兴风作浪。因此抵抗力下降时，应避免到人群密集的场所，如电影院等公共场所。运动中出现发热、感染等症状时一定要避免剧烈运动，否则会使疾病恶化。

⑤ 定期做机体免疫功能测定，进行动态观察。研究表明，免疫抑制是慢性过度训练综合征表现之一。免疫功能的变化往往早于疾病状态的出现，也早于过度疲劳后其他症状的出现。因此可通过测定免疫功能了解身体状态，判断训练是否合适，还可以进而采取措施，防止上呼吸道感染的发生。免疫指标的测定，如 $CD4^+/CD8^+$ 比值的变化可作为过度训练慢性疲劳的指标，对过度疲劳综合征的早期诊断、指导运动员训练和保护运动员健康有实际意义。

（七）案例分析

1. 分析要点

大量研究表明，长期的大强度运动训练会明显抑制免疫功能。运动员在经过长期大强度的运动训练，对免疫机能产生的主要负性影响表现在以下几个方面：① 淋巴细胞数量减少，增殖能力明显降低，表明细胞免疫功能受到损伤。② 主要免疫球蛋白 IgA、IgG 以及重要补体 C3 和 C4 含量显著降低。③ 运动后血浆儿茶酚胺和可的松浓度（应激激素，强烈的免疫抑制激素）明显升高，并由此导致免疫细胞数量减少以及活性降低等免疫机能的负性变化。④ 鼻腔中性粒细胞吞噬作用降低，以及血液粒细胞氧化活性降低。⑤ NK 细胞的细胞毒性和丝裂原诱发的淋巴细胞增殖作用降低。⑥ 延迟性过敏反应降低，表现为皮肤出现红疹等。⑦ 持续时间较长、强度较大的运动训练会导致肌肉细胞受损，并继发性释放出亲炎性和抗炎性细胞因子。⑧ 在离体发生的对丝裂原和内毒素的反应过程中，所生成的细胞因子减少。⑨ 鼻腔和唾液的 IgA 浓度和鼻腔黏液清除作用降低。⑩ MHC-II 的表达以及巨噬细胞的抗原提呈作用降低。

长时间的耐力运动或长期的强化性训练可能通过减少循环血中淋巴细胞数，改变淋巴细胞亚型，增加肌肉中淋巴细胞的募集，抑制非 MHC 限制的 NK 细胞和 LAK 细胞的细胞毒活性，减少黏膜分泌型 IgA 的分泌等，从而产生免疫抑制。Pedersen 把这一免疫功能的抑制期定义为 "open window" 期。运动后尤其是过度训练后机体免疫系统机能抑制的机制，可归纳为三方面：神经内分泌免疫调节功能的紊乱，免疫抑制细胞激活，免疫抑制因子产生。

2. 分析要点

一般来讲，免疫功能是指机体对疾病的抵抗力，机体的免疫功能是在淋巴细胞、单核细胞和其他有关细胞及其产物的相互作用下完成的；免疫功能是免疫系统根据免疫识别而发挥的作用。

在本案例中，这名小孩免疫功能下降，可以通过体育锻炼来改善。但是要注意采取合适的运动负荷，因为只有适中的运动锻炼才能加强对机体上呼吸道感染的免疫监视和宿主保护，从而提高机体的免疫机能；而过量运动导致短暂的免疫抑制，降低机体的免疫机能，增加机体的感染风险。

适度运动能对机体免疫功能产生良好的作用，这是由于运动可作为引起免疫系统应答性反应的刺激源直接刺激机体的免疫系统，免疫系统通过其复杂的识别系统感受运动时机体内环境的变化，从而激发一系列免疫反应，包括产生特异的抗体，增强 NK 细胞的活性，白细胞和致敏的淋巴细胞增多，免疫调节因子 IL-1，IL-2，IL-6，肿瘤坏死因子等细胞因子释放，维持机体内环境新的稳定。长期反复适宜的运动负荷刺激，可使机体的免疫状态始终维持在一个较高的水平。研究发现一次性适宜的有氧运动后，体内的白细胞数量有显著性增加，免疫球蛋白水平都有显著性增加，这可能与体育锻炼增加机体的抗疾病能力有关。一般来讲，一次性运动对免疫系统机能的影响作用是暂时的，只有经常参加体育活动才能对免疫系统产生持久的作用，从而增强机体免疫功能，预防疾病的发生。

健身运动应避免长时间、大负荷的过量运动。因长时间、大负荷的过量运动可以使血清 Gln（谷胺酰胺）、Arg（精氨酸）含量降低和外周淋巴细胞凋亡增加等，从而导致机体细胞免疫功能的显著降低。因此，建议参加运动锻炼要充分考虑年龄和个体的体质差别，采用适合自己的适中运动量进行长期锻炼，这样才能达到增进健康的目的。

因此，出现该案例这种情况，主要是该患者体育锻炼的强度过大，频度过高，不仅无法通过体育锻炼促进抗炎系统功能，反而使机体抗炎-促炎失衡加重，从而造成了更深的运动性免疫抑制现象。

（华南师范大学　郝选明）

第六章　血液与运动

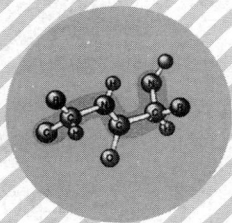

6

一、习题

（一）单选题

1. 下列哪一选项是内环境稳态的基本概念（　　）

　　A. 细胞外液的理化性质保持不变

　　B. 细胞内液的理化性质保持不变

　　C. 细胞外液的化学成分保持稳定

　　D. 细胞外液的理化性质保持相对稳定

2. 一个人体重为 50 kg，其血量约为多少（　　）

　　A. 4 L　　　　　　B. 2.5 L　　　　　　C. 5 L　　　　　　D. 3 L

3. 对血浆 pH 稳定起决定性作用的主要缓冲对是（　　）

　　A. Na_2HPO_4/NaH_2PO_4　　　　　　B. $NaHCO_3/H_2CO_3$

　　C. 蛋白质/蛋白质-Na^+　　　　　　D. $KHCO_3/H_2CO_3$

4. 血浆胶体渗透压主要由哪种物质形成（　　）

　　A. 球蛋白　　　　　　　　　　B. 白蛋白

　　C. 纤维蛋白原　　　　　　　　D. 无机盐

5. 血浆晶体渗透压主要由哪种物质形成（　　）

　　A. 葡萄糖　　　B. Na^+ 和 Cl^-　　　C. K^+　　　　　D. 白蛋白

6. 血浆蛋白浓度下降可导致组织水肿，其主要原因是（　　）

　　A. 血浆胶体渗透压下降　　　B. 毛细血管通透性增大

　　C. 组织液胶体渗透压升高　　　D. 毛细血管血压升高

7. 有关血红蛋白的叙述，下列哪一选项不正确（　　）

　　A. 血红蛋白与 O_2 结合需要有酶催化

　　B. 血红蛋白有运输 O_2 和 CO_2 的作用

　　C. 血红蛋白有缓冲作用

　　D. 红细胞破裂后，血红蛋白作用消失

8. 急性感染时，可使哪类白细胞明显增多（　　）

　　A. 淋巴细胞　　　　　　　　B. 单核细胞

　　C. 嗜酸性粒细胞　　　　　　D. 中性粒细胞

9. 机体组织液与细胞内液相比较，下列哪一选项是相同的（　　）

　　A. Na^+浓度　　　　　　　　B. K^+浓度

　　C. 胶体渗透压　　　　　　　D. 晶体渗透压

10. 血管内外均可以使衰老的红细胞得到破坏，血管外破坏红细胞的主要场所是（　　）

A. 肾和肝　　　　　　　　　　B. 脾和肝

C. 胸腺和骨髓　　　　　　　　D. 肺和淋巴

11. 剧烈运动时，血浆中明显下降的成分是（　　　）

A. 乳酸　　　　B. 非蛋白氮　　　C. 血浆蛋白　　　D. 碱贮备

12. 某人的红细胞与 B 型血的血清产生凝集反应，而其血清不与 B 型血的红细胞产生凝集反应，该人的血型为（　　　）

A. B 型　　　　B. AB 型　　　　C. A 型　　　　　D. O 型

13. 下列哪种物质可作为评定耐力运动员安静状态时的生理指标（　　　）

A. 白细胞　　　B. 血小板　　　　C. 血红蛋白　　　D. 碱贮备

14. 红细胞比容是指红细胞与哪一物质之比（　　　）

A. 与血浆容积之比　　　　　　B. 与血管容积之比

C. 与血细胞容积之比　　　　　D. 与血液容积之比

15. 人体急性失血量如果超过血液总量的百分之多少就可能有生命危险（　　　）

A. 5%　　　　　B. 10%　　　　　C. 30%　　　　　D. 20%

16. 成年人的造血组织是（　　　）

A. 肝脏　　　　B. 骨髓　　　　　C. 胸腺　　　　　D. 脾脏

17. 关于红细胞、血浆和血液比重，正确的叙述是（　　　）

A. 红细胞>血液>血浆　　　　B. 血液>血浆>红细胞

C. 红细胞>血浆>血液　　　　D. 血液>红细胞>血浆

18. 血小板含量明显减少时，皮肤下易产生瘀血，其原因是血小板（　　　）

A. 易黏附在血管内膜

B. 使血管回缩出现障碍

C. 聚集能力下降

D. 不能修复和保持血管内皮细胞的完整性

19. 血浆中的碳酸氢盐主要在红细胞内生成，其原因是（　　　）

A. 红细胞含有丰富的 Hb　　　B. 红细胞含有丰富的碳酸酐酶

C. 细胞膜上有特异性载体　　　D. 血浆蛋白可抑制 CO_2 与水的反应

20. 血型不合的输血反应主要表现是（　　　）

A. 红细胞叠连增多　　　　　　B. 血小板的聚集

C. 红细胞的凝集和溶解　　　　D. 血浆出现纤维蛋白

21. 人体如输入 0.6%的 NaCl 溶液，会产生什么样的变化（　　　）

A. 血浆渗透压升高　　　　　　B. 血浆渗透压下降

C. 红细胞体积变小　　　　　　D. 红细胞体积增大

22. 下列哪种液体可以反应内环境的稳态 （　　　）

  A. 细胞内液　B. 淋巴液　 C. 血浆　 D. 尿液

23. 血液中除去血细胞外，剩余部分是 （　　　）

  A. 体液　 B. 血清　 C. 细胞外液　D. 血浆

24. 在过敏反应时，哪种白细胞的数量会明显增加 （　　　）

  A. 嗜碱性粒细胞　 B. 嗜中性粒细胞

  C. 嗜酸性粒细胞　 D. 淋巴细胞

25. 促红细胞生成素在人体的主要作用是 （　　　）

  A. 促进铁的吸收　 B. 促进雄激素的释放

  C. 促进骨髓造血和红细胞成熟　D. 促进蛋白质的吸收

26. 下列对于红细胞错误描述的选项是 （　　　）

  A. 红细胞的主要成分是血红蛋白

  B. 制造血红蛋白的主要原料是叶酸和维生素 B_{12}

  C. 雄激素可使红细胞数量增多

  D. 促进红细胞生成素主要在肾合成

27. 机体组织液中哪种物质的含量与血浆不同 （　　　）

  A. Na^+ 浓度　 B. Cl^- 浓度

  C. 晶体渗透压　 D. 蛋白质

28. 长跑引起体内血液黏滞性增大的主要原因是 （　　　）

  A. 血浆蛋白增多　 B. 血液浓缩

  C. 红细胞增多　 D. 进入血液的代谢产物增多

（二）判断题

1. 只要红细胞的比容值增大，血液运输 O_2 和 CO_2 的能力就增强，反之就减弱。（　　　）

2. 血浆蛋白除能维持血浆渗透压外，还具有缓冲血液酸碱度、参与机体免疫、运输和凝血作用。（　　　）

3. 血液中的绝大多数无机盐是以分子形式存在的，其功能是维持晶体渗透压、体液的酸碱平衡和组织细胞的兴奋性等。（　　　）

4. 红细胞膜的表面积与红细胞体积的比值越大，其可塑性变形能力越小。（　　　）

5. 血液中血红蛋白含量愈高，血液运输营养物质的能力就愈强。（　　　）

6. 血小板没有完整的细胞结构，故不属于血细胞。（　　　）

7. 成人的各种血细胞起源于骨髓，成熟于骨髓。（　　　）

8. 缺氧和雄性激素都是刺激红细胞生成的重要因素。（　　　）

9. 脾脏是破坏衰老红细胞、血小板的重要器官。（ ）

10. 红细胞的凝集反应实质上是一种抗原–抗体反应。（ ）

11. 某人血清中含有抗 B 凝集素，其血型一定是 A 型。（ ）

12. 在进行任何运动的开始阶段或短时间轻微体力活动后，以及在赛前状态，都可出现淋巴细胞增多的现象。（ ）

13. 渗透压的大小与溶质分子或颗粒数目无关，而与分子或颗粒的大小有关。（ ）

14. 血液的黏滞性对血流速度和血压都会产生一定的影响。（ ）

15. 血浆中的固体物质主要是血浆蛋白，红细胞中的固体物质主要是血红蛋白。（ ）

16. 人体在静息状态下，静脉血的 pH 大于动脉血的 pH。（ ）

17. 内环境是与外环境相对而言的，通常是指细胞生存的环境，即细胞外液。（ ）

18. 在血管中流动的液体称为血液，它实际上是一种结缔组织。（ ）

19. 人体失血后，血液中的各种成分在两周内就可以完全恢复。（ ）

20. 血液黏滞性的大小主要取决于血浆蛋白的含量，而与血细胞的数量无关。（ ）

21. 血浆晶体渗透压对于水分进出毛细血管起着调节作用。（ ）

22. 血液中缓冲系统的抗碱能力远远大于抗酸能力。（ ）

23. Hb 数量与运动员有氧运动能力有密切关系。（ ）

24. 高原训练可使运动员红细胞比容增多，这是由于氧分压过低所致。（ ）

25. 血浆是指血液凝固后渗出的黄色澄清液。（ ）

26. 人体血液中红细胞数量在一日之内可有较大的生理变动范围。（ ）

27. 当体内严重缺水时，血浆渗透压会明显升高。（ ）

28. 人体在安静状态下，只有小部分血量在心血管系统中流动，而大部分血量储存在内脏静脉和皮下静脉中，以备运动时利用。（ ）

（三）填空题

1. 血液是由_____和_____组成。

2. 正常成人体液约占体重的_____，依据其所在的部位可分为_____和_____。

3. 加入抗凝剂的血液离心后可明显区分为上下两层，上层是_____，下层是_____。

4. 血液的黏滞性主要来自于_____和_____摩擦力。

99

5. 正常成年人每升血液中红细胞数量男性为_____；女性为_____。

6. 青春期后，男性的红细胞数比女性要高，主要原因是由于_____水平较高。

7. 人体每升血液中，白细胞的正常含量为_____、血小板为_____。

8. 白细胞中吞噬能力最强的细胞是_____、能释放组胺和肝素的细胞是_____、与机体特异免疫功能有密切关系的细胞是_____。

9. 依据细胞表面抗原的特异性不同，可将人体的血液分成_____、_____、_____和_____等四种型号。

10. 白细胞不是一个均一的细胞群，根据其形态、功能和来源部位可以分为三大类，即_____、_____和_____。

11. 粒细胞依据颗粒的嗜色性不同分为_____、_____和_____。

12. 白细胞的无颗粒细胞包含有_____和_____两种。

13. 运动后外周血中白细胞增多，主要表现为_____和_____的明显增多。

14. 血小板的主要功能有_____、_____和_____。

15. 缺气或贫血时，肾脏产生的_____增多，主要促进_____增殖分化，从而促使红细胞生成增多。

16. 血液的基本功能是_____、_____、_____和_____。

17. 血浆胶体渗透压主要由_____组成，其作用是_____。

18. 红细胞生成的主要原料是_____和_____，促红细胞生成素（EPO）的主要产生器官为_____。

（四）名词解释

1. 贮存血量

2. 红细胞比容

3. 血型

4. 渗透压

5. 晶体渗透压

6. 胶体渗透压

7. 碱贮备

8. 体液

9. 内环境

10. 内环境稳态

11. 贫血

12. 运动性贫血

13. 吞噬

14. 生理性止血

15. 血液凝固

（五）简答题

1. 简述血浆渗透压的形成及其生理意义。

2. 简述各类白细胞的生理功能。

3. 简述生理性止血的过程。

（六）论述题

1. 试述血液的主要生理功能。

2. 试述运动训练对血液成分的影响。

3. 试分析血红蛋白与运动能力的关系。

（七）案例分析题

某年五月，一名 17 岁男运动员到医院就诊，主诉胸痛、胸闷气短、头晕两月有余，开始时较轻，后逐渐加重，运动成绩下降，运动后症状更加严重。经查：心电图正常，胸透正常，血常规检查结果显示：RBC 为 5.74×10^{12}/L，Hb 为 18.2 g/L，HCT 为 50.1%，血小板压积为 0.31%。医生看完报告后问道："最近你吃什么营养品了吗？"该运动员说："正在喝××补剂，听教练说这种补剂可以增加红细胞，是提高耐力的补品，队友都喝，我觉得我耐力差些，所以每次都喝得多些"。听到这儿医生笑了，你知道其中的原因吗？

二、参考答案

（一）单选题

1. D　2. A　3. B　4. B　5. B　6. A　7. A　8. D　9. D　10. B
11. D　12. B　13. C　14. D　15. C　16. B　17. A　18. D　19. B　20. C
21. D　22. C　23. D　24. A　25. C　26. B　27. D　28. B

（二）判断题

1. 错　2. 对　3. 对　4. 错　5. 错　6. 错　7. 错　8. 对　9. 对　10. 对
11. 错　12. 对　13. 错　14. 错　15. 对　16. 错　17. 对　18. 对　19. 错　20. 错
21. 错　22. 错　23. 对　24. 对　25. 错　26. 错　27. 对　28. 错

（三）填空题

1. 血浆，血细胞

2. 60%～70%，细胞内液，细胞外液

3. 血浆，血细胞

4. 红细胞的数量，血浆蛋白的

5. $(4.5\sim5.5)\times10^{12}\cdot L^{-1}$，$(3.8\sim4.6)\times10^{12}\cdot L^{-1}$

6. 睾酮

7. $(4.0\sim10)\times10^{9}$个$\cdot L^{-1}$，$(100\sim300)\times10\cdot L^{-1}$

8. 中性粒细胞，碱性粒细胞，淋巴细胞

9. A 型，B 型，AB 型，O 型

10. 粒细胞，单核细胞，淋巴细胞

11. 碱性粒细胞，中性粒细胞，酸性粒细胞

12. 淋巴细胞，单核细胞

13. 中性粒细胞，淋巴细胞

14. 促进止血，加速凝血，保护血管内皮细胞的完整性

15. 促红细胞生成素，红系祖细胞

16. 运输作用，缓冲作用，调节作用，防御和保护作用

17. 蛋白质，调节毛细血管内外水分的正常分布

18. 蛋白质，铁，肾脏

（四）名词解释

1. 人体在安静时，一部分血量潴留在肝、肺、腹腔静脉以及皮下静脉丛等处，流动缓慢，血浆较少，红细胞较多，这部分血量称为贮存血量。

2. 红细胞在全血中所占的容积百分比称为红细胞比容。

3. 血型通常是指红细胞膜上特异抗原的类型。

4. 溶液促使水分子透过膜移动的力量即称为渗透压或渗透吸水力。

5. 由电解质所形成的渗透压称为晶体渗透压。

6. 由蛋白质所形成的渗透压称为胶体渗透压。

7. 习惯上将血浆中的 $NaHCO_3$ 称为碱贮备，通常以每 100 mL 血浆的碳酸氢钠含量来表示碱贮备量。

8. 人体内的水分和溶解于水中的各种物质，统称为体液。

9. 相对于人体的外环境，细胞外液是细胞生活的直接环境，称为内环境。

10. 由于人体内有多种调节机制，使内环境中理化因素的变动不超出正常生理范围，以保持动态平衡，这一生理现象称为内环境稳态。

11. 外周血中单位容积内 Hb 浓度、红细胞计数及（或）HCT 低于相同年龄、性别和地区的正常标准，称为贫血。

12. 由于运动训练引起的 Hb 浓度、红细胞数和（或）HCT 低于正常水平的一种暂时性现象称为运动性贫血。

13. 白细胞吞入并杀伤或降解病原物及组织碎片的过程，称为吞噬。

14. 正常情况下，小血管受损后引起的出血在几分钟内就会自然停止，这

种现象称为生理性止血。

15. 血液凝固是指血液由流动的液体状态变成不能流动的凝胶状态的过程。

（五）简答题

1. 血浆渗透压由晶体渗透压和胶体渗透压两部分组成。由电解质所形成的渗透压称为晶体渗透压，它是血浆渗透压的主要组成部分，对于调节细胞内外水的平衡起着重要的调节作用；由蛋白质所形成的渗透压称为胶体渗透压，由于血浆中蛋白质分子量大，分子数量少，所产生的渗透压较小，主要来自于白蛋白，其次是球蛋白。由于血浆蛋白一般不能透过毛细血管壁，所以血浆胶体渗透压虽小，但对于调节血管内外的水平衡起着重要的调节作用。如果血浆白蛋白减少，血浆胶体渗透压将下降，可因组织液回流减少而形成组织水肿。

2. 中性粒细胞有很强的变形能力和吞噬能力，能穿出血管壁进入感染发炎部位，将细菌或小异物及坏死的细胞吞噬、分解和消化，也可"自我溶解"，与死亡的细菌和组织溶物一起形成脓液；嗜酸性粒细胞具有较弱的变形运动和吞噬能力，能在过敏反应的局部聚集，限制嗜碱性细胞在速发性过敏反应中的作用，此外还参与免疫反应；嗜碱性粒细胞的细胞颗粒中含有组织胺、过敏性慢作用物质、肝素等生物活性物质，前两者可使小血管扩张，支气管、胃肠平滑肌收缩，其中组胺还可使胃酸分泌增多，肝素除有抗凝血作用外，还参与体内脂肪的代谢；单核细胞也具有先天性非特异吞噬能力，它与进入组织后转变成的巨噬细胞，存在于淋巴结、肺泡壁、骨髓、肝、脾等器官，有很强吞噬能力，可清除受损或死亡的细胞和细胞碎片、识别杀伤异己细胞、参与淋巴细胞特异性免疫的初级阶段，还能产生生长因子，增进内皮细胞和平滑肌细胞的生成。淋巴细胞为一类具有特异免疫功能的细胞，是构成机体防御系统的重要组成部分，其中 T 细胞参与细胞免疫，B 细胞参与体液免疫。

3. 生理性止血的过程主要包括血管收缩、血小板血栓形成和血液凝固三个过程。首先，当小血管受损时，血小板释放 5-羟色胺和儿茶酚胺等使小血管收缩；其次是血小板被激活后黏附、聚集于血管受损处，形成一个松软的止血栓堵塞伤口，从而起到止血的作用。与此同时，血浆中的凝血系统被激活，在局部迅速出现血浆凝固，以纤维蛋白网加固血栓达到二期有效止血；最后纤维组织增生，长入血凝块达到永久性止血。

（六）论述题

1. 血液是内环境中最活跃的部分，承担着运输物质和沟通各部分组织液的作用，并通过呼吸、消化、排泄等器官保持整个机体与外界环境的联系，其功能主要有运输作用、维持内环境稳态、防御功能和生理止血。① 运输作用。

从消化道吸收的各种营养物质、肺部吸入的氧气都是通过血液运输到全身各组织器官供其利用；各组织在代谢过程中所产生的代谢产物，如尿素、肌酐及二氧化碳等也需要通过血液运送到肾脏、肺脏、皮肤及肠道等排泄器官排出体外；内分泌腺分泌的激素也是依靠血浆的运载而到达其作用的细胞，以实现其调节机能。② 维持内环境稳态。血液作为一个缓冲系统，不但可以维持血浆与血细胞之间的酸碱平衡，而且在血管内外体液平衡中也起着重要的调节作用。③ 防御功能。白细胞能吞噬异物、产生抗体，在机体损伤治愈、抗御病原的入侵和对疾病的免疫方面起着重要的作用，是机体防御系统的重要组成部分。血浆含有的免疫抗体、补体系统都是血浆蛋白，在免疫功能中发挥重要作用。④ 生理止血功能。在生理性止血的过程中，受损血管局部及附近的小血管收缩后，血小板附着、黏附、聚集在血管损伤部位，发生不可逆的聚集，形成血小板血栓，将伤口堵塞，达到初步止血。血小板还可以释放一些生长因子促进血管内皮细胞增殖，有利于受损血管的修复。血浆中纤维蛋白原和凝血酶等因子是引起血液凝固的成分。

2. ① 一次性运动对血液的影响。人体在剧烈运动时，肌肉内产生并释放大量的乳酸，使血液中乳酸浓度增加；长时间持续运动时，血糖浓度会明显下降、血浆容量减少、温度越高、水分及无机盐会明显减少，血浆中其他物质浓度相对升高，血液浓缩；在运动中红细胞会出现暂时性增加，在运动停止 1~2 小时后可恢复到运动前的水平；运动时外周血中白细胞数有一定的增多，主要是中性粒细胞和淋巴细胞增多，运动后白细胞数可恢复到运动前的水平，其恢复的速度与运动强度和持续时间有关，运动强度越大、持续时间越长、恢复的速度就越慢。② 长期运动训练对血液的影响。经过长期系统的运动训练，尤其是经过耐力训练的运动员，在安静时，血容量高于一般人、红细胞总数和血红蛋白总量较高、红细胞变形能力增强、使红细胞更易于通过毛细血管，提高了血液运输氧的潜力；长期运动训练还可使血脂及脂蛋白发生有益性改变，使高密度脂蛋白含量升高、低密度脂蛋白和甘油三酯含量下降。

3. 血红蛋白是红细胞内的主要成分，功能主要是运输氧和二氧化碳，并对酸性物质起缓冲作用。血红蛋白是影响最大摄氧量的重要因素之一，因此，血红蛋白的数量也是影响人体有氧运动能力的一个重要因素。运动员血红蛋白的理想值男性为 160~170 g/L、女性为 150~160 g/L，此时，氧的运输能力达到最佳。如果血红蛋白低于正常值，即出现贫血，造成机体氧气供给不足，导致运动能力下降，甚至影响机体健康水平；如血红蛋白值过高时，血液中红细胞数量和压积也必然增多、血液黏滞度增高、红细胞通过小血管的能力下降，导致组织供氧减少，运动能力也会下降，所以，血红蛋白的数量必须保持在一个最佳范围。在运动训练中，可利用这一指标评定运动员机能状态、训练水平和预测运动能力。

（七）案例分析题

分析要点：这位运动员不适症状的出现源自于盲目补充营养物质，没有及时科学监控，掌控适宜的量。之所以出现这样的症状主要是因为过度的营养物质的补充，致使血液中红细胞数目和血红蛋白质浓度过高而引起。

红细胞数目超过了正常范围（正常值 $(4.5\sim5.5)\times10^{12}/L$）、红细胞压积偏高（正常范围 40%~50%），红细胞比容是决定血液黏滞度的最主要的因素，红细胞比容越大，血液黏滞度就越高，心脏的负担加重。同时，由于红细胞数过多，使红细胞通过小血管的能力下降，导致组织供氧减少，而心肌和脑组织是对氧含量变化非常敏感的组织。因此导致胸痛、胸闷气短、头晕。

天气炎热时进行运动，由于大量出汗导致血液浓缩，红细胞比容相对增大，血液黏滞度也随之增加。因此导致运动后症状加重。

（江苏师范大学 房冬梅）

7、

第七章　呼吸与运动

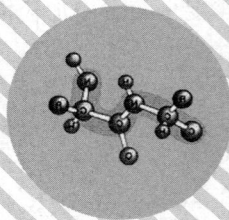

一、习题

（一）单选题

1. 肺泡气与血液之间的气体交换可称为（　　）

    A. 外呼吸　　　　B. 肺换气　　　　C. 组织换气　　　　D. 肺通气

2. 呼吸过程中气体交换的部位是（　　）

    A. 呼吸道、肺泡　　　　　　　　B. 呼吸道

    C. 肺泡、组织　　　　　　　　　D. 血液

3. 肺泡本身没有肌肉无法收缩，实现肺通气的动力是（　　）

    A. 肺内压与大气压之差　　　　　B. 肺的弹性回缩力

    C. 呼吸肌的舒缩　　　　　　　　D. 肺内压与胸膜腔内压之差

4. 在呼吸道通畅的情况下，胸膜腔内压的变化是（　　）

    A. 吸气、呼气之末等于大气压　　B. 呼气时呈正压

    C. 吸气、呼气时都呈负压　　　　D. 憋气时呈负压

5. 肺内所能容纳的气体总量称为肺总容量，可用下列哪种方法求得（　　）

    A. 肺活量+潮气量　　　　　　　B. 功能余气量+潮气量

    C. 肺活量+余气量　　　　　　　D. 余气量+补呼气量

6. 每分通气量与每分肺泡通气量之差相当于哪两项的乘积（　　）

    A. 潮气量×呼吸频率　　　　　　B. 功能余气量×呼吸频率

    C. 余气量×呼吸频率　　　　　　D. 无效腔容量×呼吸频率

7. 肺泡通气量与气体交换量（　　）

    A. 成正比　　　　B. 成反比　　　　C. 无关　　　　D. 相等

8. 体内氧分压由高向低的顺序通常是（　　）

    A. 静脉血、肺泡气、动脉血、组织细胞

    B. 肺泡气、静脉血、动脉血、组织细胞

    C. 组织细胞、静脉血、动脉血、肺泡气

    D. 肺泡气、动脉血、静脉血、组织细胞

9. 在肺血流量不变的情况下，呼吸频率加倍、呼吸深度减半，通气/血流比值（　　）

    A. 下降　　　　B. 升高　　　　C. 不变　　　　D. 不确定

10. 人体基本的呼吸中枢位于中枢哪一部位（　　）

    A. 脊髓　　　　B. 延髓　　　　C. 大脑皮质　　　　D. 脑桥

11. 若血液中血红蛋白的含量为 150 g/L，血红蛋白达到 60% 的饱和度时，每 100 mL 血液中的氧含量为（　　）

A. 20 mL   B. 15 mL   C. 12 mL   D. 14 mL

12. 血液和组织细胞间的气体交换称为（   ）

     A. 外呼吸   B. 内呼吸   C. 肺通气   D. 肺换气

13. 解剖无效腔中的气体是不能进入肺泡与血液进行交换的，因此当该值加倍时，通气/血流比值将（   ）

     A. 加倍   B. 增大不到加倍

     C. 减半   D. 减小不到减半

14. 运动时引起肺通气量快速变化的神经机制之一是（   ）

     A. 动脉血中 P_{CO_2} 的下降   B. 动脉血中 P_{O_2} 的升高

     C. 体温升高   D. 本体感受器的传入冲动

15. 下列指标中，可引起血液氧离曲线右移的是（   ）

     A. CO_2 分压降低   B. 温度降低

     C. pH 升高   D. CO_2 分压升高

16. 下列哪一指标可最有效地评定肺的换气功能（   ）

     A. 氧利用系数   B. 时间肺活量

     C. 每分最大通气量   D. 通气/血流比值

17. 运动训练对肺通气功能会产生良好的影响，主要表现在（   ）

     A. 通气效率和呼吸肌耗氧量的提高

     B. 氧通气当量的下降

     C. 亚极量运动时每分通气量的升高

     D. 安静时每分通气量的提高

18. 气体扩散的速度与诸多因素有关，下面正确的描述是（   ）

     A. 与温度呈反比   B. 与扩散距离成正比

     C. 与分压差成正比   D. 与扩散面积呈反比

19. 下列有关运动时通气/血流比值的描述正确的是（   ）

     A. 中小强度运动时，通气/血流比值变化不大

     B. 增强心脏功能，通气/血流比值大于 0.84

     C. 剧烈运动时，通气/血流比值下降

     D. 剧烈运动时，通气/血流比值的保持主要取决于肺泡通气量

20. 下列选项中有关运动时肺通气功能的叙述正确的是（   ）

     A. 剧烈运动时用于肺通气的耗氧量明显下降

     B. 运动时适当增加呼吸深度比增加频率更为重要

     C. 剧烈运动时肺通气量的增加，主要依靠呼吸深度的增加

     D. 剧烈运动时每分通气量与运动强度保持线性相关

21. 人体运动时可引起肺通气量明显增大，其机制是（　　　）

    A. 可能受多因素的共同调节

    B. 与体温升高无关

    C. 与动脉血 P_{O_2}、P_{CO_2}、pH 的周期性波动无关

    D. 只受神经因素的影响

（二）判断题

1. 流经肺毛细血管的血液从肺泡内摄取的 O_2 越多，说明氧利用系数越大。（　　　）

2. 胸内负压对肺泡扩张、肺通气、肺换气和促进血液淋巴回流都有意义。（　　　）

3. 运动时如憋气时间过长可引起胸内负压过小，造成血液回流增加，大脑供血不足而出现晕眩。（　　　）

4. 每分肺通气量大于每分肺泡通气量，差值=无效腔×呼吸频率。（　　　）

5. 正常人第1、2、3秒的时间肺活量值中，第三秒的意义最大。（　　　）

6. 运动员在运动之前，可引起肺通气量适度的增加，这属于一种条件反射。（　　　）

7. 从气体交换的角度来说，通过呼吸进入肺泡的气体量才是真正的有效气体量。（　　　）

8. 氧通气当量不与每分通气量成正比，而是与肺泡通气量成正比。（　　　）

9. 适量运动时，运动员的每分通气量大于一般人，说明运动员肺通气功能强。（　　　）

10. 人体动脉血、静脉血和组织细胞中的氧分压呈依次递减趋势。（　　　）

11. 剧烈运动时由于心输出量的增加，可使通气/血流比值下降。（　　　）

12. 人体无论怎样用力呼气都不能将全部气体呼出，肺内总会有一部分余留气体。（　　　）

13. 呼吸属于一种非条件反射性运动，它是不能够建立条件反射的。（　　　）

14. 运动能够引起人体 VE 快速的变化，其神经机制与肌肉本体感受器的传入冲动增加有关。（　　　）

15. 在血液中，O_2 和 CO_2 主要以化学结合的形式运输，物理性溶解的作用并不重要。（　　　）

16. 人体最基本的呼吸中枢位于延髓，但正常的节律性呼吸是延髓与高位中枢共同作用的结果。（　　　）

17. 与呼气时相比，吸气时肺被动扩张和肺的回缩力小，故胸内负压也小（　　　）

18. 在正常情况下呼吸时，胸膜腔内的压力总是低于大气压，因此亦称为胸内负压。（　　）

19. 最大呼气之末肺泡内尚有一部分气体残留而不能呼出，这部分气体可称功能余气量。（　　）

20. 运动时由于肌细胞摄取和利用氧的能力提高，所以氧利用系数高于安静时。（　　）

（三）填空题

1. 呼吸过程包括外呼吸、_____和_____。

2. 人体在完成需要胸廓固定的动作时，应以_____呼吸为主；在完成需要腹肌紧张的动作时，应以_____呼吸为主。

3. 憋气时，胸膜腔内压呈_____，导致静脉回流_____，心输出量下降。

4. 正常成人第 1、2、3 秒末的时间肺活量分别约为_____、_____和 99%。

5. 肺总容量是潮气量、_____、_____和余气量之和。

6. 经过长期的运动训练，可导致安静时的呼吸深度_____，而呼吸频率_____。

7. 气体交换的动力是_____，气体交换的方式是_____。

8. 人体安静时呼吸膜的扩散面积约为_____ m^2，而运动时可以增加至_____ m^2。

9. 运动强度较低时，每分通气量的增加主要是_____的增加，当运动强度增加到一定程度时，才主要依靠_____的增加。

10. 运动时，在一定范围内每分通气量与运动强度呈_____相关，即每分通气量越大，说明运动强度_____。

11. 运动中肺通气的快速增长是_____调节的结果，而慢速增长则是_____调节的结果。

12. 训练有素者与正常人相比，每分通气量在亚极量运动时的增加幅度_____，而在极量强度运动时的增加幅度_____。

13. 运动时动脉血和组织细胞间氧分压差和二氧化碳分压差_____，肌肉中毛细血管开放数量_____。

14. 剧烈运动时，心脏功能水平较高者可使流经肺泡血流量_____，有利于通气/血流比值保持在_____，以提高气体交换效率。

15. 运动员和一般人安静时的氧通气当量_____，在运动强度相等的运动中，运动员的氧通气当量较一般人_____。

16. 外呼吸包括_____和_____两个过程。

17. 运动时在肺通气量相同的情况下，训练有素者与无训练者相比，呼吸频率较慢、呼吸深度_____，这种呼吸使肺泡通气量和气体交换效率_____。

18. 运动时当血液或脑脊液中_____和_____浓度增加时，会刺激化学感受器反射性地引起呼吸加快、加强。

19. 我国正常成年人的肺活量，男性约为_____、女性约为_____。

20. 肺的总容量包括潮气量、补吸气量、_____和_____。

（四）名词解释

1. 呼吸

2. 外呼吸

3. 肺通气

4. 肺换气

5. 内呼吸

6. 腹式呼吸

7. 胸式呼吸

8. 肺活量

9. 时间肺活量

10. 深吸气量

11. 功能余气量

12. 每分通气量

13. 肺泡通气量

14. 氧通气当量

15. 通气/血流比值

16. 氧解离曲线

17. 氧利用系数

18. 氧脉搏

19. 肺牵张反射

20. 呼吸肌本体感受性反射

（五）简答题

1. 简述呼吸过程的几个环节。

2. 简述肺总容量的组成及含义。

3. 简述气体交换过程。

4. 比较每分最大通气量和每分最大随意通气量的区别。

5. 简述胸内负压的成因及其生理意义。

6. 简述呼吸形式及其在运动中的应用。

（六）论述题

1. 试述人体肺通气功能对运动训练所产生的反应和适应。

2. 试分析氧解离曲线的特点及其生理意义。

3. 为什么在一定范围内深而慢的呼吸比浅而快的呼吸效果好？

（七）案例分析题

李某某为一个健身指导站的业余指导员，他在指导老年人健身运动时选择的健身项目是举重、拔河、引体向上等，为了让练习者能够发挥出较大的力量，他还要求练习者经常采用憋气动作。请你分析李某的安排是否科学？并说明其原因。

二、参考答案

（一）单选题

1. B 2. C 3. C 4. C 5. C 6. D 7. A 8. D 9. A 10. B

11. C 12. B 13. D 14. D 15. D 16. D 17. B 18. C 19. A 20. B

21. A

（二）判断题

1. 错 2. 对 3. 错 4. 对 5. 错 6. 对 7. 对 8. 错 9. 错 10. 对

11. 错 12. 对 13. 错 14. 对 15. 错 16. 对 17. 错 18. 对 19. 错 20. 对

（三）填空题

1. 内呼吸，气体在血液中的运输

2. 腹式呼吸，胸式呼吸

3. 正压，困难

4. 83%，96%

5. 补吸气量，补呼气量

6. 加大，下降

7. 分压差，扩散

8. 40，70

9. 呼吸深度，呼吸频率

10. 线性，越大

11. 神经，体液

12. 较少，较大

13. 加大，增多

14. 增多，0.84

15. 差别不大，低

16. 肺通气，肺换气

17. 较大，加大

18. CO_2，H^+

19. 3 500 mL，2 500 mL

20. 补呼气量，余气量

（四）名词解释

1. 机体与环境之间进行的气体交换称为呼吸。

2. 外界环境与肺泡之间的气体交换称为外呼吸。

3. 肺泡与外界环境之间的气体交换称为肺通气。

4. 在肺部肺泡与血液之间的气体交换称为肺换气。

5. 内呼吸是指血液通过组织液与组织细胞之间的气体交换。

6. 以膈肌收缩为主所实现的呼吸称为腹式呼吸。

7. 以肋间外肌收缩为主所实现的呼吸称为胸式呼吸。

8. 最大吸气后，尽力所能呼出的最大气量称为肺活量，其值相当于潮气量、补吸气量和补呼气量三者之和。

9. 时间肺活量是指在一次最大吸气后，尽力以最快的速度呼气，单位时间内所能呼出的最大气体量。

10. 人体在平静呼气之末再尽最大的力量吸气时所能吸入的气体量，称为深吸气量，其值相当于潮气量与补吸气量之和。

11. 人体在平静呼气之末肺内所余留的气体量，称为功能余气量，其值相当于补呼气量与余气量之和。

12. 人体通过呼吸，每分钟能够进入肺泡或从肺泡中呼出的气体量，称为每分通气量。

13. 肺泡通气量是指每分钟吸入肺泡的新鲜空气量，其值为：（潮气量-无效腔）×呼吸频率（次/min）。

14. 每分通气量与每分摄氧量的比值（VE/Vo$_2$），称为氧通气当量。

15. 每分肺泡通气量和肺血流量（心输出量）的比值，称为通气/血流比值。

16. 表示血液 Po$_2$ 与 Hb 氧饱和度之间的关系曲线，称为氧解离曲线。

17. 血液流经组织时释放出的 O_2 容积占动脉血氧含量的百分数称为氧利用系数。

18. 心脏每次搏动输出的血量所摄取的氧量称为氧脉搏，可用每分摄氧量

113

除以每分钟心率计算。

19. 由于肺的扩张或缩小所引起的反射性呼吸变化称为肺牵张反射。

20. 由于呼吸肌本体感受器传入冲动所引起的反射性呼吸变化，称为呼吸肌本体感受性反射。

（五）简答题

1. 呼吸过程共包括外呼吸、气体的血液运输和内呼吸三个环节：① 外呼吸包括肺通气和肺换气两个过程，肺通气是指肺与外环境的气体交换，肺换气是指肺泡与肺毛细管血液间的气体交换。② 气体在血液中的运输是指血液把外呼吸吸入的氧气运送到组织细胞，再把组织细胞产生的二氧化碳运送到肺泡排出体外。③ 内呼吸是指组织毛细血管中血液通过组织液与组织细胞间的气体交换。

2. 肺总容量是指肺内所能容纳的最大气体量，由潮气量、补吸气量、补呼气量和余气量四部分组成，约为 3 900～5 200 mL。潮气量是指平静呼吸时每次吸入或呼出的气体量，约为 500 mL；补吸气量是指在平静吸气后再尽力吸气所吸入的气体量，约为 1 500～2 000 mL；补呼气量是指平静呼气后再尽力呼气所能呼出的气体量，约为 900～1 200 mL；余气量是指最大呼气后仍余留在肺内的那部分气量，约为 1 000～1 500 mL。

3. 静脉血流经肺泡时，肺泡内 P_{O_2} 高于静脉血、而 P_{CO_2} 则低于静脉血，气体顺着分压差由高向低流动，CO_2 由静脉血进入肺泡并排出体外，O_2 由肺泡进入静脉血，交换后静脉血变成动脉血；动脉血流经组织时，由于组织细胞的 P_{O_2} 低于动脉血、而 P_{CO_2} 高于动脉血，O_2 由动脉血进入组织供给组织细胞所利用，CO_2 由组织进入毛细血管，使动脉血变成了静脉血，从而完成了组织的气体交换。

4. 在递增负荷的运动中，每分通气量随运动强度的增加而增加，其所能达到的最大通气量为每分最大通气量。在实验的条件下，最大限度地做深而快的呼吸，每分钟吸入或呼出的气体量，称为每分最大随意通气量。前者是在运动情况下测得，而后者则是在实验条件下测得。

5. 胸膜腔内压是指存在于胸膜腔内的压力，正常情况下胸膜腔内的压力总是低于大气压，因此亦可称之为胸内负压。胸内负压是由于出生后肺的发育速度落后于胸廓的发育速度，使得肺始终具有一定的弹性回缩力。吸气时肺的回缩力加大，胸内负压加大；呼气时肺的回缩力减少，胸内负压减小。胸内负压可保持肺的扩张状态、维持正常呼吸，胸内负压还可使胸腔内壁薄且扩张性大的静脉和胸导管扩张，从而促进血液和淋巴液回流。

6. 呼吸有腹式呼吸和胸式呼吸两种形式。以膈肌收缩为主所实现的呼吸称为腹式呼吸；以肋间外肌收缩为主所实现的呼吸称为胸式呼吸，正常成年人这两种呼吸都存在，所以是一种混合式呼吸。人体在不同的运动时，如能合理地应用呼吸形式，就有利于技术动作的完成。在完成需要胸廓固定而便于发力的动作时，如支撑悬垂、倒立，应以腹式呼吸为主；在完成需要腹肌紧张的动作时，如仰卧起坐、直角支撑，应以胸式呼吸为主。

（六）论述题

1. 人体肺通气功能对运动的反应表现是：① 在一定范围内每分通气量与运动强度呈线性关系，若超过这一范围，每分通气量的增加将明显大于运动强度的增加。② 运动强度较低时，每分通气量的增加主要是呼吸深度的增加，当运动强度增加到一定程度时主要依靠呼吸频率的增加。③ 呼吸深度和频率的增加，使得用于通气的氧耗量也增加，人体在安静时用于通气时的氧耗量只占总摄氧量的 $1\% \sim 2\%$，而剧烈运动时可达 $8\% \sim 10\%$。

肺通气对训练的适应主要表现为：① 每分通气量产生了适应现象。训练对安静时肺通气量的影响不大，亚极量运动时的每分通气量增加的幅度减少，极量运动时，运动员的最大通气量明显较无训练者大，这是通过加大呼吸频率和深度实现的。② 肺通气效率得到明显提高。训练导致安静时呼吸深度增加，呼吸频率下降。运动时，在相同肺通气量的情况下，运动员的呼吸频率比无训练者要低。运动中较深的呼吸，使肺泡通气量和气体交换率加大，而呼吸肌的能耗量和氧耗量却随之下降，达到工作肌的氧量增多，对运动有利。③ 氧通气当量有所下降。氧通气当量是指每分通气量和每分摄氧量的比值，此值小说明氧的摄取效率高。

2. 氧解离曲线是表示血氧饱和度与氧分压之间的一条关系曲线，形似 S 状。依据曲线的形状可将其分为上、中、下三段，每段都具有不同的特点和意义：① 曲线的上段较为平坦，相当于氧分压为 $100 \sim 60$ mmHg 的区段，表明氧分压在此范围内虽有较大的变化，但对血氧饱和度的影响不大，仍可保持在 90% 以上。其意义在于人体在高原环境或剧烈运动时，氧分压一般不会低于 60 mmHg，机体仍可吸入足够的氧气量以保障运动的需要；② 曲线的中段较为陡，相当于氧分压为 $60 \sim 40$ mmHg 的区段，表明在此范围内氧分压稍有下降，便会引起血氧饱和度降低。其生理意义是保证正常状态下组织细胞氧的供应；③ 曲线下段是最陡的部分，相当于氧分压为 $40 \sim 15$ mmHg 的区段，表明在此范围内氧分压稍有降低，血氧饱和度就显著下降。其意义是当体进行剧烈运动时，组织中氧分压可降至 15 mmHg，这时可从血液中释放出更多的氧气量，以供组织细胞所利用，有利于运动时的氧气供给。

3. 从气体交换的角度考虑，只有进入肺泡的气体才有机会与血液进行气体交换。由于解剖无效腔的存在，每次吸入的气体有一部分是停留于解剖无效腔内，这部分气体根本没有机会与血液进行交换。因此运动过程中，在每分通气量相同的情况下，通过增加呼吸深度、降低呼吸频率的方式，可以减少这部分气体的相对比例，以提高肺泡通气的含量；相反在运动过程中，如降低呼吸深度、过快呼吸频率时，气体将主要往返于解剖无效腔中，这部分的相对比例大大增加，进入肺泡内的气体量却较少，肺的换气效率明显降低。所以运动时，在一定范围内深而慢的呼吸要比浅而快的呼吸效果好。

（七）案例分析题

分析要点：李某的这种安排不合理，原因主要表现为两个方面：① 项目选择不合理。如举重、拔河、引体向上等主要是提高人体力量素质的项目，不适合在老年人群体中开展。② 要求老年练习者采用憋气动作不但不科学，而且是很危险的。首先，人体憋气时，胸膜腔内压呈正压，会导致静脉血回流困难、心输出量减少、血压下降、心脑供血不足，极易产生头晕、恶心、耳鸣及"眼冒金花"的感觉。其次，当憋气结束后会出现反射性的深吸气，使胸膜腔内压骤减，潴留于静脉的血液迅速回心，血压骤升，这一生理性反应对于动脉管壁变脆、弹性下降、管腔变窄的老年人来说，易导致心、脑和眼等部位的血管破损。第三，憋气还会加重心脏负担，引起胸闷、心悸。第四，老年人本来就是高血压病的多发群体，经常的憋气运动，会促使血压反应敏感或仅有高血压前期症状的人发展为高血压病。

（苏州大学　王维群）

第八章　血液循环与运动

8

一、习题

（一）单选题

1. 正常情况下，心跳的节律来自心脏的哪一部位（　　）

    A. 窦房结　　　　　　　　　　B. 房室结

    C. 希氏束　　　　　　　　　　D. 浦肯野氏纤维

2. 动作电位从心房传到心室，在房室结上有一个时间延搁，其作用是（　　）

    A. 避免心室肌痉挛

    B. 使心室收缩不会太快以致于疲乏

    C. 使前一次的收缩不会与后一次的合并

    D. 使心室收缩与心房收缩时间分开

3. 在心动周期中，大部分血液由心房流入心室的时间是（　　）

    A. 心房收缩，心室舒张时　　　B. 心房收缩，心室收缩时

    C. 心房舒张，心室收缩时　　　D. 心房舒张，心室舒张时

4. 下列有关心输出量的描述哪一选项是正确的（　　）

    A. 心室每收缩一次排出的血液量

    B. 每秒钟心室排出的血量

    C. 每分钟一侧心室排出的血液量

    D. 每秒钟血液进入心房的血液量

5. 在一个心动周期中，正确的描述是（　　）

    A. 第一心音出现于心室舒张时

    B. 心房收缩与心室收缩时间重叠

    C. 等容收缩期，房室瓣和半月瓣均关闭

    D. 心房舒张和心室舒张时间不重叠

6. 给予心肌一次阈刺激以上强度的刺激，即可使其产生一个动作电位，这是心肌的哪种生理特性（　　）

    A. 自律性　　　B. 传导性　　　C. 收缩性　　　D. 兴奋性

7. 下列哪种血管的舒缩对全身血压的影响最大（　　）

    A. 大动脉　　　　　　　　　　B. 中型动脉

    C. 小动脉和微动脉　　　　　　D. 腔静脉

8. 在运动训练中可用脉压作为评价心血管系统功能的一个重要指标，脉压是指（　　）

    A. 收缩压与舒张压之和　　　　B. 收缩压与舒张压之差

C. 收缩压与舒张压之和的平均值　　D. 收缩压与舒张压之差的平均值

9. 在下列影响动脉血压的因素中，正确的叙述是（　　）

A. 心输出量增加，则血压下降　　B. 血黏度增加，则血压下降

C. 末梢小动脉收缩，则血压上升　　D. 血量减少，则血压上升

10. 在下列血管中，哪种血管的血压最低（　　）

A. 大静脉　　B. 小动脉　　C. 微动脉　　D. 微静脉

11. 若某人的动脉收缩压为 120 mmHg，舒张压为 90 mmHg，其平均动脉压为多少（　　）

A. 115 mmHg　　B. 110 mmHg　　C. 100 mmHg　　D. 95 mmHg

12. 外周阻力的变化，主要发生于哪种血管（　　）

A. 静脉　　B. 大动脉　　C. 小动脉　　D. 微血管

13. 在下列因素中，不会造成局部血管扩张的是（　　）

A. 组织胺　　B. 血清素　　C. 二氧化碳　　D. 乳酸

14. 下列血管中，血流速度最慢的是（　　）

A. 小静脉　　B. 小动脉　　C. 大静脉　　D. 微血管

15. 心室肌的有效不应期较长，一直要延续到（　　）

A. 心室舒张早期　　B. 心室舒张晚期

C. 心室收缩期开始　　D. 整个收缩期

16. 心室肌细胞动作电位快速复极化初期是由于哪种离子流动的结果（　　）

A. Na^+内流　　B. Na^+外流　　C. K^+外流　　D. Ca^{2+}内流

17. 心肌工作细胞动作电位平台期的出现是由于哪种离子流动的结果（　　）

A. Ca^{2+}内流与K^+外流　　B. Na^+内流与K^+外流

C. Ca^{2+}外流与K^+内流　　D. Cl^-内流与K^+外流

18. 心肌组织中，自动节律性最高的部位是（　　）

A. 房室交界　　B. 房室束　　C. 窦房结　　D. 结间束

19. 我国健康成年人在安静状态下，正常的心率范围是（　　）

A. $50\sim70$ 次·min^{-1}　　B. $60\sim80$ 次·min^{-1}

C. $70\sim100$ 次·min^{-1}　　D. $60\sim100$ 次·min^{-1}

20. 左心室的前负荷是（　　）

A. 等容收缩期压力　　B. 心室舒张末期容积

C. 收缩末期压力　　D. 主动脉压

21. 左心室的后负荷是（　　）

A. 等容收缩期压力　　B. 心室舒张末期压力

C. 收缩末期压力　　D. 主动脉压

22. 人体在运动或劳动时，心输出量持久而大幅度地增加，其主要调节机制是（　　）

　　A. 局部体液调节　　　　　　　B. 全身性体液调节

　　C. 等长自身调节　　　　　　　D. 异长自身调节

23. 经常进行体育锻炼的人，心率表现为（　　）

　　A. 静息时较慢　　　　　　　　B. 小强度运动时较快

　　C. 最大心率比同龄人高　　　　D. 阵发性心动过缓

24. 平卧运动比直立运动时的搏出量大，这是因为（　　）

　　A. 循环血量重新分配　　　　　B. 静脉回心血量增加

　　C. 外周阻力降低　　　　　　　D. 胸膜腔内压升高

25. 受试者每分摄氧量为 250 mL·min^{-1}，若动静脉氧差每百毫升为 0.5 mL，其每分输出量是（　　）

　　A. 3 L·min^{-1}　　B. 4 L·min^{-1}　　C. 5 L·min^{-1}　　D. 8 L·min^{-1}

26. 正常机体，使心肌收缩能力增强的最主要因素是（　　）

　　A. 心室容积增加　　　　　　　B. 室内压升高

　　C. 主动脉压升高　　　　　　　D. 交感神经兴奋

27. 心脏收缩能力增强时，静脉回心血量增加，是因为（　　）

　　A. 血流加快　　　　　　　　　B. 血流阻力小

　　C. 心室内舒张期压力低　　　　D. 血压升高

28. 肌肉运动或情绪激动时，心率和血压表现为（　　）

　　A. 心率加快、血压升高　　　　B. 心率加快、血压下降

　　C. 心率减慢、血压升高　　　　D. 心率加快、血压稳定

29. 运动时，大脑皮质的血流量相对保持不变，但内脏器官的血流量（　　）

　　A. 先增加、后减少　　　　　　B. 不变

　　C. 增加　　　　　　　　　　　D. 减少

30. 人体从卧位转为立位，会引起动脉血压暂时性降低，但接着又会通过哪种调节恢复其正常（　　）

　　A. 肌肉收缩活动加强　　　　　B. 减压反射增加

　　C. 减压反射减弱　　　　　　　D. 体液调节加强

31. 人体在剧烈运动时参与活动的肌肉血液供应量明显增加，其重要机理是（　　）

　　A. 循环血量增加　　　　　　　B. 静脉回流量增加

　　C. 心输出量增加　　　　　　　D. 各器官血流量的重新分配

32. 静息时人体骨骼肌的血流量约占心输出量的 20%，而在最大强度的运

动时约要占到心输出量的 （　　　）

    A. 72%　　　　　　B. 47%　　　　　　C. 88%　　　　　　D. 50%

33. 人体从卧位转为站立位时，静脉回心血量将会 （　　　）

    A. 增加　　　　　　B. 减少　　　　　　C. 不变　　　　　　D. 先增加后减少

34. 降压反射的最终生理效应是 （　　　）

    A. 降低血压　　　　　　　　　　B. 加强心交感中枢的活动

    C. 加强心迷走中枢的活动　　　　D. 维持动脉血压的相对稳定

35. 对人体动脉血压变化较敏感的感受器位于什么部位 （　　　）

    A. 颈动脉窦和主动脉弓　　　　　B. 颈动脉体和主动脉体

    C. 心肺压力感受器　　　　　　　D. 颈动脉窦和主动脉体

36. 运动时，机体能根据运动量的大小对心血管系统的活动进行调节，其最重要的调节机制是 （　　　）

    A. 体液调节　　　　　　　　　　B. 自身调节

    C. 神经调节　　　　　　　　　　D. 局部代谢产物调节

37. 下列有关心动周期的错误叙述是 （　　　）

    A. 心动周期是指心脏机械活动的周期

    B. 心动周期是指心肌电位变化的周期

    C. 心房和心室每收缩和舒张一次为一个心动周期

    D. 当心率加快时，心动周期缩短，尤其以舒张期缩短更为明显

38. 人体心脏的左心室壁通常比右心室壁厚，这是由于左心室 （　　　）

    A. 射血速度比右心室快　　　　　B. 每搏输出量大

    C. 射出的血液流经的管道狭窄　　D. 比右心室做更多的功

39. 在每一个心动周期中，心室血液充盈的主要原因是 （　　　）

    A. 血液依赖地心引力而回流

    B. 心室舒张的抽吸作用

    C. 骨骼肌的挤压作用加速静脉血回流

    D. 心房收缩

40. 在一个心动周期中，左心室压力最高的时期是 （　　　）

    A. 心房收缩期末　　　　　　　　B. 心室舒张期末

    C. 快速射血期　　　　　　　　　D. 快速充盈期末

41. 在一个心动周期中，心室容积最大的时期是 （　　　）

    A. 减慢充盈期　　　　　　　　　B. 快速射血期

    C. 等容舒张期　　　　　　　　　D. 心室收缩末期

42. 人在卧位时，下列指标中数值达峰值的是 （　　　）

A. 心率   B. 每搏输出量

C. 每分心输出量   D. 胸膜腔内压

43. 英国生理学家 Starling 提出的"心的定律"是指（   ）

  A. 心肌代谢水平的变化

  B. 植物性神经对心脏的调控

  C. 心脏搏出量的等长自身调节机制

  D. 心脏搏出量的异长自身调节机制

44. 异长自身调节是指心脏的搏出量受到下列哪一方式的调节（   ）

  A. 心力贮备的调节   B. 心肌收缩能力的调节

  C. 心室舒张末期容积的调节   D. 心室收缩末期容积的调节

45. 心肌的等长自身调节是指通过改变下列何种因素而调节搏出量的大小（   ）

  A. 心肌初长度   B. Starling 机制

  C. 心肌收缩性能   D. 心室舒张末期容积

46. 正常人在心率超过 180 次/min 时，心输出量将减少，其主要原因是（   ）

  A. 快速充盈期缩短   B. 减慢充盈期缩短

  C. 快速射血期缩短   D. 减慢射血期缩短

47. 平均动脉压是（   ）

  A.（收缩压+舒张压）/2   B. 舒张压+1/3 脉压

  C. 收缩压+1/3 舒张压   D. 舒张压+1/3 收缩压

48. 刺激心交感神经，产生的生理效应是（   ）

  A. 心功能曲线右移

  B. 窦房结自律细胞 4 期自动除极速率减慢

  C. 心率加快、心缩力增强

  D. 房室束传导速度减慢

49. 下列关于颈动脉窦和主动脉弓压力感受性反射的错误叙述是（   ）

  A. 此反射通常发生在动脉血压迅速变化时

  B. 此反射对缓慢的血压变化不敏感

  C. 在正常情况下，此反射对维持血压的稳定有重大意义

  D. 当颈动脉窦内压上升到 27 000 Pa 以上时即可引发减压反射

50. 颈动脉体和主动脉体化学感受器对哪种刺激最为敏感（   ）

  A. P_{CO_2}升高   B. H^+升高   C. pH 下降   D. P_{O_2}下降

51. 健康成年人心脏的射血分数是（   ）

A. 55%～60%　　　　　　　　B. 70%～80%

C. 80%～85%　　　　　　　　D. 85%～95%

52. 个体心指数在哪一年龄段达到最大 （　　　）

A. 10 岁　　　　　　　　　　B. 20～25 岁

C. 5～7 岁　　　　　　　　　D. 25～40 岁

53. 人体在哪一种状态时，支配骨骼肌的交感舒血管神经发挥调节作用 （　　　）

A. 安静时　　　　　　　　　　B. 机体处于应激状态时

C. 直立位时　　　　　　　　　D. 睡眠时

54. 心肌不可能产生强直收缩，其原因是 （　　　）

A. 肌浆网不发达、Ca^{2+} 贮量少　　B. 心肌收缩是"全或无"形式

C. 心肌具有自动节律性　　　　D. 兴奋后的有效不应期特别长

55. 心肌有效不应期长的主要原因是 （　　　）

A. 0 期除极速度快　　　　　　B. 2 期的持续时间长

C. 阈电位水平高　　　　　　　D. 兴奋性高

56. 室性期前收缩之后出现的代偿间歇是由于 （　　　）

A. 窦房结节律传导速度减慢

B. 窦性心律不齐

C. 房室传导阻滞

D. 窦房结下传的一次兴奋节律落在室性期前兴奋后的有效不应期中

57. 心肌组织中兴奋传导速度最慢的部位是 （　　　）

A. 窦房结　　　　B. 房室结　　　　C. 房室束　　　　D. 浦肯野氏纤维

58. 心肌工作细胞与骨骼肌细胞相比较，动作电位最重要的特征是 （　　　）

A. 4 期能自动除极　　　　　　B. 0 期除极速度快、幅度大

C. 有持续时间较长的平台期　　D. 复极速度很快

59. 心肌自律细胞和非自律细胞电活动的主要区别是 （　　　）

A. 有平台期　　　　　　　　　B. 除极化速度不同

C. 4 期自动除极　　　　　　　D. 动作电位的持续时间不同

60. 下列关于肾上腺素和去甲肾上腺素对心脏和血管作用的错误叙述是 （　　　）

A. 两者都能升高血压

B. 肾上腺素能使心输出量增加

C. 肾上腺素使皮肤血管收缩，因而使总外周阻力明显上升

D. 在整体内，去甲肾上腺素使心跳减慢、变弱，心输出量减少

61. 关于交感神经兴奋反应的错误叙述是 （　　　　）

    A. 支气管平滑肌收缩　　　　　　B. 心跳加强、加快，心输出量增加

    C. 促进肾上腺髓质分泌　　　　　D. 引起瞳孔扩大

62. 人体运动时皮肤血流量的变化是 （　　　　）

    A. 增加　　　　　　　　　　　　B. 减少

    C. 先增加后减少　　　　　　　　D. 先减少后增加

63. 肌肉活动时，可以加速静脉血回心的正确叙述是 （　　　　）

    A. 骨骼肌收缩与舒张，起着"肌肉泵"的作用

    B. 直立位运动，会促使静脉血回心加速

    C. 静脉瓣在肌肉运动中起着防止血液回心的作用

    D. 静脉管壁平滑肌节律性收缩，起着"静脉泵"作用

（二）判断题

1. 在一个心动周期中，由于心房收缩，房内压升高，迫使房室瓣开放，血液由心房流入心室。（　　　　）

2. 运动训练通常不能提高最大心率，但可以降低安静心率，故心率贮备在一定范围内可随着训练程度的提高而增大。（　　　　）

3. 心室肌的前负荷可以间接地用心室舒张末期的容积来表示，心室肌的后负荷则取决于大动脉内的血压。（　　　　）

4. 在其他条件不变的情况下，外周阻力增加时，致使舒张压降低，脉压增大。（　　　　）

5. 当组织代谢活动增强，代谢产物增多时，或因血液供应不足而缺氧时，可直接抑制血管平滑肌，使血管舒张，以增加血液的供应，适应组织代谢活动的需要。（　　　　）

6. 运动开始时，由于迷走神经活动加强，交感神经活动减弱，致使心率加快，血压升高，心输出量增多。（　　　　）

7. 心房和心室在一次兴奋过程中所出现的电变化周期称为心动周期。（　　　　）

8. 人体在运动中，心率增加是一种反应，故心率增加的幅度与体能水平无关。（　　　　）

9. 心室的充盈主要依靠心室的舒张，而不是心房收缩。（　　　　）

10. 在等容收缩期和等容舒张期中，房室瓣和半月瓣均关闭，心室容积不变，室内压急剧变化。（　　　　）

11. 静力性运动时，心输出量的增加主要依靠心率的增加。（　　　　）

12. 在相同强度的亚极量运动时，经过耐力训练的人，心输出量增加的幅度较无训练者大。（　　　　）

13. 耐力训练使心肌收缩力增强，搏出量增加，故射血分数增加。（　　　）

14. 由于在剧烈运动时心室不能过分扩大，而射血分数可明显增加，故收缩期贮备比舒张期贮备大得多。（　　　）

15. 就心肌细胞异长自身调节而言，心肌初长度、前负荷、舒张末期心室内压、静脉回心血量均为同一概念。（　　　）

16. 直立位运动时，每搏输出量的增加主要是由于异长自身调节的结果。（　　　）

17. 单纯心室后负荷增加，使等容收缩期延长，射血期缩短，射血速度减慢，因而搏出量减少。（　　　）

18. 心肌细胞动作电位的离子基础与神经细胞或骨骼肌细胞相同，即除极过程是 Na^+ 内流所致，复极全过程是 K^+ 外流所致。（　　　）

19. 心肌细胞动作电位持续时间较长，主要是由于有平台期。（　　　）

20. 心肌不会产生强直收缩，是因为兴奋后有效不应期特别长，一直要延续到舒张早期。（　　　）

21. 心电图不仅反映了心肌的生物电变化，也反映了心肌机械活动的变化。（　　　）

22. 由于心室的射血是间断的，故血管系统中的血流也是间断的。（　　　）

23. 左室壁较右室壁厚，是因为左心室必须射出比右心室更多的血流。（　　　）

24. 微循环中迂回通路的调节，主要是通过神经直接改变毛细血管前括约肌的舒缩活动实现的。（　　　）

25. 如果心室射血能力增强，心搏出量增加，中心静脉压将下降。（　　　）

26. 当血压突然升高或突然下降时，主要通过减压反射而使动脉血压维持相对稳定。（　　　）

27. 血浆中 P_{CO_2} 升高、pH 下降或缺 O_2，可直接刺激心血管中枢而使心率加快，心输出量增加。（　　　）

28. 肌肉活动时产生的代谢产物，具有舒血管作用，使局部血流量增加。（　　　）

29. 最大心率随着年龄的增长而逐渐增加。（　　　）

（三）填空题

1. 在亚极量运动中，心率增加的幅度越大，说明体能水平就越_____。

2. 估算人体最高心率的经验公式是_____。

3. 运动时最大心输出量的大小取决于_____和_____的最高值，它是衡量心泵功能贮备的标志。

4. 心率加快时，心脏的收缩期和舒张期均_____，其中以_____的改变最明显。

5. 健康成年男子安静时的心指数为_____L·m^{-2}·min^{-1}，运动时则随运动强度增大_____。

6. 耐力训练可使心室舒张末期容积_____，心肌收缩力增强，故射血分数_____。

7. 与搏出量和每分心输出量相比，_____和_____能更好地评价心泵血功能的好坏。

8. 心肌的前负荷（初长度）常用_____和_____表示。

9. 心肌收缩能力受多种因素影响，其中_____数目和肌球蛋白酶是控制收缩能力的主要因素。

10. 运动时，心率的增加与运动强度呈_____关系，所以，在运动实践中常用心率作为评定_____的生理指标。

11. 正常心脏的起搏点是_____，这是由于其自律性_____的缘故。

12. 自律细胞具有自律性，是因为它在_____能够_____产生除极化。

13. 心肌细胞动作电位最主要特征是有一个_____期，此期历时约100～150 ms，这是心肌细胞动作电位持续时间_____的主要原因。

14. 心肌细胞一次兴奋过程中，其兴奋性的周期性变化可分为绝对不应期、_____和_____三个时期。

15. 在心脏的特殊传导系统中，以_____兴奋传导速度最慢，这使得心肌收缩前有充分的_____。

16. 正常成人静息时，每搏输出量平均_____mL，射血分数为_____%。

17. 动脉血压形成的条件是_____、_____和一定的外周阻力。

18. 成年人随着年龄的增加，动脉血压_____，尤以_____最为明显。

19. 在一般情况下，收缩压高低主要反映_____，舒张压高低主要反映_____。

20. 我国健康青年人安静时的动脉收缩压为_____mmHg，舒张压为_____mmHg。

21. 动力性运动时，_____中大量血管扩张，而内脏器官血管收缩，故总的外周阻力变化不大，舒张压_____。

22. 剧烈运动时，肌肉血流量增加的非神经性调节的主要原因是：肌肉组织中_____的浓度增加和_____的浓度降低。

23. 微循环主要包括_____、_____和动-静脉短路三类通路。

24. 在微循环的三条通路中，_____是实现_____交换的主要场所。

25. 剧烈运动时，机体所能达到的最高心率随年龄增长而_____，故通常可用_____来估算最高心率。

26. 静脉回心血量增加，将使心室舒张末期容积增加，从而使心室肌的_____增加，心室通过_____调节，使搏出量增加。

27. 在动物实验中，切断心迷走神经，心率_____，说明迷走神经对心脏具有_____作用。

28. 交感神经系统活动加强时，常伴有_____分泌增加，在功能上称之为_____系统。

29. 迷走神经活动加强时，常伴有_____分泌增加，在功能上称之为_____系统。

30. 在调节心血管活动中，前列腺素是具有_____作用的活性物质；组织胺对微动脉、微静脉都有_____作用，并能增加毛细血管的通透性。

（四）名词解释

1. 自动节律性

2. 期前收缩

3. 代偿间歇

4. 心率

5. 心动周期

6. 心指数

7. 心输出量

8. 射血分数

9. 搏出量

10. 心力贮备

11. 异长自身调节

12. 心肌收缩能力

13. 最佳心率范围

14. 心电图

15. 血压

16. 收缩压

17. 舒张压

18. 脉压

19. 动脉脉搏

20. 微循环

21. 减压反射

22. 血液的重新分配

23. 离心性肥大

24. 向心性肥大

（五）简答题

1. 何谓心脏的异长自身调节机制？它有什么生理意义？

2. 什么是"最佳心率范围"？为什么心输出量在最佳心率范围时才能维持其较高水平？

3. 学校体育课的生理负荷是多少？其生理学依据是什么？

4. 动脉血压形成的条件有哪些？

5. 简述心脏活动的神经和体液调节机制。

6. 简述血管活动的神经及体液调节机制。

7. 何谓减压反射？其生理意义是什么？

8. 何谓运动时血液的重新分配现象？其生理意义是什么？

（六）论述题

1. 试述心肌的生理特性。

2. 试述评价心脏泵血功能的主要指标及方法。

3. 试阐述影响动脉血压的因素。

4. 根据影响静脉回心血量的因素，谈谈剧烈运动后如何促进疲劳的消除。

5. 详述运动时循环系统功能的变化。

6. 试述运动员心脏的形态、结构与功能特点。

（七）案例分析题

分析要点：小李和小王是大学同班同学，同年出生且身高和体重相仿。安静状态下，测得小李的心率为 66 次/min、心脏每搏输出量为 80 mL；小王的心率为 70 次/min、心脏每搏输出量为 75 mL。在两人以相同的速度快速登上 10 层楼之后即刻，测得小李心室舒张末期容量为 150 mL、收缩末期容量为 40 mL、心率为 160 次/min；小王心室舒张末期容量为 165 mL、收缩末期容量为 50 mL、心率为 180 次/min。在二人分别进行最大速度的 400 米跑后即刻，测得小李的心率为 210 次/min、心脏的每搏输出量为 140 mL；小王的心率为 200 次/min、心脏的每搏输出量为 130 mL。请你对二人的心脏功能进行评价并给出详细理由。

二、参考答案

（一）选择题

1. A　2. D　3. D　4. C　5. C　6. D　7. C　8. B　9. C　10. A
11. C　12. C　13. B　14. D　15. A　16. C　17. A　18. C　19. D　20. B
21. D　22. C　23. A　24. B　25. C　26. D　27. C　28. A　29. D　30. C
31. D　32. C　33. B　34. D　35. A　36. C　37. B　38. D　39. B　40. C
41. A　42. B　43. D　44. C　45. C　46. A　47. B　48. C　49. D　50. A
51. C　52. A　53. B　54. D　55. B　56. D　57. B　58. C　59. C　60. C
61. A　62. D　63. A

（二）判断题

1. 错　2. 对　3. 对　4. 错　5. 对　6. 错　7. 错　8. 错　9. 对　10. 对
11. 对　12. 错　13. 错　14. 对　15. 对　16. 错　17. 对　18. 错　19. 对　20. 对
21. 错　22. 错　23. 错　24. 错　25. 对　26. 对　27. 错　28. 对　29. 错

（三）填空题

1. 差

2. $HR_{max} = 220 - 年龄$

3. 搏出量，心率

4. 缩短，舒张期

5. 3.0~3.5，成比例增加

6. 增大，不变

7. 射血分数，心指数

8. 心室舒张末期充盈压，心室舒张末期容积

9. 横桥，ATP

10. 正比，运动强度

11. 窦房结，最高

12. 复极4期，自动

13. 平台，长

14. 相对不应期，超常期

15. 房-室交界，血液充盈

16. 70，60

17. 血液充盈血管，心室肌收缩

18. 升高，收缩压

19. 每搏输出量，外周阻力

20. 90～120，60～80

21. 骨骼肌，基本不变

22. 代谢产物，氧气

23. 迂回通路，直接通路

24. 迂回通路，物质

25. 下降，年龄

26. 初长度，异长自身调节

27. 加快，抑制

28. 儿茶酚胺，交感-肾上腺

29. 胰岛素，迷走-胰岛

30. 舒张血管，舒张血管

（四）名词解释

1. 心肌细胞在没有外来刺激的条件下，具有自动产生节律性兴奋的特性，称为自动节律性。

2. 在窦房结兴奋的有效不应期之后，心脏受到一次足够强的额外刺激，随之产生的一次正常节律以外的收缩，称为期前收缩。

3. 在前收缩后，窦房结的正常兴奋恰好落在了期前兴奋的有效不应期之内，不能引起心脏的兴奋与收缩，心脏会有一段较长时间的舒张期，称为代偿间歇。

4. 心率是指每分钟心脏跳动的次数。

5. 心脏每收缩和舒张一次，构成了一个机械活动周期，称心动周期。

6. 心指数是指每平方米体表面积所占的每分钟心输出量。

7. 心输出量是指一侧心室每分钟所输出的血量。

8. 射血分数是指每搏输出量占心室舒张末期容积的百分比。

9. 一侧心室每搏动一次所射出的血量，称为每搏输出量，简称为搏出量。

10. 心力贮备是指心输出量随机体代谢需要而增加的能力。

11. 异长自身调节是指与神经、体液因素无关，由于心肌初长度改变而导致搏出量改变的一种调节方式。

12. 心肌收缩能力是指心肌不依赖前后负荷而改变其力学性能的一种内在特性。

13. 使心输出量处于较高水平的心率范围，称为最佳心率范围。

14. 心电图是将引导电极置于体表一定部位所记录到的心电变化的波形。

15. 血液对血管壁的侧压称为血压。

16. 心室收缩中期，血液对动脉血管产生的侧压力，称为收缩压。

17. 心室舒张末期，主动脉内的血液对其产生的侧压力，称为舒张压。

18. 脉压是指收缩压与舒张压的差值。

19. 心动周期中动脉血压周期性波动可引起动脉血管壁发生搏动，称为动脉脉搏。

20. 微动脉与微静脉之间的血液循环称微循环。

21. 当血压突然升高时，压力感受器传入冲动至延髓心血管，导致心迷走中枢活动加强，心交感中枢活动减弱，动脉血压下降，此反射称为减压反射。

22. 运动时，运动的肌肉和心脏的血流量显著增加，不运动的肌肉和内脏器官的血流量减少，皮肤的血流量先减少后增加，这一现象称血液的重新分配。

23. 耐力运动员心脏肥大表现为全心扩大，左心室室壁厚度轻度增加，这种心脏肥大又称离心性肥大。

24. 力量项目运动员心脏肥大主要以心室，特别是左心室室壁增厚为主，心腔扩大不明显，这种肥大称为向心性肥大。

（五）简答题

1. 由于心肌初长度的改变而导致搏出量改变的调节机制，称为异长自身调节。异长自身调节的生理意义在于对搏出量的微小变化进行精细的调节，使心室射血量和静脉回心血量之间保持平衡，并可匹配左右心室的搏出量。

2. 通常只有当心率在 120～180 次/min 时，心输出量才能维持在较高水平，使心输出量处于较高水平的这一心率范围，称为最佳心率范围。当心率超过 180 次/min 时，心脏过度消耗供能物质，使心肌收缩能力降低；同时，由于心率过快，使心舒期显著缩短，心室来不及充盈，搏出量明显减少，导致心输出量下降。反之，如果心率过慢，低于 40 次/min，尽管心舒期很长，心室充盈早已接近最大限度，不能再继续增加充盈量和搏出量，此时心输出量也较低。因此，只有当心率在 120～180 次/min 时，心输出量才处于较高水平。

3. 我国学校体育课生理负荷的平均心率标准是 120～140 次/min，这是指一堂体育课的平均心率。其生理依据就是充分考虑了最佳心率范围理论和心搏峰理论。在体育课中，我们一方面要让学生在心搏峰的心率水平上持续运动一段时间，使心搏峰值保持的时间较长，以锻炼心肌的泵血功能；另一方面，由于心搏峰时对应的心率并不高，每分输出量并未达到最高水平。因此，在体育课中也应安排一定的大强度运动，使心率能够达到最佳心率范围的上限，让青少年学生的心脏功能在体育课中获得更好的锻炼。

4. 血液充盈血管是形成动脉血压的前提条件，如果没有血液充盈，就不会对血管壁形成侧压；心室射血和外周阻力的相互作用是形成动脉血压的两个基本条件：心室射血为血液充盈血管提供能量，一定的外周阻力则使心室一次射出的血液只有 1/3 迅速流向外周，还有 2/3 被暂时储存于主动脉和大动脉内，造成血管的弹性扩张并形成动脉血压。因此，动脉血压的形成是上述因素共同作用的结果。

5. 心脏受心交感神经和心迷走神经的双重调节，其中心交感神经使心脏搏出量增加、心率加快，而心迷走神经的作用刚好相反；调节心脏的体液因素主要是肾上腺素和去甲肾上腺素，肾上腺素和去甲肾上腺素都可使心率加快，搏出量增加，每分输出量增加，但去甲肾上腺素对心脏的作用较弱；另外，循环与内分泌系统中还有多种体液因素如心血管活动多肽、内皮素、血管紧张素等，它们均具有调节心脏功能，改善心肌营养，实现心脏结构重塑等功能。

6. 血管平滑肌受缩血管和舒血管神经纤维支配，前者引起血管平滑肌收缩，后者引起血管平滑肌舒张。调节血管舒缩的体液因素主要有去甲肾上腺素、肾素-血管紧张素、内皮素以及组织细胞代谢产物等，它们具有调节血管口径，改变局部血流量的作用。

7. 当动脉血压突然升高时，颈动脉窦和主动脉弓压力感受器受到刺激，可反射性地引起心率减慢，心输出量减少，血管舒张，血压下降，该反射称为颈动脉窦和主动脉弓压力感受性反射，又称减压反射。其生理意义在于对突然出现的动脉血压变化进行迅速调节，以维持动脉血压的相对稳定，它对缓慢出现的动脉血压变化不敏感。

8. 运动时，心输出量大幅度增加，但增加的心输出量并不是按照安静时的比例进行分配，而是通过体内调节机制，进行各器官血流量的重新分配：心脏以及运动的骨骼肌血流量明显增加，最高可接近总血流量的 90%；内脏器官、肾等的血流量明显减少；皮肤的血流量在运动初期减少，随着肌肉产热的增加，皮肤血管舒张，血流量增多，这就是运动时血液的重新分配现象。运动时各器官的血流量进行重新分配具有十分重要的生理意义：一方面通过减少对内脏器官的血流分配，保证有较多的血液流向运动的骨骼肌；另一方面，在进行血液重新分配时，骨骼肌血管舒张的同时，内脏器官的血管收缩，使全身总的外周阻力不至于下降太多，从而保证了平均动脉压不会明显降低，这也促进了肌肉血供的增加。

（六）论述题

1. 心肌具有以下几个生理特性：① 兴奋性。心肌工作细胞具有对刺激产生兴奋的能力，在受到刺激后，首先表现为在细胞膜上产生一次动作电位，继而出现一次机械收缩。② 传导性。心肌细胞某一部位产生的兴奋不仅可以以局部电流的方式沿整个细胞膜扩布，而且能通过心肌细胞之间低电阻的闰盘连接，将兴奋直接传给相邻细胞，导致整个心脏兴奋，因而心肌在功能上是一个合胞体。③ 自动节律性。心脏中除了心房肌和心室肌外，还有一条特殊传导系统，包括窦房结、房室结、房室束和心室内的浦肯野氏细胞，它们均具有自动节律性，以窦房结的自律性最高。使心肌细胞在无外来刺激的情况下，能自动发生节律性兴奋。④ 收缩性。心肌细胞在受到窦房结传来的刺激后，首先产生一次在整个心脏迅速扩布的动作电位，继而通过兴奋-收缩耦联引起肌丝滑行实现心脏收缩，心肌的收缩通常是同步发生的。

2. 评价心脏泵血功能的主要指标与方法有：① 心率。心率是指心脏每分钟跳动的次数，是反映心脏功能的重要指标。安静时心跳有力徐缓、运动时心率增加幅度小、运动后心率恢复较快，均是心脏功能较好的标志。② 每搏输出量和射血分数。每搏出量是指一次心跳一侧心室射出的血量，射血分数是指每搏输出量占心室舒张末期容积的百分比。二者均与心肌的收缩力量成正比，心肌的收缩力量越大、心脏搏出量越多、射血分数越大、心脏泵血功能越强。③ 每分输出量和心指数。一侧心室每分钟所输出的血量，称为每分输出量，简称心输出量。心输出量随着机体的代谢状况而变化，在肌肉运动、情绪激动等情况下，心输出量增加。以每平方米体表面积计算的心输出量，称为心指数。身材高大和矮小的人，由于新陈代谢的总量不同，因此在进行不同个体之间心脏泵血功能的比较时，心指数较心输出量更准确。④ 心力储备。它是指心输出量随着机体代谢需要而增加的能力，这是评价心脏泵血功能储备能力的有效指标。

3. 由于动脉血压的形成主要取决于心输出量和外周阻力，故凡能影响这两者的因素，都会影响动脉血压。这些因素主要有：① 搏出量。搏出量的改变主要影响收缩压。搏出量增加时，射入主动脉的血量增多，收缩压明显升高。由于收缩压升高，血流速度随之加快，致使舒张末期存留于主动脉内的血液增加并不多，故舒张压升高不如收缩压升高明显，脉压增大。通常情况下，收缩压的高低主要反映搏出量的多少。② 心率。心率的变化主要影响舒张压。当心率加快时，心舒期明显缩短，在心舒期内流向外周的血量减少，心舒末期存留于主动脉内的血量增加，使舒张压升高。③ 外周阻力。外周阻力主要影响舒张压。外周阻力增大时，心舒期流向外周的血液明显减慢，心舒末期存留于主动脉中的血量增多，舒张压明显升高。④ 主动脉和大动脉的弹性作用。主动脉和大动脉的弹性可以缓冲动脉血压的波动，使收缩压不致太高，舒张压不致太低，故主要影响脉压。⑤ 循环血量。循环血量减少时，血管内的充盈量减少，动脉血压迅速降低。在完整机体内，动脉血压的变化往往是上述众多因素相互作用的综合结果。

4. 剧烈运动时，由于血液大部分流向运动的肌肉，运动后为了加速疲劳的消除，就应促使肌肉中大量的静脉血液快速流回心脏，再进入肺循环，从而使静脉血动脉化，清除其中致疲劳的代谢废物。根据影响静脉回心血量的因素，剧烈运动后首先应该慢跑或走一段时间，目的在于利用骨骼肌的肌肉泵作用，加速静脉血液回流；其次，要注意加深呼吸，特别是深吸气，以降低中心静脉压，增加外周静脉压和中心静脉压的压力梯度，促进静脉血回流；第三，当机体稍平缓一些后，可采用降低体位或平卧位休息，若是以下肢为主的运动，还可以躺着举起双腿，并抖动，这样可以降低重心，减少重力对于下肢静脉血液回流的阻碍作用，加速下肢静脉血回流心脏。

5. 运动时循环系统功能的变化主要表现在三个方面：① 心率、搏出量、每分输出量增加。机体运动时，心率加快是一个最为明显的变化，可从安静时的 75 次/min 增加到 180 次/min，甚至可达 200 次/min 以上。运动时心率的增加与运动的强度之间呈线性正比关系，直到达到最大心率。运动时，不仅心率大幅度增加，而且心肌的收缩力量明显增强，心脏的每搏输出量可从安静时的 60~70 mL 增加到 110~130 mL。高水平耐力运动员可从安静时的 80~110 mL 增加到 160~200 mL。目前大部分的研究认为，在运动强度为最大强度的 40%~60% 之间时，搏出量随运动强度的增加而增加，超出此范围后，搏出量达到最大并处于平台期，并且在力竭前不再发生变化。由于运动时心率和每搏输出量的显著增加，心输出量可从安静时的 5 L/min 增加到 25~30 L/min，运动员甚至可达 35~40 L/min。② 血液的重新分配。运动时，心输出量大幅度增加，但增加的量并不是按照安静时的比例在进行分配，而是通过体内调节机制，进行各器官血流量的重新分配。心脏以及运动的骨骼肌血流量明显增加，最高可接近总血流量的 90%；内脏器官、脑、肾等的血流量明显减少；皮肤的血流量在运动初期减少，随着肌肉产热的增加，皮肤血管舒张，血流量增多。③ 动脉血压的变化。当人体进行全身性耐力运动时，心输出量增加，血液重新分配，大量的骨骼肌血管平滑肌舒张，内脏血管平滑肌收缩，总的外周阻力变化不大甚至略有下降，因此，此时动脉血压的升高，主要表现为收缩压升高，舒张压不会显著升高，甚至会略有下降。

6. 运动员心脏由于长期的运动训练，表现出与普通人不同的特点，主要包括以下三个方面：① 运动性心脏肥大。其肥大程度与运动强度和持续时间有关，通常呈中等程度肥大。耐力运动员心脏肥大表现为全心扩大，伴有左心室室壁厚度的轻度增加，又称离心性肥大；而力量运动员的心脏肥大主要是心室壁厚度的增加，心腔容积的扩大不明显，称为向心性肥大。② 心脏内部结构重塑。心肌纤维直径增粗、肌小节长度增加、毛细血管增多变粗、线粒体增多变大、氧弥散距离缩短，线粒体内的 ATP 酶和琥珀酸脱氢酶的含量与活性提高，心肌细胞膜上的脂质分子改变，对钙离子的通透性增加，心肌细胞内的特殊分泌颗粒增多等等。心肌细胞的结构重塑，使心肌肥大的同时，其内部的血液供应、能量的产生以及神经调控能力均能与之相匹配，从而大大提高了心脏的泵血功能。③ 心脏功能显著增强。安静时，心跳徐缓有力，心率明显慢于一般人，搏出量大；在以规定的强度和时间完成定量负荷运动时，运动员心脏表现为心率的增幅小，而搏出量的增幅大，每分输出量的增幅亦较普通人小，表现出心泵功能的节省化现象；而在完成极限负荷运动时，运动员的心泵功能表现出较高的机能储备量，虽然有训练者所能达到的最大心率与无训练者差别不大，但搏出量却明显大于无训练者，普通人在剧烈运动时的最大心输出量约为 20~25 L/min，而运动员最大可达 40 L/min，表现出很高的心脏机能储备量。

（七）案例分析题

分析要点：小李的心脏功能明显优于小王，理由如下：① 安静状态下，小李和小王心脏的每分输出量差别不大，小李为 66×80 = 5 280（mL/min），小王为 70×75 = 5 250（mL/min），但相比较而言，小李表现为心跳徐缓有力。② 在定量负荷运动状态下，小李和小王的心脏功能显示出差异，小李的每分输出量为 160×(150−40) = 17 600（mL/min），小王的每分输出量为 180×(165−50) = 18 900（mL/min），相比较而言，小李不仅表现为心跳较慢且有力，而且还表现出在同样的运动负荷下心脏泵血功能更为节省化的优势。③ 在极限负荷 400 米跑后，二人心脏功能的差异更加明显，小李的每分输出量为 2 100×140 = 29 400（mL/min），小王的每分输出量为 200×130 = 26 000（mL/min），相比较而言，小李不仅表现为心力贮备大的优势，而且其最大心率亦较高，显示出心脏功能方面更好的先天优势。

综合以上三种状态，判定小李的心脏功能好于小王。

（南京师范大学　王竹影）

135

9

第九章 消化、吸收与排泄

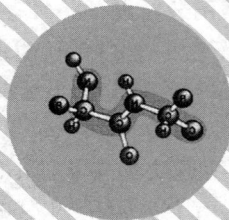

一、习题

（一）单选题

1. 盐酸是由胃的哪一种细胞所分泌（　　）

    A. 主细胞　　　　B. 壁细胞　　　C. 黏液细胞　　　　D. 幽门部 G 细胞

2. 下列哪一种细胞可分泌促胃液素（　　）

    A. 主细胞　　　　B. 壁细胞　　　C. 黏液细胞　　　　D. 幽门部 G 细胞

3. 胃蛋白酶原转变为胃蛋白酶的激活物是（　　）

    A. Cl^-　　　　　B. Na^+　　　　C. K^+　　　　　D. HCl

4. 正常人每日由各种消化腺分泌的消化液总量为（　　）

    A. 1~2 L　　　B. 2~3 L　　　C. 3~4 L　　　　D. 6~8 L

5. 人体内最大、最复杂的内分泌器官是（　　）

    A. 消化道　　　　B. 下丘脑　　　C. 腺垂体　　　　D. 心脏

6. 关于胃容受性舒张的正确叙述是（　　）

    A. 反射性地使胃体部肌肉舒张、胃容量增大

    B. 切断双侧迷走神经后仍出现

    C. 阿托品可抑制它的出现

    D. 是体液调节

7. 使胰蛋白酶原活化最重要的物质是（　　）

    A. HCl　　　　B. 肠致活酶　　C. Na^+　　　　D. 胰蛋白酶

8. 胆汁对脂肪的消化和吸收有促进作用，主要是由于它含有（　　）

    A. 脂肪酶　　　B. 胆红素　　　C. 胆盐　　　　D. 胆绿质

9. 引起胆囊收缩的重要体液因素是（　　）

    A. 促胃液素　　B. 胆囊收缩素　C. 促胰液素　　　D. 胆盐

10. 胆汁的主要作用是（　　）

    A. 促进脂肪的消化和吸收　　　B. 激活胃蛋白酶

    C. 激活胰蛋白酶原　　　　　　D. 分解蛋白质

11. 下列哪一种消化液不含消化酶（　　）

    A. 唾液　　　　B. 胃液　　　　C. 胰液　　　　D. 胆汁

12. 对脂肪和蛋白质消化作用最强的消化液是（　　）

    A. 唾液　　　　B. 胃液　　　　C. 胆汁　　　　D. 胰液

13. 消化道能够主动吸收胆盐和维生素 B_{12} 的部位是（　　）

    A. 十二指肠　　B. 空肠　　　　C. 回肠　　　　D. 结肠

14. 内因子的生理作用是（　　）

A. 激活胃蛋白酶原　　　　　　　　B. 促进蛋白质分解

C. 中和胃酸　　　　　　　　　　　D. 促进维生素 B_{12} 吸收

15. 在下列消化液中哪一种最为重要（　　　）

A. 唾液　　　　　B. 胃液　　　　　C. 胰液　　　　　D. 小肠液

16. 副交感神经兴奋可使（　　　）

A. 胃肠平滑肌收缩增强　　　　　　B. 胆道括约肌收缩增强

C. 回盲括约肌收缩增强　　　　　　D. 肛门内括约肌收缩增强

17. 能够使食糜与消化液充分混合，便于化学消化的小肠运动形式是（　　　）

A. 紧张性收缩　　B. 分节运动　　　C. 蠕动　　　　　D. 蠕动冲

18. 在大肠部位主要能吸收哪一种物质（　　　）

A. 葡萄糖　　　　B. 氨基酸　　　　C. 脂肪酸　　　　D. 水

19. 在小肠内水的主要吸收方式是（　　　）

A. 渗透　　　　　B. 单纯扩散　　　C. 易化扩散　　　D. 主动转运

20. 关于钙吸收的正确叙述是（　　　）

A. 食物中的钙大部分被吸收　　　　B. 维生素 D 可抑制钙吸收

C. 胆汁对钙吸收有促进作用　　　　D. 钙的吸收不需要消耗能量

21. 盐酸可促进小肠吸收哪种物质（　　　）

A. NaCl　　　　　B. 铁和钙　　　　C. 维生素 B_{12}　　　D. 葡萄糖

22. 糖、脂肪和蛋白质消化产物吸收的主要部位是（　　　）

A. 胃　　　　　　　　　　　　　　B. 十二指肠、空肠

C. 回肠　　　　　　　　　　　　　D. 结肠

23. 淀粉在小肠内被吸收的主要形式是（　　　）

A. 麦芽糖　　　　B. 果糖　　　　　C. 葡萄糖　　　　D. 蔗糖

24. 消化道平滑肌的主要特性是（　　　）

A. 有自动节律性　　　　　　　　　B. 不受神经支配

C. 不受体液因素影响　　　　　　　D. 对温度变化不敏感

25. 三种主要食物在胃中排空的速度由快到慢依次是（　　　）

A. 糖类、蛋白质、脂肪　　　　　　B. 蛋白质、糖类、脂肪

C. 脂肪、蛋白质、糖类　　　　　　D. 脂肪、糖类、蛋白质

26. 胃肠内容物通过消化道时，在下列哪一部分停留时间最长（　　　）

A. 胃　　　　　　B. 空肠　　　　　C. 回肠　　　　　D. 结肠

27. 人体可从呼吸器官排出的代谢产物是（　　　）

A. 胆色素　　　　　　　　　　　　B. CO_2、H_2O 和挥发性药物

C. 一部分 H_2O　　　　　　　　　D. 尿素、尿酸

28. 肾的基本功能单位是 （　　　）

　　A. 肾小球　　　　B. 肾小体　　　　C. 肾小管　　　　D. 肾单位

29. 人类两侧肾脏约有多少万个肾单位 （　　　）

　　A. 160～250　　B. 170～240　　C. 180～230　　D. 190～240

30. 两个肾脏的重量约 300 g，安静状态下肾血流量占心输出量的百分之多少 （　　　）

　　A. 5%～10%　　　　　　　　　B. 10%～15%

　　C. 15%～20%　　　　　　　　D. 20%～30%

31. 一般体循环的毛细血管压约为 20 mmHg，而肾小球毛细血管压可达多少 （　　　）

　　A. 50 mmHg　　　　　　　　　B. 60 mmHg

　　C. 70 mmHg　　　　　　　　　D. 80 mmHg

32. 肾小球滤过率是指每分钟两侧肾生成的哪一种液体的量 （　　　）

　　A. 原尿量　　　B. 滤液量　　　C. 终尿量　　　D. 尿量

33. 能使肾小球滤过率增加的因素是 （　　　）

　　A. 入球小动脉收缩　　　　　B. 出球小动脉收缩

　　C. 肾小球毛细血管血流量增加　D. 血浆胶体渗透压升高

34. 促使肾小球滤过的直接力量是 （　　　）

　　A. 组织液晶体渗透压　　　　B. 肾小囊内压

　　C. 肾小球毛细血管血压　　　D. 血浆胶体渗透压

35. 交感神经兴奋时，可使肾小球滤过率下降，其原因是由于 （　　　）

　　A. 平均动脉压降低　　　　　B. 滤过膜通透性降低

　　C. 囊内压升高　　　　　　　D. 肾血浆流量降低

36. 正常情况下肾小管能从滤液中全部重吸收的物质是 （　　　）

　　A. Na^+　　　B. 葡萄糖　　　C. H_2O　　　D. 肌酐

37. 下列哪种物质与葡萄糖的重吸收密切相关 （　　　）

　　A. Na^+ 的重吸收　　　　　B. Ca^{2+} 的重吸收

　　C. Cl^- 的重吸收　　　　　D. K^+ 的重吸收

38. 通过肾脏滤过的葡萄糖，可在哪一部位重吸收 （　　　）

　　A. 近曲小管　　B. 远曲小管　　C. 远球小管　　D. 集合管

39. 远曲小管和集合管对水的重吸收主要受哪一物质的调节 （　　　）

　　A. 血管紧张素　　B. 肾素　　　C. 醛固酮　　　D. 抗利尿激素

40. 下列哪一组物质是在近球小管被全部重吸收 （　　　）

　　A. 葡萄糖、氨基酸、维生素　B. H_2O、Na^+、Cl^-、K^+

C. 尿素、尿酸 D. 肌酐

41. 肾小管上皮细胞 H^+-Na^+ 交换增强时，可使血液中（　　）
    A. Na^+ 降低　　　　B. H^+ 升高　　　　C. K^+ 降低　　　　　D. K^+ 升高

42. 肾脏分泌和排泄的 NH_3 直接来源于哪种物质（　　）
    A. 谷氨酸　　　　B. 天冬氨酸　　　C. 谷氨酰胺　　　　D. 丙氨酸

43. 正常人安静时尿液中只有极微量的蛋白质，约为（　　）
    A. 2.0 mg%　　B. 3.0 mg%　　　C. 1.5 mg%　　　　D. 1.0 mg%

44. 人体绝大多数代谢产物是由肾脏排出，但排泄物中不包含（　　）
    A. 尿素　　　　B. 尿酸　　　　　C. 肌酐　　　　　　D. CO_2

45. 下列哪一种生物活性物质不能被肾脏所分泌（　　）
    A. 促红细胞生成素　　　　　B. 前列腺素
    C. 维生素 D_3　　　　　　　D. 利尿素

46. 肾脏在人体代谢过程中发挥着重要的作用，其主要的功能是（　　）
    A. 调节水和血浆渗透压　　　B. 排出体内毒素
    C. 分泌激素和排出原尿　　　D. 分泌激素和排出代谢产物

47. 尿液是通过肾脏的哪些部位生成（　　）
    A. 肾单位和肾小管　　　　　B. 肾小体和肾小管
    C. 肾小球和集合管　　　　　D. 肾单位和集合管

48. 肾脏调节水平衡的主要途径是通过改变什么的含量而实现（　　）
    A. 肾血浆流量　　　　　　　B. 肾小球滤过率
    C. 近球小管的重吸收量　　　D. 远曲小管和集合管的重吸收量

49. 下列哪一渗透压的改变可促进肾脏对尿液的浓缩（　　）
    A. 血浆晶体渗透压升高　　　B. 血浆胶体渗透压升高
    C. 血浆晶体渗透压下降　　　D. 血浆胶体渗透压下降

50. 血浆中 NaCl 的浓度升高，主要影响（　　）
    A. 肾小球滤过　　　　　　　B. 近曲小管对水的重吸收
    C. 髓袢对水的重吸收　　　　D. 远曲小管和集合管对水的重吸收

51. 肾小管周围毛细血管血压较低，主要适应于（　　）
    A. 肾小管耗氧量低　　　　　B. 肾小球滤过作用
    C. 肾小管周围组织耗氧量低　D. 肾小管重吸收功能

52. 剧烈运动时，尿量减少的主要原因是（　　）
    A. 体循环动脉血压下降　　　B. 醛固酮分泌增多
    C. 肾脏的血流量减少　　　　D. 血浆胶体渗透压升高

53. 大量饮水后可使抗利尿激素分泌减少，主要原因是（　　）

A. 血量增多   B. 动脉血压增高

C. 血浆晶体渗透压降低   D. 血管紧张素 Ⅱ 减少

54. 激烈运动时，肾脏血流量（   ）

A. 增加   B. 减少   C. 不变   D. 无规律

55. 尿液中含有许多物质，其中最主要成分是（   ）

A. 尿素   B. 尿酸   C. 水   D. 无机盐

56. 原尿中的成分与血浆相比所不同的是（   ）

A. 葡萄糖的含量   B. K^+ 的含量

C. 蛋白质的含量   D. Na^+ 的含量

57. 正常人尿液的 pH 为 4.8~7.4，剧烈运动时尿液成分会发生明显的变化，呈现为（   ）

A. 碱性   B. 酸性   C. 中性   D. 不一定

58. 运动性蛋白尿产生的主要原因是（   ）

A. 准备活动不足   B. 运动负荷量大

C. 运动训练水平低   D. 饮水少

（二）判断题

1. 胃酸进入小肠可抑制胰液和胆汁的分泌。（   ）

2. 消化道平滑肌对电刺激敏感性较高，而对化学性刺激敏感性较低。（   ）

3. 刺激副交感神经可促进胃肠运动和消化液的分泌。（   ）

4. 蛋白质食物具有强烈的刺激胃液分泌的作用。（   ）

5. 唾液分泌的调节完全是神经反射性的。（   ）

6. 维生素 D_3 因为能促使肠黏膜细胞合成钙结合蛋白而促进 Ca^{2+} 的吸收。（   ）

7. 肾脏的皮质肾单位入球小动脉的口径比出球小动脉略粗 1 倍，使肾小球内血压较高，有利于肾小球的滤过。（   ）

8. 在肾脏血浆中的物质能否通过滤过膜，取决于物质分子量的大小。（   ）

9. 动脉血压升高、肾小球毛细血管血压升高，可使肾小球滤过率增加。（   ）

10. 葡萄糖的重吸收部位仅限于近曲小管，其他各段均没有重吸收葡萄糖的能力。（   ）

11. 肾糖阈愈高，表明肾小管对葡萄糖重吸收能力愈小。（   ）

12. 远曲小管和集合管处存在 H^+-Na^+ 和 K^+-Na^+ 交换，两者之间存在着协同作用。（   ）

13. 终尿中的 Na^+ 和 K^+，是没有完全重吸收而剩余部分。（   ）

14. 髓袢升支粗段主动重吸收 NaCl 和尿素，形成外髓部渗透梯度。（　　）

15. 小管液中溶质浓度升高，渗透压增大，对水的重吸收增加，尿量增多。（　　）

16. 醛固酮具有保 Na^+ 排 K^+ 的作用。（　　）

17. 两个肾脏的重量约 500 g，与心脏的重量相似，约占体重的 0.6%。（　　）

18. 肾脏的血液直接来自腹主动脉的分支——肾动脉。（　　）

19. 通常所说的肾血流量，主要指肾髓质的血流量。（　　）

20. 肾脏的血液循环特点是血液经过两次小动脉和形成一套毛细血管网。（　　）

21. 一个肾单位的肾小管和集合管全长 50~60 mm。（　　）

22. 葡萄糖、氨基酸、Na^+、K^+、Ca^{2+} 都是主动重吸收。（　　）

23. 远曲小管分泌 H^+、K^+、NH^{4+}，可调节体液的离子浓度和酸碱平衡。（　　）

24. 尿中的无机盐中主要是 NaCl，其余有硫酸盐、磷酸盐、钾盐和氨盐等。（　　）

25. 如果肾小管重吸收率减少 1%，尿量就增加一倍。（　　）

26. 正常人安静时尿中只有极微量的蛋白质，为 5mg% 左右。（　　）

27. 肾脏的基本结构和功能单位是肾小体。（　　）

28. 血液由肾动脉流至肾静脉，其间两次通过毛细血管。（　　）

29. 肾脏的唯一功能是通过泌尿排出机体的大量代谢产物。（　　）

30. 当肾小球滤过率增加时，近球小管的重吸收率降低。（　　）

（三）填空题

1. 通过消化道肌肉的运动将食物磨碎，使之与消化液混合并向消化道的远端推送的消化方式称为_____消化；通过消化腺分泌的消化酶来完成的消化方式称为_____消化。

2. 消化器官除消化和吸收功能外，还有_____和_____功能。

3. 人的消化腺包括_____、_____、_____、_____和小肠腺。

4. 消化道平滑肌一般特性有：_____、_____、_____和对化学、温度及机械牵张刺激较为敏感，兴奋性较低。

5. 交感神经兴奋时，可使消化道活动_____；副交感神经兴奋时，能使消化道活动_____。

6. 胃运动的形式有_____、_____和蠕动。

7. 人体最重要的消化、吸收部位是_____最重要的消化液是_____。

8. 小肠运动的形式有_____、_____和蠕动。

9. 胃蛋白酶原是由_____细胞合成的；胃液中能激活胃蛋白酶原的成分是_____。

10. 胃液是无色而呈酸性反应的液体，其 pH 为_____。

11. 胆囊的主要功能是_____和_____。

12. 胃排空最快的食物是_____，排空最慢的是_____。

13. 容受性舒张是_____特有的运动形式，混合食物由胃完全排空通常需要_____小时。

14. 消化和吸收的重要部位是_____，其中回肠可主动吸收_____和_____。

15. 脂肪在小肠的吸收途径主要是通过_____。

16. 内因子有促进回肠上皮细胞吸收_____的作用。

17. 机体的排泄途径有呼吸器官、_____、_____和_____，其中最重要的排泄途径为肾。

18. 肾脏的基本功能单位为_____，由_____和_____两部分构成。

19. 肾小体包括_____和包在它外面的_____，主要分布于肾皮质。

20. 肾小管分为_____、_____、_____三段，主要分布于肾髓质。

21. 肾脏的血液流量分配不均，其中皮质血流量_____，髓质血流量_____。

22. 供应肾单位血液的两套毛细血管网是_____和_____。

23. 肾脏的主要功能是_____，此外还具有_____功能。

24. 肾小球滤过膜由_____、_____和肾小囊脏层上皮细胞所组成。

25. 肾小球有效滤过压等于_____、_____和肾小囊静水压的代数和。

26. 肾小球滤过的主要动力是_____。

27. 影响肾小球滤过的主要因素是：_____、_____、_____和肾血浆流量。

28. 正常情况下，带_____电荷的小分子物质易被肾小球滤过，而带_____电荷的小分子物质不易被肾小球滤过。

29. HCO_3^- 的重吸收是以_____形式进行的。

30. 肾小管重吸收的特点有_____、不同部位肾小管的重吸收功能不同和_____。

31. 影响肾小管和集合管重吸收的因素有_____、_____和肾小管上皮细胞的功能。

32. 大量出汗尿量减少，主要因血浆晶体渗透压_____，使抗利尿激素分泌_____所致。

33. 引起抗利尿激素释放的有效刺激是_____和_____。

34. 尿生成包括_____、_____和肾小管分泌和排泄三个过程。

35. 正常人每昼夜排出的尿量一般约为_____。

36. 运动后尿量主要受_____、_____、_____、_____和饮水量等因素影响。

37. 通过检测运动员运动后的蛋白尿，可以用作评定运动_____和_____的方法之一。

38. 运动性血尿受_____、_____、运动强度、身体适应能力和环境等因素的影响。

39. 随着负荷量的增加尿蛋白出现的阳性率也随着_____；训练适应后，同样负荷下尿蛋白排泄量_____。

40. 冬泳后尿蛋白的阳性率_____；高原条件下，尿蛋白阳性率_____。

（四）名词解释

1. 消化

2. 吸收

3. 机械性消化

4. 化学性消化

5. 容受性舒张

6. 胃肠激素

7. 紧张性收缩

8. 排泄

9. 肾单位

10. 血红蛋白尿

11. 肾糖阈

12. 分泌作用

13. 肾小球滤过率

14. 有效滤过压

15. 肾小管重吸收

16. 运动性蛋白尿

17. 运动性血尿

（五）简述题

1. 简述唾液的生理作用。

2. 简述胃酸的生理作用。

3. 为什么说小肠是消化和吸收的主要部位？

4. 为什么在生理情况下胃液不消化胃黏膜？

5. 为什么生理情况下胰液不消化胰腺本身？

6. 胆汁有哪些生理作用？

7. 简述消化液的主要功能。

8. 试述胰液的性质、成分和作用。

9. 简述人体排出体内代谢产物和异物的途径。

10. 简述肾脏的功能。

11. 简述尿液生成的基本过程。

12. 简述影响肾小球滤过的主要因素。

13. 简述大量出汗引起尿量减少的机制。

14. 简述长跑后尿量减少的原因。

（六）论述题

1. 试述消化道平滑肌的一般特性。

2. 试述胃液的性质、成分和作用。

3. 试述肾脏的血液循环过程及特点。

4. 试述运动性蛋白尿的成因及影响因素。

5. 试述运动性血尿的成因及影响因素。

（七）案例分析

在某些运动队，尽管运动员的伙食标准很高，且营养配餐也很全面，但有些运动员仍然会出现运动性营养不良，请你从生理学的角度分析造成这种现象的可能原因。

二、参考答案

（一）单项选择题

1. B　2. D　3. D　4. D　5. A　6. A　7. B　8. C　9. B　10. A

11. D　12. D　13. C　14. D　15. C　16. A　17. B　18. D　19. A　20. C

21. B　22. B　23. C　24. A　25. A　26. B　27. B　28. D　29. B　30. D

31. B　32. C　33. C　34. C　35. B　36. D　37. A　38. A　39. D　40. A

41. C　42. C　43. A　44. D　45. D　46. D　47. D　48. D　49. A　50. D

51. D 52. C 53. C 54. B 55. C 56. C 57. B 58. B

（二）判断题

 1. 错 2. 错 3. 对 4. 对 5. 对 6. 对 7. 对 8. 对 9. 错 10. 对

11. 错 12. 错 13. 错 14. 错 15. 错 16. 对 17. 错 18. 对 19. 错 20. 错

21. 对 22. 对 23. 对 24. 错 25. 对 26. 错 27. 错 28. 对 29. 错 30. 错

（三）填空题

1. 机械性，化学性

2. 内分泌，免疫

3. 唾液腺，胃腺，胰腺，肝脏

4. 自动节律性运动，伸展性，紧张性收缩

5. 减弱，增强

6. 容受性舒张，紧张性收缩

7. 小肠，胰液

8. 紧张性收缩，分节运动

9. 主，盐酸

10. 0.9~1.5

11. 贮存，浓缩胆汁

12. 糖类，脂肪类

13. 胃，4~6

14. 小肠，胆盐，维生素 B_{12}

15. 淋巴系统

16. 维生素 B_{12}

17. 肾脏，大肠，皮肤

18. 肾单位，肾小体，肾小管

19. 肾小球，肾小囊

20. 近曲小管，髓袢，远曲小管

21. 较多，较少

22. 肾小球毛细血管网，肾小管周围毛细血管网

23. 泌尿，内分泌

24. 肾毛细血管内皮细胞，基膜

25. 肾小球毛细血管血压，血浆胶体渗透压

26. 肾小球有效滤过压

27. 滤过膜的通透性，滤过面积，有效滤过压

28. 正，负

29. CO_2

30. 重吸收的选择性，重吸收的有限性

31. 小管液中溶质的浓度，肾小球滤过率

32. 升高，增加

33. 血浆晶体渗透压升高，循环血量减少

34. 肾小球滤过，肾小管与集合管的重吸收

35. 1.5 L

36. 气温，运动强度，运动持续时间，排汗

37. 负荷量，运动强度

38. 运动项目，负荷量

39. 增加，减少

40. 上升，上升

（四）名词解释

1. 食物在消化道内被分解为可吸收的小分子物质的过程称为消化。

2. 食物消化后的小分子物质，通过消化道黏膜进入血液和淋巴的过程称为吸收。

3. 机械性消化是指通过消化道肌肉的运动，将食物磨碎，使之与消化液充分混合，并不断向消化道远端推送的过程。

4. 化学性消化是指通过消化液中消化酶的作用，将食物分解为小分子物质的过程。

5. 由进食刺激反射性引起胃底和胃体前部平滑肌的舒张，称为容受性舒张。

6. 由胃肠道内分泌细胞所分泌的激素，称为胃肠激素。

7. 消化道平滑肌常处于一种缓慢而持久的收缩状态，称为紧张性收缩。

8. 机体将物质代谢产物、进入机体内的异物和有害物质以及摄入的过剩物质，经血液循环通过一定途径排出体外的过程，称为排泄。

9. 肾单位是指肾脏基本的机能和结构单位，每个肾单位包括肾小体和肾小管两部分，人类两侧肾脏共约有170~240万个肾单位。

10. 当Hb被大量破坏，其浓度超过了与结合珠蛋白所能结合的量时，未结合的Hb进入滤液，从尿中排出，这种尿液称为血红蛋白尿。

11. 肾脏能够重吸收葡萄糖的最高限值，称为肾糖阈，正常值为160~180 mg/dL。

12. 肾小管与集合管上皮细胞将自身新陈代谢的产物分泌到小管液中的过程，称分泌作用。

13. 单位时间内两侧肾脏生成的滤液（原尿）总量，称为肾小球滤过率，正常值为 125 mL/min。

14. 肾小球有效滤过压是肾小球滤过作用的动力，有效滤过压 = 肾小球毛细血管血压 − (血浆胶体渗透压 + 肾小囊内压)。

15. 肾小管重吸收是指原尿或小管液流经肾小管和集合管时，其中的某些成分通过上皮细胞重新回到血液的过程。

16. 正常人在运动后出现的一过性蛋白尿称为运动性蛋白尿。

17. 正常人在运动后出现的一过性、显微镜下或肉眼可见的血尿称为运动性血尿。

（五）简述题

1. 唾液主要具有：湿润和清洁口腔、溶解食物、抗菌、消化淀粉和排泄等生理作用。

2. 胃酸的生理作用有：① 将无活性的胃蛋白酶原激活成有活性的胃蛋白酶，并为胃蛋白酶的消化提供适宜的酸性环境。② 分解食物中的结缔组织和肌纤维，使食物蛋白质变性，易于分解。③ 可杀灭随食物进入胃内的细菌。④ 进入小肠后促进促胰液素、缩胆囊素的释放，有利于胰液、胆汁和小肠液的分泌。⑤ 在小肠内与钙和铁结合成可溶性盐，有利于铁和钙的吸收。

3. 与消化系统其他部位相比较，小肠是消化和吸收的主要部位，其原因有 3 点：一是分泌排入小肠中的消化液种类多、数量大、消化酶种类齐全，有胰液、胆汁和小肠液，并含有消化三大营养物质的酶，对食物可进行彻底的消化；二是食物在小肠中已被分解成适于吸收的小分子物质；三是食物在小肠内停留的时间较长，加之又有巨大的吸收面积，可对食物进行充分的吸收。

4. 因为胃黏液屏障（黏液 − 碳酸氢盐屏障）能有效地保护胃黏膜。正常情况下，胃黏膜表面覆盖有一层厚约 500 μm 的黏液层，其中含有 HCO_3^-，并形成一个跨黏膜层的 pH 梯度，HCO_3^- 能够中和 H^+，避免了 H^+ 对胃黏膜的直接消化作用，也使胃蛋白酶原在胃黏膜上皮细胞侧不能被激活，从而有效地防止了胃蛋白酶对胃黏膜的消化作用。

5. 因为刚分泌出来的胰蛋白酶原和糜蛋白酶原无活性，进入十二指肠后，在肠激酶的作用下才被激活成有活性的蛋白酶。胰腺还分泌胰蛋白酶抑制物，它可与胰蛋白酶结合，抵抗由于少量胰蛋白酶在胰腺内所发生的自身消化作用，从而保护了胰腺。

6. 胆汁的生理作用：① 胆汁中的胆盐、胆固醇和卵磷脂等都可作为乳化剂，降低脂肪的表面张力，增大胰脂酶的作用面积。② 胆汁中的胆盐可聚合成微胶粒，与肠腔中的脂肪分解产物形成水溶性复合物，作为运载工具，促进脂肪消化产物的吸收。同时，对脂溶性维生素 A、D、K、E 的吸收也有促进作用。③ 十二指肠中的胆汁和一部分胃酸，还是促进胆汁自身分泌的一个体液因素。

7. 消化液的主要功能：① 稀释并溶解食物，使其渗透压与血浆相等，有利于消化和吸收。② 改变消化道腔内 pH，为消化酶发挥作用提供适宜环境。③ 消化液中的消化酶能水解食物中复杂的大分子物质成为可被吸收的小分子物质。④ 所含的黏液、抗体等能保护消化道黏膜，防止机械、化学和生物因素的损害。

8. 胰液是无色透明、无味的碱性液体，pH 为 7.8~8.4。胰液中除含有大量水外，还含有 HCO_3^-、胰淀粉酶、胰脂肪酶和胰蛋白酶。HCO_3^- 可中和进入十二指肠的胃酸和为小肠内提供最适 pH；胰淀粉酶可水解淀粉、糖原和大部分其他碳水化合物为双糖和少量的单糖；胰脂肪酶在辅酶的帮助下，可分解甘油三酯为脂肪酸、甘油一酯和甘油；胰蛋白酶主要包含胰蛋白酶和糜蛋白酶，以无活性的酶原形式分泌，被激活后，能分别分解蛋白质为胨和胨，当两种酶共同作用时，可将蛋白质分解为小分子的多肽和氨基酸。

9. 人体排出代谢产物和异物的途径有：① 呼吸器官。主要排出 CO_2、H_2O 和挥发性药物，以气体形式随呼气排出。② 消化道。肝脏代谢产生的胆色素，通过胆汁排入肠管（在肠管中转化为尿胆素和粪胆素），以及经肠黏膜排出的一些无机盐，如钙、镁、铁、磷等，排出物混合于粪便中随粪便排出。③ 皮肤。主要是以汗腺泌汗的形式排出一部分 H_2O、少量尿素和盐。④ 肾脏：主要以尿液的形式排出各种代谢产物，如尿素、尿酸、肌酐、H_2O 和盐类等，肾脏排出的物质种类最多，数量最大。

10. 肾脏主要有以下几个功能：① 排泄。肾脏可以通过肾小球滤过、肾小管和集合管的重吸收以及肾小管和集合管的分泌和排泄作用，把体内各种代谢产物与对机体无用或有害的物质以尿液形式排出体外。② 内分泌。肾单位周围的一些组织细胞可以产生多种生物活性物质，如促红细胞生成素（EPO）、肾素、1α-羟化酶、1，25-二羟化维生素 D_3、激肽、前列腺素等。因此，肾脏参与调节血压、促进红细胞生成、促进肠道对 Ca^{2+} 的吸收，增强骨骼生长发育等生理过程。③ 保持水平衡。当人体水含量多或少时，反射性地使抗利尿激素和醛固酮的分泌减少或增加，以减少或增加肾脏远曲小管和集合管对水的重吸收，使尿量增加或减少，以维持机体水的平衡。④ 保持酸碱平衡。肾脏可通过对肾小球滤液中 $NaHCO_3$ 的重吸收、尿的酸化以及铵盐的形成，达到"排氢保钠"的作用，使血浆和尿液 pH 保持在一定范围内。

11. 肾脏生成尿液的基本过程是：① 肾小球的滤过作用。血液流经肾小球时，血浆中的水、无机盐和小分子有机物，在有效滤过压的推动下透过滤过膜进入肾小囊，形成滤液（原尿）。② 肾小管和集合管选择性地重吸收作用，使原尿中对机体需要的物质，如葡萄糖、氨基酸等可全部被肾小管重吸收回血液；H_2O、Na^+、K^+、Cl^- 等绝大部分被肾小管和集合管重吸收，尿素只吸收小部分。③ 肾小管和集合管的分泌和排泄作用。可向小管液中排出 H^+、K^+ 和 NH_3 等物质。通过肾小管和集合管的重吸收和分泌作用，使原尿的量和质发生了显著变化，形成终尿。

12. 影响肾小球滤过的因素主要有：① 肾小球滤过膜的通透性和面积。当通透性改变或面积减少时，可使尿液的成分改变或尿量减少。② 肾小球有效滤过压改变。当肾小球毛细血管血压显著降低（如大失血）或囊内压升高（如输尿管结石）时，可使有效滤过压降低，尿量减少。如果血浆胶体渗透压降低，则有效滤过压升高，尿量增多。③ 肾血流量。肾血流量大时，滤过率高，尿量增多。反之尿量减少。

13. ① 汗液是低渗性液体，大量出汗引起血浆晶体渗透压增高，刺激下丘脑渗透压感受器兴奋，反射性引起下丘脑-神经垂体系统合成、释放的血管升压素增多，远端小管和集合管对 H_2O 的重吸收增加，使尿量减少。② 大量出汗使机体有效循环血量减少，引起对心房和大静脉处容量感受器刺激减弱，使下丘脑-神经垂体系统合成、释放的血管升压素增多，肾小管对 H_2O 重吸收增加，使尿量减少。③ 肾内入球小动脉内血流量减少，对入球小动脉壁的牵张刺激减弱，使肾素释放增加，通过肾素-血管紧张素-醛固酮系统引起血浆醛固酮增多，增强远曲小管和集合管对 Na^+、H_2O 的重吸收，使尿量减少。

14. 人体运动后尿量的多少主要受运动环境的气温、运动强度、运动持续时间、泌汗和饮水量等因素影响。当人体进行长跑运动时，由于运动持续时间较长，运动中大量泌汗，加之运动时血液的重新分配，使肾脏血流量减少。因此，运动员在长时间运动后常常在一段时间内会出现尿量减少的现象。

（六）论述题

1. 消化道平滑肌除具有肌肉组织的共同特性外，尚有其自身的功能特性，表现为：① 兴奋性低，收缩缓慢。消化道平滑肌与骨骼肌相比兴奋性较低，收缩的潜伏期、缩短期、舒张期均较长。② 自动节律性。消化道平滑肌在离体后，置于适宜的环境中，仍能进行自动节律性收缩，其节律缓慢、不规则。③ 紧张性。消化道平滑肌经常保持轻微的持续收缩状态，这与保持消化道腔内一定的基础压力、维持胃肠等器官的形态和位置有关。④ 富有伸展性。消化道平滑肌能适应需要进行很大程度的伸展。这使中空的容纳器官（特别是胃）能多容纳食物而不发生明显的压力变化。⑤ 对化学、温度、机械牵张刺激较为敏感。消化道平滑肌对电刺激不敏感，用单个电刺激平滑肌往往不引起收缩，但对温度、化学、机械牵张等刺激的敏感性很高。例如，温度下降，平滑肌活动减弱；微量的乙酰胆碱能引起其收缩，微量的肾上腺素则使其舒张。

2. 胃液是无色、透明的酸性液体，pH 为 0.9~1.5。胃液中除含有大量水外，还含有盐酸、胃蛋白酶原、黏液和内因子等物质。每种物质的作用为：① 盐酸。由壁细胞分泌，可激活胃蛋白酶原；提供最适 pH；使食物中蛋白质变性；抑菌和杀菌；进入小肠后，引起促胰液素、缩胆囊素等激素释放，促进胰液、胆汁、小肠液分泌；有助于钙和铁在小肠的吸收。② 胃蛋白酶原。主要由主细胞分泌。在胃酸及已经具有活性的胃蛋白酶的作用下被激活，水解食物中的蛋白质，形成胨、少量的氨基酸和多肽。③ 黏液。覆盖在胃黏膜表面形成凝胶层，减少食物对胃黏膜的机械损伤，与胃黏膜分泌的 HCO_3^- 共同构成"黏液-碳酸氢盐屏障"，对保护胃黏膜免受胃酸和胃蛋白酶的侵蚀有重要作用。④ 内因子。可与维生素 B_{12} 结合形复合物，保护其免受小肠内水解酶的破坏，当复合物运至回肠后，便与回肠黏膜受体结合而促进维生素 B_{12} 的吸收。

3. 肾脏的血液直接来自腹主动脉的分支肾动脉，其中约 94% 的血液分布在皮质，其余供应髓质，所谓肾血流量主要是指肾皮质的血流量。肾脏的血液循环由肾动脉开始，经逐级分支后进入肾小体成为入球动脉，再分支成肾小球毛细血管网，然后汇合成出球小动脉。入球小动脉粗而短，出球小动脉细而长，入球小动脉的口径是出球小动脉口径的 2 倍，这使肾小球毛细血管血压可达 60 mmHg（一般体循环的毛细血管压约 20 mmHg）；出球小动脉离开肾小体，再次分支形成第二次毛细血管网，缠绕在肾小管和集合管的周围，吸收来自肾小管和集合管滤液中的各种物质，最后汇合成肾静脉出肾。因此，肾脏的血液循环特点是血液经过两次小动脉（入球和出球小动脉）和形成两套毛细血管网（肾小球和肾小管处的毛细血管网）。

4. 正常人在运动后出现的一过性蛋白尿称为运动性蛋白尿。形成的原因可归纳为：① 运动性乳酸增多引起血浆蛋白质体积缩小，肾小管上皮细胞肿胀，蛋白质被滤过到尿中。② 运动酸性物增多导致正电荷增多，促使带正电的蛋白质容易透过带负电的肾小球滤过膜，进入滤液中。③ 激烈运动，使肾脏受到机械性损伤引起。④ 剧烈运动时，肾血管收缩引起血流停滞，肾小球毛细血管压升高，从而促使蛋白质滤过。⑤ 由于肾小球毛细血管扩张及被动充血、肾小管上皮细胞变性，造成肾脏血循障碍，引起缺血、缺氧，毛细血管通透性增加，致使尿中出现尿蛋白。

影响因素主要有：① 运动项目。进行长距离跑、游泳、自行车、足球、赛艇等运动后，运动员出现蛋白尿的阳性率高，排泄量也较大。而短时间内完成的运动项目，如体操、举重、射箭等运动员出现蛋白尿的阳性率低。② 负荷量和运动强度。在同一运动项目中，随着负荷量的增加，尿蛋白出现的阳性率和排出量随之增加。在大负荷训练过程中，运动员开始阶段尿蛋白排泄量较多，坚持一段时间后，完成相同的负荷量时，尿蛋白排泄量减少。③ 个体差异。运动性蛋白尿的个体差异较大，在同样内容、同样负荷量后，有的人不出现蛋白尿，有的人则出现蛋白尿，而且排泄量的个体差异范围较大。④ 机能状况。当机能状况和适应性良好时，尿蛋白排量减少、恢复快。反之，则尿蛋白排量增加，恢复期延长。⑤ 年龄与环境。尿蛋白出现的比例随年龄的增加而降低。运动时外界的温度、海拔高度等因素，对尿蛋白的出现有显著影响。

5. 正常人在运动后出现的一过性显微镜下或肉眼可见的血尿称为运动性血尿。出现运动性血尿，可能是由于运动时肾上腺素和去甲肾上腺素的分泌增加，造成肾血管收缩，肾血量减少，出现暂时性肾脏缺血、缺氧和血管壁的营养障碍，从而使肾的通透性提高，使原来不能通过滤过膜的红细胞也发生了外溢，形成运动性血尿。另外，运动时肾脏受到挤压、打击，肾脏下垂，造成肾静脉压力增高，也能导致红细胞渗出，产生血尿。因此，运动性血尿可能是综合因素作用的结果。

影响运动性血尿的因素有运动项目、负荷量和运动强度、身体适应能力和环境等。一般进行跑步、跳跃、球类、拳击运动后，血尿的发生率较多；负荷量和运动强度增加过快时（如冬训、比赛开始阶段）血尿出现率也较多；身体适应能力下降（如过度训练）也会有大量的血尿产生；在严寒条件（如冬泳）和高原条件下的训练，也容易造成运动性血尿。

（七）案例分析

分析要点：① 经常在大运动量训练后，没有经过适宜的休息就接着用餐，造成对食物的摄入量减少和降低了对食物营养成分的消化与吸收。其原因是由于剧烈运动后，人的交感神经兴奋性高，而副交感神经兴奋性低，使得人体饥饿中枢兴奋性下降，降低了运动员的食欲，导致食物摄入不足。加之，运动时血液的"重新分配"，可导致胃肠道血流量较安静时下降约2/3，消化液分泌减少，使胃肠道收缩活动减弱、消化能力下降，影响了人体的吸收能力。因此，在剧烈运动结束后，要经过适当休息，待胃肠道供血量得到一定程度的恢复后再进餐，才能有利于食物的摄取、消化和吸收。② 经常在用餐后立刻进行运动训练，造成运动员的消化和吸收不良。因为饱餐后，胃肠道活动加强、消化液分泌增多、血供需求增加。若此时进行剧烈运动，同样会造成胃肠道的供血不足、机械活动下降，各种消化酶的合成和分泌减少，这不仅会影响消化和吸收，甚至可能因食物滞留造成胃膨胀，出现腹痛、恶心、呕吐及胃下垂等运动性胃肠道综合症状，从而影响运动员的消化和吸收能力。③ 运动员偏食、节食或有消化道疾病造成营养物质的摄入不足。

综上所述，造成运动员营养不良的原因虽有多种，但主要包括以上几点，应该引起教练员和运动员的高度重视。

（曲阜师范大学　刘洪珍）

10

第十章　身体素质

一、习题

（一）单选题

1. 肌肉工作所表现的各种能力称为身体素质，下列哪种素质又被称为基础素质（　　）

　　A. 力量　　　　　B. 速度　　　　　C. 灵敏　　　　　D. 柔韧

2. 肌肉受到外力牵拉而伸长时，受刺激的感受器是（　　）

　　A. 腱器官　　　B. 肌梭感受器　　C. 触觉感受器　　D. 压觉感受器

3. 肌肉在对抗阻力缩短收缩时，明显受刺激的感受器是（　　）

　　A. 腱器官　　　B. 肌梭感受器　　C. 触觉感受器　　D. 压觉感受器

4. 缺乏锻炼的人，肌肉在做最大用力收缩时，大约只能动员百分之多少的肌纤维同时参与收缩（　　）

　　A. 60%　　　　　B. 70%　　　　　C. 80%　　　　　D. 90%

5. 训练有素的运动员，肌肉在进行最大用力收缩时，能够动员百分之多少的肌纤维同时参与收缩（　　）

　　A. 60%　　　　　B. 70%　　　　　C. 80%　　　　　D. 90%

6. 正常成年男子肌肉重量约为体重的（　　）

　　A. 20%~25%　　B. 30%~35%　　C. 40%~45%　　D. 50%~55%

7. 正常成年女子肌肉重量约占体重的（　　）

　　A. 30%~35%　　B. 40%~45%　　C. 10%~15%　　D. 20%~25%

8. 人体每平方厘米的肌肉横断面积上，在最大用力条件下通常能产生多大的肌力（　　）

　　A. 1~2 kg　　　B. 3~8 kg　　　C. 10~15 kg　　D. 16~20 kg

9. 通过适当的负荷训练可以使肌肉的体积和力量得到明显的增长，其主要原因是（　　）

　　A. 肌肉中肌糖原贮备量增多　　　　B. 肌肉中收缩蛋白含量增多

　　C. 肌肉中 ATP 贮量增多　　　　　　D. 肌肉中调节蛋白含量增多

10. 在下列激素中哪一种对人体的力量影响最大（　　）

　　A. 生长激素　　B. 甲状腺激素　　C. 雄性激素　　D. 雌性激素

11. 负荷训练可引起肌肉肥大，其机制主要与哪一因素的改变有关（　　）

　　A. 肌纤维增粗　　　　　　　　B. 毛细血管增加

　　C. 肌红蛋白增多　　　　　　　D. 肌糖原含量增加

12. 为了有效地发展肌肉的最大力量，在一次负荷训练课中，身体各部位肌肉练习的合理顺序是（　　）

A. 大肌群训练在先，小肌群训练在后

B. 大肌群和小肌群训练不分前后

C. 小肌群训练在先，大肌群训练在后

D. 小肌群和大肌群训练穿插进行

13. 核心力量通常是指下列哪一部位的力量（　　　）

A. 大腿伸肌群　　　　　　　　B. 大腿屈肌群

C. 身体重心区　　　　　　　　D. 肩背部区域

14. 对静力性力量增长效果相对最好的训练方法是（　　　）

A. 等张练习　　　B. 等长练习　　　C. 等速练习　　　D. 等动练习

15. 下列哪种训练方法对关节稳定性的提高具有显著效果（　　　）

A. 等张练习　　　B. 等长练习　　　C. 等速练习　　　D. 离心练习

16. 被人们称之为肌肉"满负荷"状态的力量训练方法，通常是指哪一种练习（　　　）

A. 等张练习　　　B. 等长练习　　　C. 等速练习　　　D. 离心练习

17. 要有效地提高肌肉爆发力，采用哪种训练方法相对较好（　　　）

A. 等张练习　　　B. 等长练习　　　C. 等动练习　　　D. 超等长练习

18. 一次大负荷训练后，引起肌肉疼痛最明显的练习方法是（　　　）

A. 等张练习　　　B. 等长练习　　　C. 等速练习　　　D. 超等长练习

19. 下列选项中，哪一种不适宜作为发展速度素质的训练方法（　　　）

A. 注意肌肉放松能力　　　　　B. 采用 30~60 m 反复全速疾跑

C. 采用高血乳酸值的间歇跑　　D. 采用 6~10 RM 重量发展力量训练

20. 投掷运动员的器械出手速度，属于哪种速度（　　　）

A. 反应速度　　　B. 位移速度　　　C. 动作速度　　　D. 速度耐力

21. 大脑皮质神经过程的灵活性与快肌纤维百分组成，可以影响短跑运动员的（　　　）

A. 柔韧性　　　B. 供能能力　　　C. 步长和步频　　　D. 协调性

22. 在短跑运动员骨骼肌中，哪一种酶的活性最高（　　　）

A. 乳酸脱氢酶　　　　　　　　B. 琥珀酸脱氢酸

C. 苹果酸脱氢酶　　　　　　　D. 丙酮酸脱氢酶

23. 下列哪一因素不是决定步长的主要因素（　　　）

A. 大脑皮质神经过程的灵活性　　B. 下肢长

C. 下肢力量　　　　　　　　　　D. 髋关节柔韧性

24. 要提高人体的速度素质，应主要发展的供能系统是（　　　）

A. 乳酸能系统　　　　　　　　B. ATP-CP 系统

C. 有氧系统　　　　　　　　　D. 无氧供能系统

25. 800 m 跑运动员发展其专项素质，常用的训练方法是（　　）

　　A. 中等强度低血乳酸变速训练法

　　B. 高强度低血乳酸重复训练法

　　C. 中等轻度低血乳酸持续训练法

　　D. 大强度高血乳酸间歇性训练法

26. 田径竞赛项目中，运动员从听到发令枪声到启动所需的时间，称为（　　）

　　A. 动作速度　　　B. 反应速度　　　C. 力量速度　　　D. 位移速度

27. 机体在糖无氧酵解供能的条件下，长时间进行运动的能力称之为（　　）

　　A. 一般耐力　　　B. 力量耐力　　　C. 有氧耐力　　　D. 无氧耐力

28. 速度练习主要能发展大脑皮质神经过程的哪一特性（　　）

　　A. 强度　　　　　B. 灵活性　　　　C. 均衡性　　　　D. 稳定性

29. 优秀运动员下肢肌肉中乳酸脱氢酶的活性，以哪一项目最高（　　）

　　A. 超长跑　　　　B. 中长跑　　　　C. 长跑　　　　　D. 短跑

30. 在剧烈运动中，成为制约机体有氧运动能力的关键因素是（　　）

　　A. 血液黏滞性升高　　　　　　　B. 肺泡通气量储备不足

　　C. 心力储备不足　　　　　　　　D. 慢肌纤维有氧氧化酶活性降低

31. 耐力性项目运动员的最大摄氧量增高，其主要原因是（　　）

　　A. 心脏泵血功能增强　　　　　　B. 慢肌纤维的百分比含量增高

　　C. 血液运氧能力增强　　　　　　D. 肝脏对乳酸的清除能力增强

32. 长期的有氧耐力训练，可以提高机体哪一种能源物质的供能能力（　　）

　　A. 葡萄糖　　　　B. 脂肪　　　　　C. 蛋白质　　　　D. 磷酸肌酸

33. 下列哪一指标可作为有氧耐力运动员选材的有效生理指标（　　）

　　A. 最大摄氧量　　B. 乳酸阈　　　　C. 最大需氧量　　D. 通气阈

34. 乳酸阈是评定有氧耐力的一个重要指标，可反映机体（　　）

　　A. 肺通气功能　　　　　　　　　B. 外周组织利用氧的能力

　　C. 肺换气功能　　　　　　　　　D. 中枢组织利用氧的能力

35. 在递增负荷运动中，当血乳酸含量达到 4 mmol/L 时，血乳酸浓度将出现（　　）

　　A. 急剧下降　　　B. 急剧增加　　　C. 不变　　　　　D. 变化不明显

36. 在运动后的恢复期，各器官的功能水平并不能立即恢复到安静状态，此时机体所消耗的氧量可称之为（　　）

　　A. 氧亏　　　　　　　　　　　　B. 运动后过量氧耗

C. 摄氧量　　　　　　　　　　　D. 需氧量

37. 在递增负荷运动中，引起机体通气量急剧增加的一个重要因素是（　　　）

A. 心力储备不足　　　　　　　　B. 肺泡通气量储备不足

C. 缺氧　　　　　　　　　　　　D. 血液黏滞性升高

38. 在递增负荷运动中，如果血乳酸浓度达到 4 mmol/L，此时机体的摄氧量约为最大摄氧量的（　　　）

A. 20% ~ 40%　　B. 60% ~ 80%　　C. 90%　　　　D. 100%

39. 人体从事于下列哪一运动项目的血乳酸阈值较高（　　　）

A. 短跑　　　　B. 长跑　　　　C. 体操　　　　D. 举重

40. 由于个体的差异，人体乳酸阈值并不都是 4 mmol/L，而是有一个变动范围，其变化范围是（　　　）

A. 1 ~ 2 mmol/L　　　　　　　　B. 3 ~ 4 mmol/L

C. 5.1 ~ 7.5 mmol/L　　　　　　D. 1.4 ~ 7.5 mmol/L

41. 下列哪一选项是评价人体有氧耐力训练效果的有效生理指标（　　　）

A. 最大心率　　　　　　　　　　B. 最大心输出量

C. 乳酸阈　　　　　　　　　　　D. 运动后过量氧耗

42. 影响运动后过量氧耗的因素不包含下列哪一选项（　　　）

A. 体温升高　　　　　　　　　　B. 甲状腺素和糖皮质激素

C. 儿茶酚胺　　　　　　　　　　D. 肌纤维横断面积

43. 体重较轻者从事于马拉松、滑雪等长时间的耐力运动项目较为有利，其运动成绩与下列哪一选项密切相关（　　　）

A. 最大摄氧量相对值　　　　　　B. 最大摄氧量绝对值

C. 最大摄氧量利用率　　　　　　D. 最大摄氧量百分率

44. 下面哪种感觉与人体的平衡能力关系不大（　　　）

A. 位觉　　　　B. 本体感受　　　C. 视觉　　　　D. 触觉和压觉

45. 下列哪一选项不属于灵敏素质的生理学基础（　　　）

A. 关节的活动范围　　　　　　　B. 大脑皮质的机能状态

C. 感觉器官机能状态　　　　　　D. 运动技能的熟练程度

46. 柔韧性的好坏主要决定于（　　　）

A. 关节的结构、关节周围软组织的伸展性和骨骼肌的爆发力

B. 关节的结构、关节周围软组织的伸展性和运动技能的熟练程度

C. 关节的结构、关节周围软组织的伸展性和关节周围组织的体积

D. 关节的结构、关节周围软组织的伸展性和感觉器官机能状态

47. 协调性是人体多项身体素质或机能与运动技能结合的综合表现，其生

理学基础涉及哪些系统或器官机能水平和彼此间的协作与配合（   ）

    A. 感知觉、骨骼肌和内脏器官的协调作用

    B. 感知觉、骨骼肌和神经系统的协调作用

    C. 感知觉、内脏器官和神经系统的协调作用

    D. 骨骼肌、内脏器官和神经系统的协调作用

48. 核心区肌肉包括下列哪块骨骼肌（   ）

    A. 胸大肌　　　　B. 盆带肌　　　　C. 股四头肌　　　　D. 肱三头肌

49. 振动训练提高力量的原理是（   ）

    A. 提高肌纤维的绝对力量　　　　B. 提高肌纤维的相对力量

    C. 提高运动中肌纤维的募集能力　　D. 使肌纤维横断面积增大

50. 通过呼吸肌训练可提高运动能力的机理主要是改善（   ）

    A. 肺功能　　　　　　　　B. 呼吸肌通气阻力

    C. 辅助呼吸肌的募集　　　D. 呼吸机抗疲劳能力

51. 通过低氧训练有助于提高运动员（   ）

    A. 有氧能力　　　　　　　B. 肌肉力量

    C. 磷酸化供能能力　　　　D. 爆发力

（二）判断题

1. 所谓超负荷训练原则，一般是指练习的负荷要逐渐超过本人已适应或已习惯的负荷。（   ）

2. 爆发力是指力与速度的乘积，因此在训练时一定要使肌肉收缩的张力和速度同时达到最大才能使爆发力得以提高。（   ）

3. 力量训练时常用 RM 表示负荷的重量，因此，重复的 RM 次数越多，说明负荷重量越大。（   ）

4. 核心力量是指最接近身体重心区域的力量，是整体发力的核心部位，主要由腰—骨盆—髋关节深浅层的稳定肌群和动力肌群组成。（   ）

5. 肌肉生理横断面积是指横切某块肌肉所有肌纤维所获得的横断面面积，它只是由肌纤维的粗细决定的。（   ）

6. 肌肉横断面积或者肌肉体积是决定肌肉力量大小的唯一生理学因素。（   ）

7. 通过适当的力量训练，快肌和慢肌纤维的横断面积和收缩力量均可以发生相应的增加，但是快肌纤维收缩力量的增加速度和程度均优于慢肌，因此快肌纤维具有更好的力量训练适应性。（   ）

8. 在一定范围内，肌肉收缩的初长度越长，肌肉收缩时产生的张力和缩短的程度就越大。这完全是因为肌肉被拉长时，肌梭受到牵拉刺激，通过牵张

反射机制使肌纤维收缩力得以提高的结果。（　　）

9. 同一块肌肉在关节的不同运动角度收缩时产生的力量是相同的，这是因为在不同关节角度时肌肉对骨骼的牵拉力是相同的。（　　）

10. 缺乏训练的人在进行最大随意收缩时，能够动员的运动单位比例与优秀运动员是相同的。（　　）

11. 负荷训练可以提高人体主动肌与对抗肌、协同肌、固定肌之间的协调能力，这是因为大脑皮质各运动中枢间的协调能力得以提高的结果。（　　）

12. 超等长练习主要用于爆发力的训练，其生理学依据是肌肉在离心收缩后紧接着进行向心收缩时，可借助肌肉牵张反射机制和肌肉弹性回缩产生更大的力量。（　　）

13. 肌肉肥大完全是由肌纤维增粗、肌肉横断面积增加和结缔组织增多等引起的。（　　）

14. 超负荷是肌肉力量训练的一个基本原则，其实质是指超过本人的极限负荷能力。（　　）

15. 在一次力量训练课中，一般大肌群训练在先，小肌群训练在后，原因是小肌群在力量训练中较大肌群容易疲劳，在一定程度上会影响其他肌群乃至整体的工作能力。（　　）

16. 等速练习事实上是一种可以使肌肉在整个活动过程中呈"满负荷"状态的力量训练方法，经常练习可有效弥补"关节角度效应"的不足。（　　）

17. 等长力量训练时，因肌肉持续性收缩局限于受训练的关节角度，其效果具有明显的"关节稳定性"效应。（　　）

18. 等张练习的训练效果取决于负荷强度、重复次数和动作速度等因素。如果力量训练的目的是发展最大肌力，应采用低强度和低重复次数的训练。（　　）

19. 肌肉在进行离心收缩时所产生的最大离心张力比最大向心张力小 30% 左右。（　　）

20. 动作速度的快慢，取决于快肌纤维组成的百分比及面积、肌肉力量、肌组织兴奋性和条件反射巩固的程度等因素。（　　）

21. 周期性运动项目是指人体在单位时间内通过的距离或通过一定距离所需要的时间，如跳高和跳远等。（　　）

22. 从接受刺激起，到完成动作时止，这一段时间叫做运动时或动作时。（　　）

23. 低乳酸值的间歇训练是发展无氧耐力的主要方法。（　　）

24. 运动过程中，运动技能越熟练、条件反射越巩固，完成动作的速度就

160

越快。（　　）

25. 运动强度大、持续时间较长的速度练习主要依靠乳酸能系统提供能量。（　　）

26. 反射活动越复杂、经历的突触越多，反应时越短。（　　）

27. 低乳酸的间歇训练可提高速度素质，高乳酸的间歇训练可提高速度耐力。（　　）

28. 大脑皮质神经过程的灵活性是实现高频率动作的重要因素。（　　）

29. 对于短跑项目来说，反应速度和位移速度不是决定运动成绩的重要因素。（　　）

30. 人体有氧运动能力水平的高低，取决于机体氧运输系统功能和肌肉利用氧的能力。（　　）

31. 运动后过量氧耗主要是用于偿还在运动初期因生理惰性所欠的那部分氧亏。（　　）

32. 心脏的泵血功能和骨骼肌摄取和利用氧的能力是影响有氧耐力的重要因素。（　　）

33. 研究表明，最大摄氧量的遗传度较高，因而通过系统的运动训练是不能提高最大摄氧量的。（　　）

34. 通过长期的运动训练可有效地提高人体的有氧耐力水平，在训练初期主要提高肌细胞利用氧的能力，训练后期则主要是提高心脏的泵血功能。（　　）

35. 肌组织利用氧的能力主要与肌纤维类型及其代谢特点有关。（　　）

36. 优秀的有氧耐力运动员在大强度运动时，乳酸阈出现较早。（　　）

37. 最大摄氧量和乳酸阈都是评定人体有氧耐力的重要生理指标。最大摄氧量主要反映骨骼肌的代谢水平，而乳酸阈主要反映心脏的泵血功能。（　　）

38. 运动结束后，随着肌肉活动的停止，机体各器官的代谢水平也将立即恢复到安静时的水平。（　　）

39. 最大摄氧量是有氧耐力的基础，其值越大，有氧耐力水平就越高，否则就越低。（　　）

40. 系统的有氧耐力训练对提高肌肉利用氧的能力的可塑性高于心脏泵血功能的提高。（　　）

41. 有氧运动能力与最大摄氧量的大小有关，而与无氧阈高低无关。（　　）

42. 最大摄氧量是评价人体有氧运动能力的指标，而无氧阈则是评价人体无氧运动能力的指标。（　　）

43. 从遗传学与可训练性的角度考虑，采用乳酸阈值评定人体有氧运动能力要比最大摄氧量好。（　　）

44. 经过系统的耐力训练，最大摄氧量的提高幅度要比乳酸阈的提高幅度明显。（　　）

45. 人的灵敏性与神经、感觉和骨骼肌纤维类型及功能状态密切相关。（　　）

46. 身体平衡是在神经系统、内分泌系统、运动系统和感觉器官共同参与和协调下完成的。（　　）

47. 人体平衡包括动态平衡、静态平衡、对称平衡和前庭平衡。（　　）

48. 本体感受器可感受肌肉张力和长度的变化，以及各环节在关节处运动的刺激。（　　）

49. 大脑皮质的机能状态对平衡、灵敏、柔韧和协调均具有重要作用。（　　）

50. 关节的伸展性与性别、年龄有关，一般女性优于男性，成年人优于儿童少年。（　　）

51. 视觉与本体感觉在维持身体姿势时有较大的相互依存性。（　　）

52. 从儿童开始到成熟期，灵敏性和柔韧性逐步提高，在青春期这两种素质发展较为迅速。（　　）

53. 只要在儿童少年时期进行过运动训练，柔韧性就可以保持很长时间。（　　）

54. 人体的协调性取决于多个系统或器官的机能水平和它们彼此之间的协同作用。（　　）

55. 核心力量训练是指力量训练的核心内容。（　　）

56. 稳定性力量要求核心肌群收缩力量越大越好。（　　）

57. 提高核心区力量有利于四肢末端发力。（　　）

58. 下肢肌肉的运动损伤与核心力量有关。（　　）

59. 振动训练时频率越高、振幅越大、持续时间越长，越有利于肌肉力量的提高。（　　）

60. 振动训练能提高肌纤维的募集能力，但不可替代传统的力量训练方法。（　　）

61. 人工低氧环境与高原环境不同，因此在该环境下训练不能获得满意的高原训练效果。（　　）

（三）填空题

1. 运动生理学通常将机体依靠肌肉收缩＿＿＿＿或＿＿＿＿阻力来完成运动的能力，称为肌肉力量。

2. 负荷训练是提高肌肉力量的最有效途径，影响其训练效果的主要生理学因素有两个方面，即_____和_____。

3. 肌肉中快肌纤维百分比高的人，肌肉力量就_____；而慢肌纤维百分比高的人，肌肉力量较_____。

4. 在一定范围内，肌肉收缩前的初长度越长，肌肉收缩时产生的张力和缩短的程度就_____。

5. 力量训练的超负荷原则，不是指超过本人的_____，而是指不断超过本人_____的负荷。

6. 肌肉在_____收缩之后紧接着进行_____收缩的力量训练方法，称为超等长练习。

7. 核心力量是指最接近身体_____的力量，是整体发力的_____。

8. 肌肉工作所克服的阻力包括_____与_____等。

9. 肌肉收缩产生的张力，包括收缩结构产生的_____和非收缩结构产生的_____。

10. 当肌肉收缩结构收缩时，与肌纤维串联的弹性结构_____；当收缩结构受到外力牵拉伸长时，并联的弹性结构随之_____。

11. 收缩力量大、速度快的肌纤维类型属于_____；而收缩力量小、不易疲劳的纤维类型属于_____。

12. 肌肉收缩产生张力的大小主要取决于_____；而肌肉收缩速度则主要取决于_____。

13. 肌拉力线与关节角度最适宜时，肌肉力量相对最小、_____；当肌拉力线与关节角度最不适宜时，肌肉力量相对最大、_____。

14. 负荷训练不同的间隔时间对其训练效果具有一定的影响，一般下一次力量训练应尽可能安排在_____训练引起的肌肉力量增长效果的_____进行。

15. 肌肉初长度的拉长与其后收缩的时间间隔_____越好，否则就会影响弹性力与收缩力的_____效果。

16. 采用最大乳酸或耐乳酸能力训练可有效地发展人体的_____素质。

17. 中枢神经系统处于良好的机能状态，能够加速机体对刺激的反应，使_____由相对安静状态或_____迅速转入活动状态。

18. 评价速度素质常用的生理指标有_____和_____的测定。

19. 无氧耐力水平主要取决于肌肉内_____能力、_____的能力以及脑细胞对血液 pH 变化的耐受能力。

20. 影响无氧耐力的一个重要因素是_____耐酸能力。

21. 强度大、时间短的速度性练习，主要依靠_____系统提供能量。

22. 动作速度主要由肌纤维类型百分组成及其面积、_____、肌肉组织的兴奋性和_____的巩固程度等因素所决定。

23. 速度是指人体在最短时间内完成某种运动的能力。按其在运动中的表现可分为_____、_____和周期性运动的位移速度三种形式。

24. 反射弧是由感受器、_____、中枢、_____和效应器五部分构成。

25. 肌肉中的_____纤维的比例是速度素质重要的物质基础，其比例越大，肌肉收缩速度就_____。

26. 人体在安静状态下的基础代谢率低、能量消耗_____，每分钟摄氧量与每分钟需氧量处于_____。

27. 人体有氧运动能力的生理学基础主要取决于_____和_____。

28. 运动时机体需氧量的变化与_____和_____有关。

29. 影响最大摄氧量的中央机制是指_____，而外周机制是指_____。

30. 人体进行长时间运动中，若_____能够满足_____的要求，则表明机体处于真稳定状态时。

31. 长跑运动的特点是运动强度_____、持续时间长、每分需氧量_____、总需氧量多。

32. 在亚极量强度运动的初期，由于内脏器官的_____没有得到克服，机体的摄氧量满足不了需氧量的要求，所造成一定的氧亏欠，称为_____。

33. 在中等强度的运动过程中，即使机体的摄氧量满足了_____的要求，出现了真稳定状态，在运动开始阶段也会出现_____。

34. 运动后过量氧耗通常大于氧亏，其原因是在运动后除了要偿还_____外，还要维持机体在高水平代谢所消耗的_____。

35. 乳酸阈除了可用乳酸值表示外，还可采用最大摄氧量的百分比来表示，正常人约为最大摄氧量的_____，优秀耐力运动员约为最大摄氧量的_____。

36. 本体感受器是指分布于_____、_____、_____和韧带等处的本体感觉神经末梢装置。

37. 平衡能力除了与身体的结构完整和对称性有关外，还与_____、视觉器官、本体感受器、大脑平衡调节、小脑共济协调以及_____、肌张力之间的相互平衡等密切相关。

38. 制约人体平衡的主要感受器官有_____、_____和视觉器官。

39. 灵敏是一项复杂的综合素质，它与运动者的_____、_____、反应、爆发力和协调性密切相关。

40. 灵敏性通常以_____、_____、起跳、躲闪、维持平衡和改变动作姿态等形式表现出来。

41. 发展柔韧性的练习时可采用_____、_____、阻力运动和被动运动。

42. 牵张练习时常采用_____和_____牵张练习。

43. 协调性是人体多项_____或机能与_____结合的综合表现。

44. 核心区是指肩关节以下，髋关节以上，包括骨盆在内的人体中间区域，包含_____、_____和_____的所有肌群。

45. 核心力量对运动中的_____、_____、运动技能和专项技术动作起着稳定和支持作用。

46. 振动训练对运动中_____和_____的提高有良好影响。

47. 低氧训练可以分为_____、_____、低住高练、间歇性低氧训练4种类型。

（四）名词解释

1. 最大肌肉力量

2. 快速肌肉力量

3. 力量耐力

4. 中枢激活

5. 超负荷原则

6. 肌肉生理横断面积

7. 复合超等长力量训练

8. 核心力量

9. 位移速度

10. 动作速度

11. 反应速度

12. 反应时

13. 无氧耐力

14. 缺氧训练

15. 需氧量

16. 摄氧量

17. 氧亏

18. 运动后过量氧耗

19. 最大摄氧量

20. 有氧耐力

21. 乳酸阈

22. 通气阈

23. 个体乳酸阈

24. 无氧阈

25. 平衡

26. 灵敏

27. 柔韧

28. 协调

29. 核心力量

30. 核心稳定性

31. 振动训练

32. 呼吸肌训练

33. 低氧训练

（五）简述题

1. 简述影响人体力量素质的主要生理学因素。

2. 请对等长练习和等张练习进行简单的比较和分析。

3. 简述等速训练方法的特点及意义。

4. 简述抗阻训练对肌肉、神经及其代谢能力的影响。

5. 试从生理学的角度分析，优先保障核心力量训练的意义。

6. 何谓速度素质？按其表现形式的不同可分为哪几类？请举例。

7. 简述提高机体无氧耐力素质常用的几种训练方法。

8. 简述反应速度的生理学基础。

9. 简述动作速度的生理学基础。

10. 简述机体内的氧亏是如何形成的。

11. 简述影响运动后过量氧耗的生理因素。

12. 简述乳酸阈在运动实践中的应用。

13. 简述最大摄氧量和次最大有氧能力测定方法的异同及其生理依据。

14. 简述平衡能力的生理学基础。

15. 简述灵敏性的生理学基础。

16. 简述为什么要重视核心力量的训练。

17. 简述振动训练提高运动能力的生理学基础。

（六）论述题

1. 试述力量训练的生理学原则。

2. 试从生理机制的角度分析，为什么在投掷标枪时应做充分的引臂动作。

3. 依据速度素质的生理学基础，阐述提高速度素质的训练。

4. 试述影响无氧耐力的生理学因素。

5. 请详细分析影响最大摄氧量的因素。

6. 试述有氧耐力的生理基础。

7. 请详细分析低氧训练及其生理学意义。

（七）案例分析

1. 在一次跳高专项力量训练课后的小结会上，一名队员感慨地说："唉，体重又长了几斤，这些天的力量训练白练了"。这时突然有位队员问道："教练，有没有一种训练方法，只增长力量，不长或少长体重呢？"，教练员一愣，思考了一会儿说："你这个问题提得真好。在田径的跳跃项目中特别是跳高技术，要求以下肢绝对力量整体爆发式输出来克服体重，使身体由水平速度转化为垂直向上速度做功，要求'下肢力量与体重比'越大越好。"停顿了一会儿后，教练员接着说："只增长力量，不长或少长体重的训练方法是有的。"你认为有什么方法可以达到只增长力量，不长或少长体重的效果？并说明其可能的生理机制。

2. 某教练员在一次训练课中，让运动员进行 1 min 最大强度的跑步运动、间歇时间为 4 min、共做 5 组，第 5 组运动结束后测得血乳酸浓度为 31.3 mmol·L^{-1}。请问：① 教练员采用的是什么训练法？② 这种训练的目的是要提高运动员的哪种素质？③ 教练员采用持续 1 min 最大强度的跑、间歇 4 分钟的方式训练的目的是什么？方法是否合理？为什么？

3. 现有甲、乙两名男子长跑运动员，训练年均为 3 年，在 5 000 m 比赛后，测得其比赛成绩、$\dot{V}_{O_2max}$、无氧阈（AT%）和血乳酸值，值见下表：

队员	比赛成绩	$\dot{V}_{O_2max}$	无氧阈（AT%）	运动后血乳酸
甲	17 min 03 s	61 mL·kg^{-1}·min^{-1}	62%$\dot{V}_{O_2max}$	4.1 mmol·L^{-1}
乙	17 min 05 s	60 mL·kg^{-1}·min^{-1}	79%$\dot{V}_{O_2max}$	3.9 mmol·L^{-1}

试分析甲、乙两名运动员哪位更具有发展潜力？并说明其理由。

4. Levine 博士将 39 名长跑运动员随机分成 3 个实验组，每组 13 人。第一组为 HiHi 组，受试者在海拔 2 500 m 高原训练和生活；第二组为 HiLo 组，受试者居住在海拔 2 500 m 高原，训练在海拔 1 250 m 的高原；第三组为 LoLo 组，受试者在平原训练和生活。经 4 周训练后，第一、二组受试者最大摄氧量平均增加了 5%，红细胞平均增加了 9%。但从运动能力来看，仅 HiLo 组显示出了效果的改善，如最大摄氧量及肺通气阈时平均跑速的提高，5 000 m 跑时间平均减少 13.4 s 等。请分析其中的原因。

二、参考答案

（一）单选题

1. A　2. B　3. A　4. A　5. D　6. C　7. A　8. B　9. B　10. C
11. A　12. A　13. C　14. B　15. B　16. C　17. D　18. D　19. C　20. C
21. C　22. A　23. A　24. B　25. D　26. B　27. D　28. B　29. D　30. C
31. A　32. B　33. A　34. B　35. B　36. B　37. C　38. B　39. B　40. D
41. C　42. D　43. A　44. D　45. A　46. C　47. B　48. B　49. C　50. D
51. A

（二）判断题

1. 对　2. 错　3. 错　4. 对　5. 错　6. 错　7. 对　8. 错　9. 错　10. 错
11. 对　12. 对　13. 错　14. 错　15. 对　16. 对　17. 对　18. 错　19. 错　20. 对
21. 错　22. 错　23. 错　24. 对　25. 对　26. 错　27. 错　28. 对　29. 错　30. 对
31. 错　32. 对　33. 错　34. 错　35. 对　36. 错　37. 错　38. 错　39. 对　40. 对
41. 错　42. 错　43. 对　44. 错　45. 对　46. 错　47. 错　48. 对　49. 对　50. 错
51. 对　52. 错　53. 错　54. 对　55. 错　56. 错　57. 对　58. 对　59. 错　60. 对
61. 错

（三）填空题

1. 对抗，克服

2. 肌源性，神经源性

3. 大，小

4. 越大

5. 最大负荷，平时适应

6. 离心，向心

7. 重心区域，核心部位

8. 外部负荷，内部阻力

9. 收缩力，弹性力

10. 被拉长，也被拉长

11. 快肌，慢肌

12. 活化横桥数目，能量释放速率

13. 最省力，最费力

14. 前一次，高峰期

15. 越短，叠加

16. 无氧耐力

17. 效应器，抑制状态

18. 反应时，非乳酸能力

19. 糖无氧酵解供能，机体缓冲乳酸

20. 脑细胞

21. ATP-CP（或磷酸原）

22. 肌肉力量，运动条件反射

23. 反应速度，动作速度

24. 传入神经，传出神经

25. 快肌，越快

26. 少，平衡状态

27. 氧的运输功能，肌肉利用氧的能力

28. 运动强度，运动时间

29. 心脏的泵血功能，肌肉利用氧的能力

30. 摄氧量，需氧量

31. 小，少

32. 生理惰性，氧亏

33. 需氧量，氧亏

34. 运动中的氧亏，氧气量

35. 50%~60%，60%~80%

36. 骨骼肌，肌腱，关节囊

37. 前庭器官，肢体肌群力量

38. 前庭器官，本体感受器

39. 力量，速度

40. 起动，急停

41. 主动运动，助力运动

42. 冲击性，静力性

43. 身体素质，运动技能

44. 背部，腹部，骨盆部

45. 身体姿势，动作平衡

46. 最大力量，爆发力

47. 高住高训，高住低训

（四）名词解释

1. 最大肌肉力量是指肌肉进行最大随意收缩时表现出来的克服极限负荷

的能力。

2. 肌肉在短时间内快速发挥力量的能力，称为快速肌肉力量，亦可称为爆发力。

3. 力量耐力是指肌肉长时间对抗阻力的能力。

4. 中枢神经系统动员肌纤维参加收缩的能力称为中枢激活，其作用主要表现为所支配的肌肉的运动神经元放电频率及同步的变化。

5. 超负荷原则是肌肉力量训练的基本原则之一，是指力量训练的负荷应不断超过平时采用或已适应了的负荷。

6. 垂直横切某块肌肉中所有肌纤维获得的横断面积，称为肌肉生理横断面积。它的大小是由肌纤维的数量和直径决定的，通常以平方厘米表示。

7. 在超等长练习之前先进行短暂的大强度负重刺激，有助于更大程度地动员运动单位参与随后的运动，从而强化超等长练习的效果，此练习方法称为复合超等长力量训练。

8. 主要由腰—骨盆—髋关节深浅层的稳定肌群和动力肌群组成的身体重心区域的力量，称为核心力量，它是整体发力的核心部位。

9. 位移速度是指周期性运动（如跑步和游泳）中人体在单位时间内通过的距离或通过一定距离所需要的时间。

10. 完成单个动作或某一成套动作所需的时间，称为动作速度。

11. 人体对各种刺激发生反应的快慢称为反应速度。

12. 从感受器接受刺激产生兴奋并沿反射弧传递开始，到引起效应器发生反应所需要的时间，称为反应时。

13. 机体在无氧代谢（糖无氧酵解）的情况下较长时间进行肌肉活动的能力，称为无氧耐力。

14. 缺氧训练是指机体在低于正常氧分压环境下进行的训练，其目的是为了造成体内缺氧以提高无氧能力。

15. 需氧量是指人体为了维持某种生理活动所需要的氧气量。

16. 摄氧量是指单位时间内机体能够摄取并利用的氧气量。

17. 运动时，由于摄氧量不能满足需氧量的要求而出现的氧亏欠，称为氧亏。

18. 运动后的恢复期，为了偿还运动中的氧亏，以及在运动后使处于高水平代谢的机体恢复到安静水平时消耗的氧量，称为运动后过量氧耗。

19. 人体在进行有大量肌肉参加的长时间激烈运动中，心肺功能和肌肉利用氧的能力达到本人最高水平时，单位时间内所能摄取的氧气量，称为最大摄氧量。

20. 有氧耐力是指人体进行长时间肌肉活动的能力。

21. 人体在从事递增负荷的运动中，随着运动强度的增加，乳酸浓度逐渐增加，当运动强度超过某一负荷时，乳酸浓度开始急剧上升的转折点，称为乳酸阈。

22. 在递增负荷运动中，用通气量变化的拐点来测定的乳酸阈，称为通气阈。

23. 针对个体所测得的乳酸阈被称为"个体乳酸阈"。

24. 在递增负荷运动中，人体从有氧代谢供能向有氧和无氧代谢共同供能转变的开始点，称为无氧阈。

25. 平衡是身体的一种姿态以及在运动或受到外力作用时能够自动调整并维持姿势的能力。

26. 灵敏是运动者迅速改变体位、转换动作和随机应变的能力。

27. 柔韧是人体在运动过程中完成大幅度运动技能的能力。

28. 协调是指人体在运动过程中身体各器官、系统在时间和空间上相互配合完成动作的能力。

29. 核心力量是指附着在人体核心区域的肌肉在神经支配下收缩产生的一种综合力量。

30. 核心稳定性是指核心区的联合稳定程度，对运动能力的发挥非常重要。

31. 振动训练是指利用振动仪改变垂直方向加速度产生额外负荷进行身体训练的方法，称为振动训练。

32. 通过增加呼吸阻力的方式增强呼吸肌工作能力，以增强运动能力、提高运动成绩的一种训练方法称为呼吸肌训练。

33. 利用人工低氧环境进行训练，提高运动员有氧能力的方法称为低氧训练。

（五）简述题

1. 影响人体力量素质的生理学因素有肌源性因素、神经源性因素、年龄、性别、激素、训练等。其中肌源性和神经源性因素通常是最主要的两个因素。肌源性因素包括：肌肉生理横断面积、肌纤维类型、关节运动角度和肌肉的初始长度；神经源性因素包括：中枢神经系统的兴奋状态、中枢神经对肌肉活动的协调和控制能力。

2. 等长练习和等张练习相比较，主要有以下几个特点：① 等长练习是指肌肉收缩时长度不变的对抗阻力的一种力量训练方法，又称静力性训练方法。等张练习是肌肉进行收缩时缩短和放松交替进行的力量练习方法，它属于动力性的训练方法。② 等长练习可以使肌肉在原来静止长度时做紧张用力，也可以在缩短一定程度时做紧张用力。肌肉在做等张练习时，张力一旦大于负荷时，张力就保持不变，紧接着出现向心缩短。③ 等长练习的优点是肌肉能承受的运动负荷重量较大，具有明显的"关节稳定性练习"效应。等张练习的优势之处是肌肉运动形式与多数比赛项目的运动特点相一致。④ 等长练习的不足是只能发展静力性肌肉力量。等张练习不足之处是力量练习中肌肉张力变化具有"关节角度效应"。

3. 等速训练方法又称等动练习，它是一种利用专门的等速力量练习器进行的肌肉力量训练方法。特点是等速力量训练器所产生的阻力随关节角度变化可精确调整，只要练习者尽最大力量运动，其运动速度在整个活动范围内都是恒定的，产生肌肉张力也是最大的。等速训练方法的意义突出表现在它是一种可以使肌肉在整个活动过程中呈"满负荷"状态的力量训练方法，可有效弥补"关节角度效应"的不足。目前认为，等速力量训练是发展动态肌肉力量较好的训练方法之一。

4. 对抗负荷阻力训练是提高肌肉力量的最有效途径之一。目前认为这种训练方法的效应主要是通过肌肉壮大、改善肌肉神经控制和肌肉代谢能力增强等多种机制实现的。这种训练不仅能使肌肉蛋白增加、肌纤维增粗、横断面积增大、结缔组织增强，以使肌肉体积增加；同时也可以提高中枢神经的兴奋水平与调控能力，表现在对运动单位的募集能力、改善运动单位的同步化程度、不同肌群活动的协调能力。此外，肌肉代谢能力及能量储备特别是 CP 含量以及肌糖原的储备等对肌肉力量的发挥也会产生一定的影响。

5. 核心力量是指最接近身体重心区域的力量，是整体发力的核心部位，主要由腰—骨盆—髋关节深浅层的稳定肌群和动力肌群组成。核心区力量担负着稳定脊柱、固定骨盆、维持躯干正确姿势以及提高身体的控制力、平衡力，对上下肢发力与减力的协同用力效率起着承上启下的枢纽作用。核心力量存在于所有运动项目以及日常生活和劳动中，在运动中对身体姿势、动作技术和专项技能的完成起着稳定和支持的功能，在移动过程中保持人体的平衡也发挥着重要作用。因此在力量训练安排中，无论是一般性力量练习还是专项性力量训练，核心区力量训练的优先保障具有重要意义。

6. 速度素质是指人体进行快速运动的能力或在最短时间完成某种运动的能力。速度素质依据表现形式的不同可分为反应速度、动作速度和位移速度。反应速度是指人体对各种刺激发生反应的快慢，如短跑运动员从听到发令到启动所需的时间；动作速度是指完成单个动作时间的长短，如乒乓球运动员正手攻球的挥臂速度；位移速度是指周期性运动中人体在单位时间内通过的距离或通过一定距离所需要的时间，如跑步、划船和游泳等。

7. 无氧耐力是指机体在无氧代谢的情况下进行较长时间肌肉活动的能力，也称无氧能力。发展无氧耐力训练通常采用最大乳酸训练、耐乳酸训练和缺氧训练等方法。最大乳酸训练是指机体在运动中血乳酸水平达到最高时的训练；耐乳酸训练是指机体处于较高乳酸水平时仍能坚持较高强度运动能力的训练。常采用血乳酸在 12 mmol·L^{-1} 左右作为耐乳酸训练适宜的标准，通过重复训练维持其水平；缺氧训练是指机体在低于正常氧分压环境下进行的训练。缺氧训练是通过机体对缺氧的适应，加强心血管、呼吸功能及血液生理生化的效应以提高无氧耐力。

8. 反应速度主要取决于感受器的敏感程度、中枢延搁和效应器的兴奋性，其中，中枢延搁又是最为重要的因素。此外，反应速度还与中枢神经的灵活性、兴奋状态和条件反射的巩固程度有关，动作技能越熟练，反应速度就缩短。

9. 动作速度主要决定于：① 肌纤维类型的组成以及面积。快纤维比例越大而且越粗，肌肉收缩速度越快。② 肌力大小。肌力越大，越能克服肌肉内部及外部阻力而完成工作，所以凡能影响肌力的因素也将影响运动速度。③ 肌组织的兴奋性。肌组织的兴奋性高时，则较低的刺激强度和较短的作用时间就能引起肌组织兴奋。④ 条件反射的巩固程度。运动时随条件反射的逐渐巩固，动作速度也就逐渐加快。

10. 氧亏的形成主要是由于人体内脏器官的生理惰性较大，以及氧运输系统功能的生理极限限制所造成的。人体在运动初期，由于运动器官在较短的时间内就能达到其最高水平，而内脏器官则由于其生理惰性较大，摄氧量无法在短时间内满足机体的需要，从而造成了一部分氧亏欠。随着运动时间的延长，内脏器官的生理惰性逐渐得到克服，并达到较高水平，此时若运动强度不是很大，摄氧量能够满足其需氧量的要求，不再有氧亏产生；若运动强度较大时，即便是氧运输系统功能达到其最大摄氧量水平，但仍不能满足机体需氧量的要求，使氧亏量继续增加。需要指出的是，若运动强度是不断变化的，则要分段落进行分析。

11. 影响运动后过量氧耗的主要生理因素有：① 体温升高。在运动后恢复期，体温不可能立即恢复到安静时的水平，使肌肉的代谢继续维持在较高水平，仍需要消耗较多的氧气。② 部分内分泌腺仍处于较高水平。剧烈运动使体内儿茶酚胺、甲状腺激素和糖皮质激素浓度增加量在运动结束后不会立即恢复到安静时的值，所以在运动后恢复期机体的代谢能力仍维持在较高水平，也需要消耗一定的氧氧量。

12. 乳酸阈在运动实践中可有两个方面的应用：第一，可以作为评定人体的有氧耐力水平高低的一个生理指标，乳酸阈值越高、说明人体有氧耐力水平就越强。第二，作为有氧耐力训练的适宜强度。有人通过实践发现，采用个体乳酸阈强度进行有氧耐力训练比最大摄氧量更好，它既能极大地提高肌肉摄取与利用氧的能力，又能使无氧代谢的比例减少到最低限度。

13. 最大摄氧量和次最大有氧能力测定方法的相同点：最大摄氧量的测定法和次最大有氧能力测定一般都是在活动跑台、跑步或脚踏功率自行车上进行，两种测定方法及测定仪器是相同的。不同点是：最大摄氧量测定时要求全身大部分肌肉群参与、运动时间达到 3～5 分钟，运动强度较大，要求心率要达到 180 次/min 以上，对于中老年人、体弱者不适应。次最大有氧能力测定时的运动强度和运动量都要小于最大摄氧量的测定，可依据受试者的具体情况而定。

14. 平衡是人体对来自前庭器官、本体感受器和视觉等方面刺激的一种协调综合能力。前庭器官受到刺激而产生身体在空间的位置或变速感觉，并通过姿势反射来调整有关骨骼肌的张力，以维持身体的平衡；本体感受器可感受肌肉张力、长度的变化和环节在关节处运动的刺激，从而感知身体在空间的位置、姿势，以及肌肉收缩状态；视觉器官可感知运动场地、器械等周围环境和身体运动方向的信息而产生清晰的视觉，通过协调骨骼肌收缩活动从而控制动作。

15. 灵敏性的好坏主要取决于：① 大脑皮质的机能状态。大脑皮质只有处在良好的机能状态，才能迅速对运动过程中变化做出准确的分析和判断，并调控运动器官完成相应的动作，以适应运动场上瞬息万变的情况。② 感觉器官和肌肉的功能状态。当它们处于良好状态时，可增强人体在运动时对空间和时间的定向定时能力，使得动作更加准确、变换迅速。③ 运动技能的掌握程度。运动技能掌握得越多、越牢固，运动时动作才能更加协调、稳定，并且越容易达到高度的自动化，表现出灵活而省力。

16. 人体核心区是"运动链"的重要环节，强有力的核心力量不仅对运动中的身体姿势、动作平衡、运动技能和专项技术动作起着稳定和支持作用，而且有助于预防运动损伤的发生。

17. 振动训练以改变垂直方向加速度的方式来产生额外负荷，提高运动过程中肌纤维募集能力。如在振动训练器上做深蹲，在向上振动的瞬间人体将处于超重的状态，需要募集更多肌纤维发出更大的力量来完成该动作。

（六）论述题

1. 力量训练主要应该遵循以下几个生理学原则：① 超负荷原则。抗负荷练习是决定力量发展的关键因素。所谓超负荷不是指超过本人的极限负荷，而是指练习的负荷应不断超过平时采用或已适应的负荷。超负荷训练能不断对肌肉产生更大的刺激，从而产生相应的生理适应，致使肌肉力量不断增长的持续过程。② 专门化原则。力量训练要有针对性，要与专项技术相结合。不同的专项技术对身体各肌群活动的要求不尽相同，而不同的活动部位、不同的动作结构对神经系统的调控能力、运动单位募集以及局部肌肉代谢的影响也都不同。因此，力量训练应与专项力量的要求及专项技术结构特点相一致。表现为发展肌肉力量时不仅要着重发展与运动专项有关肌群的力量，而且也要使这些肌群的用力形式与正式动作在其结构上极其相似。③ 合理安排练习原则。这一原则的应用要考虑力量训练的安排顺序、间隔时间、核心力量的优先保障等因素。首先，在一次力量训练课中，大肌群训练应安排在先，小肌群训练安排在后，其原因是小肌群在力量训练中较大肌群容易疲劳。如果小肌群训练在先，其训练的效果会在一定程度上影响其他肌群乃至整体的工作能力。其次，力量训练间隔时间的安排应符合力量增长规律。即下一次力量训练应尽可能安排在前一次训练引起的肌肉力量增长效果的高峰期进行。第三，核心力量要优先保障。它担负着稳定脊柱、固定骨盆、维持躯干正确姿势以及提高身体的控制力、平衡力，对上下肢协同用力的效率起着承上启下的枢纽作用。因此，无论是一般性力量练习还是专项性力量训练，要优先保障核心力量的训练。

2. 肌肉的肌力大小与该肌肉收缩前的初始长度有关，而初始长度与施加在肌肉上的前负荷有关。在一定范围内，肌肉收缩前的初长度越长，则收缩时产生的张力就越大。其生理机制主要表现有三方面：① 被活化的横桥数目量：研究表明，肌肉收缩时产生张力的大小取决于活化的横桥数目。在肌节内粗肌丝肌球蛋白的横桥与细肌丝肌动蛋白的结合位点有严格的空间定位，这一空间定位的数目量与肌肉收缩前的初始长度关联。因此，肌肉收缩前的初长度在最适宜状态下，可使肌节中活化的横桥数目达到最佳而使肌力值最大。② 牵拉引起的牵张反射：肌肉受到外力牵拉而伸长时，肌肉内的肌梭感受器同时也会受到牵拉而兴奋，兴奋通过传入纤维到达脊髓中枢，通过牵张反射机制而兴奋脊髓前角 α 运动神经元使其传出冲动增加，以此来增大肌肉的收缩力值。③ 结缔组织的弹性作用：肌肉中的弹性成分主要是结缔组织，胶原蛋白是其主要成分并以胶原纤维形式存在，在肌肉中起着支持和连结作用。结缔组织是肌肉的弹性结构，与肌肉的收缩结构呈串联或并联关系。当肌肉收缩结构收缩时，串联弹性结构被拉长，当收缩结构受到外力牵拉伸长时，并联弹性结构随之被拉长，被拉长的弹性结构能贮存一部分弹性势能，前者可以缓冲收缩时突然增大的力值变化，对组织起到保护作用。后者可以把弹性能量叠加在收缩力上而使力值增大。此外，肌肉本身也是一种黏弹性组织，在受到外力牵拉时也具有弹性回缩的作用。因此，肌肉的弹性成分对肌肉力值的变化发挥着增补叠加作用。

3. 影响速度素质的生理因素主要有神经过程的灵活性、磷酸原系统的供能能力、肌肉力量及放松能力等。所以发展速度素质训练就应该围绕这几方面进行：① 大脑皮层神经过程的灵活性是实现高频率动作的重要因素，要设法提高神经过程的灵活性。② 速度性练习是强度大、时间短的无氧练习，主要依靠 ATP-CP 系统提供能量，因此要注意发展磷酸原系统的供能能力。③ 肌肉力量是影响肌肉收缩速度的重要因素之一，发展腿部肌肉力量可提高速度素质。此外，也要注意改善关节的柔韧性，改善关节的柔韧性也有利于速度素质的提高。④ 提高肌肉的放松能力可以减少快速收缩时肌肉的阻力，而且有利于 ATP 的再合成，从而加快肌肉的收缩速度。

4. 影响无氧耐力的生理学因素主要有：① 肌肉无氧酵解供能的能力。肌肉无氧酵解能力主要取决于肌糖原含量及其无氧酵解酶的活性，所以提高无氧酵解供能能力主要是提高机体糖原含量和糖酵解酶活性。② 缓冲乳酸的能力。机体缓冲乳酸的能力主要取决于碳酸氢钠的含量及碳酸酐酶的活性。③ 脑细胞耐受乳酸的能力。经常进行无氧耐力训练，可以脑细胞对血液中代谢产物堆积的耐受力得到提高。

5. 影响最大摄氧量的主要因素为心脏的泵血功能和肌肉利用氧的能力。心脏的泵血功能与心脏容积和心肌收缩力大小有关，在一定范围内心脏容积越大、心肌收缩力越强，说明心脏的泵血功能就越好、最大摄氧量也就越大。由于心脏位于人体中心，因此心脏的泵血功能被认为是影响最大摄氧量的中央机制。肌肉利用氧的能力可用动静脉氧差表示，其值与毛细血管分布、线粒体数目的多少和体积的大小、有氧化酶的活性和肌红蛋白含量等因素有关，这些数值越高、动静脉氧差就越大、最大摄氧量也就越大。由于相对于心脏来说，肌肉位于外周，所以它被认为是影响最大摄氧量的外周机制。

除此以外，影响最大摄氧量的因素还有年龄、性别、遗传和训练等。人体在不同的年龄阶段最大摄氧量的值是不同的，出生之后随着年龄的增长而增长，女子 13~17 岁、男子 18~20 岁达到峰值，此后，随年龄的增加，男子以每年 2%、女子以 2.5% 的速率逐渐下降，老年后下降率减为 0.8%~0.9%，60 岁时最大摄氧量减少到最大值的 70%；不同的性别对最大摄氧量影响也会表现出一定的年龄差异。青春期前男女最大摄氧量的差异不大，12~13 岁之后差异逐渐显著，成人男子要高于女子 10%~20%；最大摄氧量与遗传的关系十分密切，多数学者认为其遗传度可高达 93.4%；虽然最大摄氧量主要决定于遗传，但经过长期系统的运动训练，也可使其有一定程度的提高，提高幅度一般间于 5%～25% 之间。

6. 有氧耐力是指人体长时间进行有氧工作的能力。氧供充足是实现有氧工作的先决条件，也是制约有氧工作的关键，此外还与骨骼肌的特征、神经调节能力以及能量供应特点等因素有关。

（1）氧运输系统功能：空气中的氧通过呼吸器官的活动吸入肺，经过物理弥散作用与肺循环毛细血管血液之间进行交换。因此，肺的通气与换气机能是影响人体摄氧能力的因素之一，肺功能的改善为运动时氧的供给提供了先决条件，但并非是限制有氧能力的主要因素；弥散入血液的氧是由红细胞中的血红蛋白携带并运输，因此，血液的载氧能力与有氧耐力密切相关，血红蛋白越多、载氧能力越强、有氧耐力就越好；心脏的泵血功能是限制人体最大有氧能力的一个十分重要的因素。心脏的泵血功能的水平可用心输出量表示，心输出量受每搏输出量和心率的制约，而每搏输出量决定于心肌收缩力量和心室容积的大小，因此，增加心输出量的关键是每搏输出量。

（2）骨骼肌的特征：当毛细血管血流经骨骼肌细胞时，肌组织从血液中摄取和利用氧的能力与有氧耐力有密切关系，其利用能力与肌纤维类型及其代谢特点有关，慢肌纤维比例越高，肌红蛋白和线粒体的体积与数量就越多、氧化酶活性也越高，有氧耐力也就越好。

（3）神经调节能力：长期进行耐力训练，不仅能够提高大脑皮质神经过程的稳定性，而且能够改善各中枢之间的协调关系，提高肌肉活动的机械效率，节省能量消耗，从而保持较长时间的肌肉活动。

（4）能量供应特点：持续时间长、强度较小的运动，其能量绝大部分由有氧代谢供给。所以，机体的有氧系统的供能能力与有氧耐力素质密切相关。系统的耐力训练可以提高肌肉有氧氧化过程的效率和各种氧化酶的活性，以及机体动用脂肪供能的能力。

7. 低氧训练分为高住高训、高住低训、高住高练低训、低住高练、间歇性低氧训练等多种方式。目前较为推荐的是高住低训及在此基础上发展起来的高住高练低训。这种训练方式可以使运动员在训练过程中减小低氧的负面影响，保证训练质量，降低力量的丢失程度。低氧训练可以提高血液氧运输能力、红细胞释放氧能力、心肺功能、骨骼肌代谢能力，有利于运动员有氧能力的提升。

（七）案例分析

1. 分析要点

严格来讲，只增长力量，不长体重（包括瘦体重）的训练方法是很难实现的。但相对来说，不长或少长体重，最大限度增长局部力量的训练方法从生理学因素分析是可能的。以跳高专项腿部力量训练为例，训练方法可选择超负荷的绝对重量，采用次数少、时间短、强度大的训练方法，结合专门化原则，要求用力形式与专项技术结构特点相一致。

可能的生理机制：① 采用这样的训练方法，可以充分调动"中枢激活"因素，使中枢神经系统发放"强而集中"的兴奋潜能，不仅可以募集肌肉中更多的运动单位参与收缩并且能使每一个运动单位发挥出最大的张力变化，同时还可使中枢神经对肌肉活动的协调和控制能力得到更高的训练。② 由于该方法负荷重量大、用力时间短、重复次数少等特点，故消耗的总能量少，可使恢复期肌肉蛋白合成以及其他能源物质合成不至于过多，使力量训练的效果与练习的目的更加一致。

2. 分析要点

① 教练员采用这种方法称为间歇训练法。② 这种训练方法的目的是要提高运动员的无氧耐力素质。③ 教练员采用持续 1 min 最大强度的跑、间歇 4 min 的方式训练，其目的是要最大限度地提高运动员血液中的乳酸浓度值。这种训练方法是比较合理的。原因主要有三点：第一，一般认为，发展糖无氧酵解供能能力的训练时间在 30～90 s 之间，因此，采用持续 1 min 最大强度的跑是可行的；第二，一次性 1 min 左右的力竭性跑后，血乳酸浓度介于 14～18 mmol·L^{-1}，要想达到其最高值，必须要进行间歇性的运动训练，使乳酸浓度不断累积，最后达到 31.3 mmol·L^{-1} 的较高值，使机体获得最大的乳酸刺激，可提高身体的最大乳酸耐受能力；第三，运动强度不变，改变间歇的时间，训练的效果是不同的。因此，在训练中采用监控血乳酸浓度的方法，用来负荷强度和间歇时间的调整是比较科学的。

3. 分析要点

通过表中数据可以看出，乙运动员的发展潜力要比甲运动员更大一些。其理由是：① 从比赛成绩和最大摄氧量来看，甲运动员虽要略优于乙运动员，但他们都已有近三年的训练史，最大摄氧量的增长幅度不会太大，所以可以不作为判断的主要指标。② 从无氧阈占最大摄氧量百分比（AT%）来看，乙运动员为 79% 最大摄氧量，显著高于甲运动员（62% 最大摄氧量）。无氧阈高低主要与肌肉摄氧能力有关，受遗传因素的影响较小。所以，无氧阈所占最大摄氧量百分比越高，说明氧的利用率较高、氧亏量较低、运动后的血乳酸值也就越少。因此，可以断定，乙运动员的发展潜力要比甲运动员更大一些。

4. 分析要点

HiHi 和 HiLo 这两种训练方法均通过低氧刺激提高了运动员心肺功能及氧

气的运输能力，所以最大摄氧量提高。而 HiLo 组由于在较低海拔高度训练，训练强度、训练量、肌肉力量受到低氧的负面影响较小，因而在运动能力上整体得到提高。

（河北师范大学　王凤阳）

（华南师范大学　肖国强）

（福建师范大学　刘一平）

（曲阜师范大学　刘洪珍）

（北京体育大学　胡　扬）

11

第十一章　运动与身体机能变化

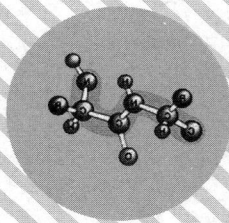

一、习题

（一）单选题

1. 准备活动的强度和时间安排应以哪一指标变化为主要标志（　　）
   A. 体温升高　　　　　　　　　　B. 血压升高
   C. 兴奋性提高　　　　　　　　　D. 心率加快

2. 优秀长跑运动员神经过程表现较高的是（　　）
   A. 灵活性　　　　　　　　　　　B. 机体稳定性
   C. 应激性　　　　　　　　　　　D. 兴奋性

3. 经常训练者在相对安静状态下，基础心率呈现的变化趋势是（　　）
   A. 平稳下降　　　　　　　　　　B. 平稳上升
   C. 先下降后上升　　　　　　　　D. 先上升后下降

4. 运动员在比赛前出现的心率加快、血压升高等一系列生理变化是由哪种反射引起的（　　）
   A. 压力感受性反射　　　　　　　B. 化学感受性反射
   C. 条件反射　　　　　　　　　　D. 非条件反射

5. 赛前状态运动员的体温将会发生什么样的变化（　　）
   A. 不变　　　　　　　　　　　　B. 降低
   C. 升高　　　　　　　　　　　　D. 变化不定

6. 良好的赛前状态和准备活动具有的相同生理意义是（　　）
   A. 防止受伤　　　　　　　　　　B. 缩短进入工作状态时间
   C. 推迟疲劳　　　　　　　　　　D. 加速恢复

7. 人体在运动过程中，"极点"产生在何种状态（　　）
   A. 赛前状态　　　　　　　　　　B. 假稳定状态
   C. 真稳定状态　　　　　　　　　D. 进入工作状态

8. 人体在运动过程中，"第二次呼吸"的出现标志着哪一状态的结束（　　）
   A. 赛前状态　　　　　　　　　　B. 进入工作状态
   C. 真稳定状态　　　　　　　　　D. 假稳定状态

9. 运动进入假稳定状态时，摄氧量与需氧量的关系是（　　）
   A. 摄氧量等于需氧量　　　　　　B. 摄氧量大于需氧量
   C. 摄氧量达最高水平仍低于需氧量　D. 摄氧量与需氧量同步增加

10. 在马拉松跑的途中，人体机能水平主要处于什么状态（　　）
    A. 进入工作状态　　　　　　　　B. 真稳定状态

C. 假稳定状态   D. 疲劳状态

11. 产生进入工作状态的主要原因是（   ）

   A. 运动器官的生理惰性大于内脏器官

   B. 内脏器官的生理惰性大于运动器官

   C. 物理惰性大

   D. 运动时的空气阻力大

12. 通常心率超过 180 次/min 时，心输出量反而会减少，原因是（   ）

   A. 心室充盈时间过短   B. 心肌收缩力减小

   C. 心室收缩时间过短   D. 心室收缩期过分缩短

13. 在一定强度的周期性运动中，经过哪一状态后机体便进入一种相对稳定状态（   ）

   A. 赛前状态   B. 假稳定状态

   C. 进入工作状态   D. 疲劳状态

14. 通常易出现"极点"的运动项目是（   ）

   A. 短跑   B. 中长跑

   C. 体操   D. 投掷

15. 假稳定状态运动时所摄取的氧量受什么水平的限制（   ）

   A. 吸氧量   B. 氧亏

   C. 耗氧量   D. 最大摄氧量

（二）判断题

1. 赛前状态不利于运动员发挥正常的工作能力。（   ）

2. 赛前状态一般在临近比赛时才出现。（   ）

3. 进入工作状态产生的主要原因是运动器官的惰性大。（   ）

4. 准备活动能使体温升高，但不能增强氧运输系统的机能活动。（   ）

5. "第二次呼吸"的出现标志着机体进入工作状态结束。（   ）

6. 训练水平高低与"极点"出现的早晚和反应大小无关。（   ）

7. 良好的赛前状态和适宜的准备活动有助于减轻运动中"极点"的反应。（   ）

8. 真稳定状态保持时间的长短与氧运输系统的功能密切相关。（   ）

9. 由于马拉松运动持续时间长，所以运动中机体主要处于假稳定状态。（   ）

10. 稳定状态一般出现在短距离或较短时间的运动项目中。（   ）

11. 良好的赛前状态和充分的准备活动可延长进入工作状态的时间。（   ）

12. 有训练者在安静状态和定量负荷运动时均表现出机能节省化现象。（   ）

13.　"极点"是运动中机能暂时紊乱的一种表现。（　　　）

14.　由脱训所造成的速度和灵敏的损失相对较高。（　　　）

15.　运动性力竭是运动性疲劳发展到一定程度后的病理反映。（　　　）

16.　短跑运动员出现运动性心腔容积增大的现象较为多见。（　　　）

17.　非周期性练习中，其技术动作的不断变化是加深疲劳的重要因素。（　　　）

18.　自由基可以攻击细胞膜对细胞产生破坏作用，所以对机体一定会产生不良影响。（　　　）

19.　延髓在易化系统中处于中心地位。（　　　）

20.　脱训对机体运动能力可能有提升作用，也可能产生不良影响。（　　　）

21.　在竞技体育领域中"没有疲劳的训练是没有效果的，没有恢复的训练是危险的"这句话不正确。（　　　）

22.　现代竞技运动不断冲击人们的生理极限，机体功能水平在不断被打破而又不断建立新平衡的动态变化中发展提高。（　　　）

23.　运动性疲劳是运动肌工作能力降低的表现，其原因从运动中枢到骨骼肌各个环节都有可能发生。（　　　）

24.　剧烈运动后，Ach 释放量减少，不会影响神经—肌肉接点的兴奋传递。（　　　）

25.　细胞 Ca^{2+} 代谢异常，肌浆网释放 Ca^{2+} 减少和再摄取 Ca^{2+} 能力下降，均会导致兴奋-收缩脱耦联，出现运动性疲劳。（　　　）

26.　不同运动项目的疲劳存在一定的规律性，短时间最大强度运动性疲劳往往与能源贮备动用过程受抑制有关。（　　　）

27.　在静止用力练习时，中枢神经系统的相应部位持续兴奋，肌肉中血液供应减少以及憋气引起的心血管系统功能下降是产生疲劳的主要原因。（　　　）

28.　代谢产物堆积学说认为，产生运动性疲劳主要是机体严重脱水导致血浆渗透压及电解质浓度的改变等因素引起的。（　　　）

29.　内环境稳定性失调学说认为运动性疲劳是由于血液 pH 下降，某些代谢产物在肌组织中大量堆积所致。（　　　）

30.　按照巴甫洛夫学派的观点，运动性疲劳是由于大脑皮质产生了保护性抑制。（　　　）

31.　爱德华兹从肌肉疲劳时能量消耗、肌力下降和兴奋性丧失三维空间关系，提出了肌肉疲劳的突变理论。（　　　）

32.　突变理论认为疲劳是运动能力的衰退，形如一条链的断裂现象。（　　　）

33.　超量恢复的过程和时间取决于消耗的程度，肌肉活动量越大、消耗过

程越激烈、超量恢复越明显。（　　　）

34. 运动实践证明，运动员在超量恢复阶段参加训练或比赛，能提高训练效果和创造优异比赛成绩。（　　　）

35. 机体疲劳时，膝跳反射的敏感性升高，引起膝跳反射所需的叩击力量增加。（　　　）

36. 一般认为，同一个体在同负荷练习后血乳酸升高或清除时间延长是运动性疲劳的征象之一。（　　　）

37. 定量负荷后，恢复时间延长、基础心率加快，不一定是疲劳的征象。（　　　）

38. 大负荷训练日，血红蛋白持续下降或低于正常值是疲劳的征象。（　　　）

39. 乳酸是糖酵解的产物，其中仍蕴藏有大量的能量可以被利用。（　　　）

40. 有研究认为，乳酸绝大部分用于合成肝糖原才能被再利用。（　　　）

41. 运动时心肌从血液中摄取乳酸后加以氧化利用，肝和肾不能摄取乳酸作为糖异生作用的底物。（　　　）

42. 肌肉进行适当强度收缩而产生的疲劳，一般是由于兴奋-收缩耦联受到损害引起，这种疲劳不可能在一堂训练课中被消除，须依靠运动后的恢复措施。（　　　）

（三）填空题

1. 运动过程中人体生理功能将发生一系列规律性变化，其发生顺序为_____、_____、_____、疲劳和恢复5个阶段。

2. 赛前状态的生理机制可以用_____解释。

3. 赛前状态反应的大小与_____和_____及心理因素有关。

4. 进入工作状态产生的主要原因是_____。

5. "极点"出现时，应注意_____和_____，有助于减轻"极点"反应。

6. 稳定状态可分为_____和_____。

7. 在真稳定状态下运动时，能量供应以_____为主。

8. 在假稳定状态下运动时，_____供能占优势。

9. 运动性疲劳是机体功能暂时下降的_____现象，是一种"_____"信号，是防止机体功能受损的_____机制。

10. 中枢疲劳可能发生在从_____直至_____运动神经元。

11. 从神经-肌肉接点直至肌纤维内部的_____等，都是_____疲劳可能发生的部位。

12. Brooks对肌乳酸生成后的转运过程概括为_____，包括_____和

_____两种形式。

13. 爱德华兹形象地将运动性疲劳发生原因定位于从_____系统到_____联结部位，直至骨骼肌内部，形如一条链。

14. 剧烈运动后，_____释放量减少，使神经-肌肉接点的_____发生障碍。

15. 肌质网终池具有贮存_____及调节肌浆_____浓度的重要作用，这些作用在肌肉收缩和舒张过程中都起关键的_____作用。

16. 细胞内 Ca^{2+} 代谢异常，肌浆网释放 Ca^{2+} 减少和再摄取 Ca^{2+} 的能力下降，均会导致兴奋-收缩_____，出现_____。

17. 基底神经节相关核团的_____和_____之间的失衡可能是造成运动环路失调的关键。

18. 首个主观感觉运动负荷评估表是由瑞典生理学家_____提出来的。

19. 肌肉硬度是反映肌肉_____程度的指标。

（四）名词解释

1. 赛前状态

2. 进入工作状态

3. 准备活动

4. "极点"

5. "第二次呼吸"

6. 稳定状态

7. 真稳定状态

8. 假稳定状态

9. 脱训

10. 尖峰状态训练

11. 运动性疲劳

12. 运动性力竭

13. 自由基

14. 恢复过程

15. 超量恢复

16. 主观感觉判断

17. 积极性休息

18. 整理活动

19. 氧脉搏

185

（五）简述题

1. 简述"极点"产生的原因。

2. 简述"第二次呼吸"产生的原因。

3. 简述赛前状态的生理变化及其机制。

4. 依据赛前状态反应程度的不同，如何调整和提高机体工作能力？

5. 简述准备活动的生理作用。

6. 简述进入工作状态产生的原因。

7. 试对真稳定状态和假稳定状态进行比较。

8. 请指出运动员在假稳定状态下运动时，机体代谢和运动能力的特征。

9. 简述人体在静力性运动时的疲劳特点。

10. 简述准备活动与整理活动的区别。

11. 促进人体功能恢复的措施主要有哪些？

12. 简述运动性疲劳的分类。

13. 肌肉疲劳的突变理论是依据什么提出来的？它的核心内容是什么？

14. 何谓超量恢复？超量恢复有何特点与实践意义？

15. 简述影响肌糖原恢复的主要因素和特点。

16. 简述脱训应注意的几个生理学问题。

（六）论述题

1. 试述在运动过程中为什么会出现"极点"？运动员在运动实践中应该如何对待"极点"？

2. 结合运动实践，阐述运动性疲劳产生机制的理论。

3. 试述在体能主导类项目的训练中，应该如何合理安排恢复？

4. 试述如何避免长时间脱训对心肺功能和运动能力产生的不良影响？

（七）案例分析题

1. 在某女子足球队休整期的一次训练课中，教练安排跑的练习约占到训练课时间的 80%～90%，训练强度为 60%～80% 最大摄氧量，并安排了一些下肢肌和腰腹肌的力量练习。请你从运动生理学角度分析，该训练课主要发展了什么能力？并说明应安排什么样的恢复措施？

2. 甲、乙两名学生，其训练水平相当，在参加学校的一次 1 500 m 跑的比赛中，甲在比赛开始阶段全力跑，并在运动中产生了一些非常难受的生理反应，如呼吸困难、胸闷、头晕、肌肉酸软无力、动作迟缓不协调等；而乙在比赛开始阶段只用了 80% 的能力跑，在整个比赛过程中感觉比较轻松，结果乙先跑到了终点，并获得了最终的胜利。请你从运动生理学的角度分析其原因？

二、参考答案

（一）单选题

1. A 2. B 3. A 4. C 5. C 6. B 7. D 8. B 9. C 10. B

11. B 12. A 13. C 14. B 15. D

（二）判断题

1. 错 2. 错 3. 错 4. 错 5. 对 6. 错 7. 对 8. 对 9. 错 10. 错

11. 错 12. 对 13. 对 14. 错 15. 对 16. 错 17. 错 18. 错 19. 错 20. 对

21. 错 22. 对 23. 对 24. 错 25. 对 26. 错 27. 对 28. 错 29. 错 30. 对

31. 对 32. 对 33. 错 34. 对 35. 错 36. 对 37. 错 38. 对 39. 对 40. 错

41. 错 42. 对

（三）填空题

1. 赛前状态，进入工作状态，稳定状态

2. 自然形成的条件反射

3. 比赛性质，运动员的功能状态

4. 内脏器官的生理惰性大

5. 加深呼吸，适当控制运动强度

6. 真稳定状态，假稳定状态

7. 有氧代谢供能

8. 无氧代谢

9. 生理，"预警"，保护性

10. 大脑皮质，脊髓

11. 线粒体，外周

12. 乳酸穿梭，工作肌内乳酸穿梭，经血管的乳酸穿梭

13. 中枢神经，神经-肌肉

14. Ach，去极化

15. Ca^{2+}，Ca^{2+}，调节

16. 脱耦联，运动性疲劳

17. 神经递质，受体

18. 鲍格

19. 放松

（四）名词解释

1. 人体在参加比赛或训练前某些器官系统产生的一系列条件反射性变化称为赛前状态。

2. 在运动开始阶段，人体各器官系统的工作能力不可能立即达到最高水平，而是有一个逐步提高的过程，这一段体能变化称为进入工作状态。

3. 准备活动是指在比赛、训练和体育课的基本部分之前有目的地进行的身体练习。

4. 在进行强度较大、持续时间较长的运动过程中，由于运动开始阶段内脏器官的功能活动不能满足运动器官的需要，练习者产生一些非常难受的生理反应，如呼吸困难、胸闷、头晕、肌肉酸软无力、动作迟缓不协调，甚至不想再运动下去，这种机能状态称为"极点"。

5. "极点"出现后，如依靠意志力和调整运动节奏继续坚持运动，一些不良的生理反应便会逐渐减轻或消失。此时，呼吸变得均匀自如、动作轻松有力，能以较好的机能状态继续运动下去，这种状态称为"第二次呼吸"。

6. 进入工作状态结束后，人体各器官系统的机能和工作效率在一段时间内保持在一个较高的、变化范围不大的水平上，这一阶段称为稳定状态。

7. 在进行中小强度的长时间运动时，当进入工作状态结束后，机体的摄氧量能够满足需氧量的要求，各项生理指标保持相对稳定，这种状态称为真稳定状态。

8. 在进行强度较大、持续时间较长的运动时，当进入工作状态结束后，机体的摄氧量已达到并稳定在最大摄氧量水平上，但仍不能满足机体对氧的需求，运动过程中氧亏不断增多，这种状态称为假稳定状态。

9. 脱训又称停训，是指由于训练的减少或停止，由先前训练所形成的解剖、生理及运动成绩的适应完全或部分消失。

10. 尖峰状态训练是指运动员在参加大赛前的最后几天降低他们的训练负荷，目的是在比赛中取得优异的成绩。

11. 机体生理过程不能继续维持机能在特定水平上进行或不能维持预定的运动强度，称为运动性疲劳。

12. 运动性力竭是指机体出现运动性疲劳后，如继续进行运动，疲劳发展到一定程度时的最终结果，是机体衰损的一种表现。

13. 自由基是指外层电子轨道含有未配对电子的原子、离子或分子。

14. 恢复过程是指人体在健身锻炼、运动训练和竞技比赛过程中及结束后，生理功能逐渐恢复与提高的过程。

15. 超量恢复是指人体在运动中消耗的能源物质，在运动后一段时间不仅可恢复到原来水平，甚至超过原来水平。

16. 在运动时，来自肌肉、呼吸、痛觉和心血管等各方面的刺激，都会传到大脑皮质，而引起大脑感觉系统的应激，这一应激过程称为主观感觉判断。

17. 积极性休息是指用转换活动的方式消除疲劳的运动手段。

18. 整理活动是指在正式练习后所做的一些加速机体功能恢复的较轻松的身体练习。

19. 氧脉搏是指人体从每搏输出量中所摄取的氧量，即每分摄氧量与心率的比值。

（五）简答题

1. "极点"的产生是由于内脏器官的机能惰性大于运动器官所造成的。在运动开始时由于摄氧量水平的提高不能适应肌肉活动的需求，造成体内缺氧或供氧不足、乳酸堆积和血液 pH 下降的结果。此时，不仅影响了神经和肌肉的兴奋性，还反射性地引起呼吸和循环系统的功能紊乱，这些机能失调的强烈刺激传入大脑皮质，使运动动力定型暂时遭到破坏，致使运动出现不协调的现象。

2. 当极点出现以后，随着运动持续进行，内脏器官的生理惰性逐步得到克服、摄氧水平逐渐提高；同时极点出现时，运动速度暂时下降，致使运动的每分需氧量减少，这样机体缺氧状态会逐步得到缓解、内环境得到改善，呼吸和循环系统的机能活动逐渐增强，动力定型得以恢复，机体会产生一种轻松自如的感觉，便出现了"第二次呼吸"。

3. 赛前状态的生理反应主要表现在神经系统、氧运输系统和物质代谢等方面的变化，如中枢神经系统兴奋性提高、物质代谢过程加强、体温升高、内脏器官的活动增强，表现为心率加快、收缩压升高、肺通气量和摄氧量增加，并可出现血糖水平升高、泌汗增多和尿频等现象。赛前状态产生的生理机制是自然形成的条件反射。

4. 为了使运动员更好地发挥工作能力，应努力使赛前反应调整至最适宜状态。要求运动员不断提高心理素质、正确认识比赛的意义、端正比赛的态度；经常参加比赛，积累比赛经验；通过适当形式的准备活动可以调整赛前状态，对其赛前状态反应强烈者可采取强度较小、轻松缓和以及转移注意力的准备活动；而对其赛前反应较弱者则可采取强度较大的、与比赛内容近似的练习。

5. 准备活动的生理作用可概括为以下几个方面：① 适度提高中枢神经系统的兴奋性、增强内分泌腺的活动。② 预先克服内脏器官的生理惰性，增强氧运输系统的功能，缩短进入工作状态的过程。③ 使体温适度升高，机体代谢水平提高，有效地预防运动损伤。④ 增强皮肤血流，有利于散热，防止正式练习时体温过高；⑤ 调节不良的赛前状态。

6. 进入工作状态产生的原因有：① 人体进行的各种运动都是在中枢神经系统的控制与整合下所实现的反射活动，完成任何一项反射活动都需要一定的时间。② 机体存在有一定的惰性，克服惰性就需要一定的时间。机体的惰性主要来源于内脏器官和运动器官，与运动器官相比，内脏器官的生理机能惰性较大，这是进入工作状态产生的最主要原因。

7. 真稳定状态和假稳定状态的区别主要体现在以下几个方面：① 真稳定状态出现在进行中、小强度的长时间运动时。假稳定状态是出现在进行强度较大、持续时间较长的运动时。② 在真稳定状态，当人体的生理惰性得到克服以后，机体的摄氧量能够满足需氧量的要求，不再产生氧亏，能量供应是以有氧代谢供能为主，很少产生乳酸。而在假稳定状态，当人体的生理惰性得到克服以后，机体的摄氧量虽已达到并稳定在最大摄氧量水平上，但仍不能满足机体对氧的需求，运动过程中不断产生氧的亏欠，能量供应是以无氧代谢供能占优势，乳酸水平逐渐升高，血液 pH 下降。③ 处于真稳定状态的运动，运动的持续时间较长，而假稳定状态的运动，运动持续时间不可能持久。

8. 人体在假稳定状态下运动时，与运动有关的各项生理指标（如心率、心输出量和肺通气机能等）基本达到并稳定在本人的最高水平，但每分摄氧量仍小于每分需氧量，造成体内氧供不足，氧亏量逐渐增大，能量供应是以无氧代谢供能占优势，乳酸水平升高，血液 pH 下降，运动时间不能持久。

9. 人体在进行静力性练习时，中枢神经系统的相应部位处于持续的兴奋状态，肌肉因持续收缩使其血流不畅、局部血液供应减少、肌肉泵的作用消失、静脉回流受阻，使其心输出量明显下降，很快就使机体处于疲劳状态。

10. 准备活动与整理活动的主要区别有：① 准备活动是指通过肌肉的主动收缩使机体代谢增强、产热增加、体温升高的生理过程。整理活动是指在正式练习后所做的一些加速机体功能恢复的、较轻松的身体练习。② 准备活动的主要标志是体温升高、本质是使功能水平得到提高。而整理活动是为了减少肌肉的延迟性酸痛、有助于消除疲劳、预防"重力性休克"的发生。③ 准备活动生理原则是渐增式的，活动强度宜中小，靶心率为储备心率的 30%~60%。而整理活动的生理原则是渐减式的、负荷强度以中小为宜，靶心率控制在储备心率的 20%~50%，以有氧活动为主、充分拉伸肌肉。④ 准备活动要以全身大多数肌群收缩与伸展为主，内容和时间应依据运动的目的和要求进行安排。整理活动的时间是以心率基本恢复至运动前水平为宜。

11. 促进人体功能恢复的措施主要有：活动性手段，如变换活动部位和调整运动强度。营养性手段，如合理调配和补充营养物质。此外还有中医药手段、睡眠、物理手段和心理学手段等。

12. 运动性疲劳主要有以下几种分类的方法：① 按局部和整体划分，可将运动性疲劳分为局部疲劳和整体疲劳。局部疲劳是指以身体某一局部持续运动导致的局部器官机能下降，整体疲劳是指由全身运动引起的机体调控功能和多器官功能下降的疲劳。② 按身体器官划分，可将运动性疲劳分为骨骼肌疲劳、心血管疲劳、呼吸系统疲劳等。骨骼肌疲劳是指骨骼肌持续收缩导致的收缩功能下降，心血管疲劳是指运动引起的心脏、血管系统及其调节功能下降，呼吸系统疲劳是指运动引起的呼吸功能下降。③ 按运动方式划分，可将运动性疲劳分为快速疲劳和慢速疲劳。快速疲劳是指大强度、剧烈运动引起的功能下降，慢速疲劳是指小强度、长时间的运动导致的功能下降。

13. 爱德华兹从肌肉疲劳时能量消耗、肌力下降和兴奋性丧失的三维空间关系，提出了肌肉疲劳的突变理论。这一理论认为，疲劳是运动能力的衰退，形如一条链的断裂现象。在能量和兴奋性丧失过程中，存在一个急剧下降的突变峰，兴奋性突然崩溃，并伴随力量或输出功率突然衰退。突变理论的核心内容就是把疲劳看成是多因素的综合表现。

14. 超量恢复是指运动中消耗的能源物质在运动后一段时间不仅可以恢复到原来水平，甚至还可以超过原来水平，并保持一段时间后才恢复到原先水平。超量恢复的程度和时间取决于消耗的程度，在一定范围内，肌肉活动量越大、消耗过程越剧烈、超量恢复越明显。如果活动量过大，超过了正常生理范围，恢复过程就会延缓。实践证明，运动员在超量恢复阶段进行训练或比赛，能更有效地提高其训练效果和创造优异的成绩。

15. 肌糖原贮备是有氧系统和乳酸系统供能的物质基础，影响肌糖原恢复速度主要有两个因素：一是运动强度和运动持续时间，二是饮食。长时间运动使肌糖原耗尽后，如用高脂肪与蛋白质饮食 5 天，肌糖原恢复很少，如用高糖饮食 46 小时即可完全恢复，而且前 10 小时恢复最快；在短时间、高强度的间歇训练后，无论食用普通饮食还是高糖饮食，肌糖原的完全恢复都需要 24 小时，而且在前 5 小时恢复最快。

16. 脱训应注意以下几个生理学问题：① 训练有素者比未经训练者在脱训后有更多的损失，即从训练中得到的越多，脱训后失去的越多。② 脱训后，心肺耐力的下降远大于肌肉耐力、力量和功率的下降。③ 为保持心肺耐力，每周至少应训练三次，每次的训练强度至少应达到原来正常训练强度的 70%。④ 脱训导致肌肉萎缩，伴随着肌肉力量和功率的下降。在脱训期间，只要进行很少的运动刺激就可以保持肌肉的力量和功率。

（六）论述题

1. "极点"的产生是由于运动时，内脏器官的机能惰性比运动器官大，运动开始时每分摄氧量水平的提高不能满足肌肉活动对氧的需求，造成体内缺氧、乳酸堆积、血液 pH 向酸性方面偏移，这不仅影响了神经肌肉的兴奋性，还反射性地引起呼吸和循环系统机能以及运动动力定型的紊乱。良好的赛前状态和适当的准备活动能够预先克服内脏器官的生理惰性，从而减轻极点的反应程度。当"极点"出现时，应继续坚持运动，并注意加深呼吸和适当控制运动强度，这样不仅有助于减轻极点的反应，而且也可促使第二次呼吸的出现。随着运动的持续进行，内脏器官的惰性逐步得到克制，摄氧水平也逐渐提高，同时"极点"出现时，运动速度暂时下降，使运动的每分需氧量暂时减少，机体的缺氧状态会逐步得到缓解、内环境得到改善、呼吸循环系统的机能活动增强，动力定型得以恢复，从而出现"第二次呼吸"。

2. 运动性疲劳具有较大的"个性"因素。现代竞技运动不断冲击人体的生理极限，机体功能水平在不断被打破而又不断被建立新平衡的动态变化中发展提高。因此，运动性疲劳是人体进行连续多次的大负荷运动，机体不能在"预定或特定"时间、空间重新建立适应性平衡的、复杂的功能变化过程。由于运动项目不同、个人特点不同，导致产生运动性疲劳的机制也不同。目前，有关运动性疲劳产生的机制主要有以下几种解释：① 耗竭学说认为，运动性疲劳产生是由于体内能源物质大量消耗所致。② 代谢产物堆积学说认为，产生运动性疲劳主要是某些代谢产物在肌组织中大量堆积所致。③ 内环境稳定性失调学说认为，运动性疲劳是由于血液中 pH 下降、机体严重脱水导致血浆渗透压及电解质浓度的改变等原因引起的。④ 保护性抑制学说认为，运动性疲劳是由于大脑皮质为了避免损伤而出现的一种自我保护。⑤ 突变理论则是从肌肉疲劳时能量消耗、肌力下降和兴奋性丧失的三维空间关系，认为疲劳是运动能力的衰退，形如一条链的断裂现象。⑥ 自由基学说认为，在细胞内、线粒体、内质网、细胞核、质膜和胞液中都可能产生自由基。由于自由基化学性质活泼，可与机体内糖类、蛋白质、核酸及脂类等发生反应。因此认为，由于运动可造成细胞功能和结构的损伤和破坏，从而引发运动性疲劳。除此之外，也有学者认为，运动疲劳是由于中枢驱动不足导致。这种观点认为，运动疲劳时，来自于外周的感觉输入到达初级运动皮质，抑制系统性能加强、而易化系统因为基底神经节的调控不能有效兴奋，降低运动输出产生中枢疲劳。

3. 体能主导类项目主要包括：力量、速度、耐力、柔韧、平衡、协调等，在这些项目的恢复过程中，一定要遵循它们的不同特点和规律，采取不同的恢复措施，如营养手段、物理手段、中医药手段等。力量、速度类项目的恢复特点，以中枢神经系统适宜兴奋和磷酸原合成速率为主；无氧耐力类项目以肌糖原合成和乳酸清除为主；有氧耐力类项目以糖原合成和乳酸再利用为主；平衡、协调类项目以中枢神经系统和前庭器官的稳定性为主。

4. 脱训会使已提高的心肺功能下降。研究发现，最大摄氧量越大的运动员，脱训后其下降的幅度就越大，且由脱训导致的心肺功能下降比同时期出现的肌肉力量、功率的下降更明显。因此，运动员在非比赛期应特别注意保持耐力运动水平，因为一旦耐力运动水平下降，则需要相当长的训练时间才能恢复到原有巅峰状态。有研究表明，脱训两周后肌肉耐力就开始下降，但是其生理机制尚不清楚。

脱训后，肌肉力量和功率也会下降，但这种变化在最初的几个月表现并不明显。由脱训所造成的速度和灵敏素质的损失相对较少、而柔韧素质的下降则会很快，柔韧性下降更易导致运动损伤，因此为避免受伤，运动员应全年进行柔韧训练。

（七）案例分析题

1. 分析要点

该足球队休整期训练课，负荷量和强度相对不高。该训练课跑的练习约占到训练课时间的 80%～90%，说明主要以机能恢复和发展耐力素质为主，且训练强度为 60%～80%最大摄氧量，则主要以发展有氧耐力为主。配合一些下肢和腰腹部肌肉力量练习符合足球运动的专项特征。恢复措施主要应该包括：① 活动性手段，如在训练中，采用跑和力量练习转换的活动方式，训练后程则采用一些加速机体功能恢复的较轻松的身体练习。通过整理活动，可减少肌肉的延迟性酸疼，有助于消除疲劳。② 营养手段和物理手段，如从膳食中多食取一些含糖类较多的食物，同时采用按摩、理疗、吸氧等医学物理手段加速机体恢复。

2. 分析要点

1 500 m 跑属于强度较大、持续时间较长的剧烈运动，由于学生甲在运动开始时就使用了全力跑，此时每分摄氧量水平的提高不能适应肌肉活动对氧的需求，造成体内缺氧、乳酸堆积、血液 pH 向酸性方面偏移，这不仅影响了神经、肌肉的兴奋性，还会反射性地引起呼吸和循环系统机能下降，甚至于产生运动动力定型紊乱的现象。因此，练习者在运动中产生一些非常难受的生理反应，如呼吸困难、胸闷、头晕、肌肉酸软无力、动作迟缓不协调等现象，这必然会影响到他的运动能力；而学生乙由于在跑的开始时，适当地控制了运动强度，所造成的内脏器官与运动器官之间的不协调现象会明显减轻，一些不良的生理反应也不会过于明显，所以必然会取得良好成绩。

（陕西师范大学　胡柏平）

12

第十二章　运动技能形成

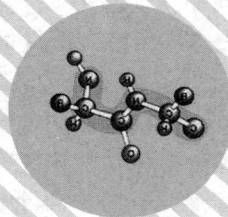

一、习题

（一）单选题

1. 下列有关非条件反射的错误叙述是（　　　）
   A. 先天形成的　　　　　　　　　　B. 反射弧固定不变
   C. 数量有限　　　　　　　　　　　D. 可随环境改变而改变

2. 下列有关条件反射的错误叙述是（　　　）
   A. 后天形成的　　　　　　　　　　B. 固定的神经联通系
   C. 具有较大的易变性　　　　　　　D. 具有较强的适应性

3. 条件反射形成的基本条件是（　　　）
   A. 不需要有非条件刺激
   B. 必须要有条件刺激
   C. 非条件刺激必须在条件刺激之前出现
   D. 非条件刺激与条件刺激在时间上的多次结合

4. 下列哪一种刺激属于第二信号（　　　）
   A. 声音　　　　　　　　　　　　　B. 灯光
   C. 语言　　　　　　　　　　　　　D. 食物

5. 人与动物对刺激信号发生反应的最大不同是（　　　）
   A. 人有第一信号系统　　　　　　　B. 动物有第二信号系统
   C. 人有两个信号系统　　　　　　　D. 动物有两个信号系统

6. 在运动技能形成过程中，哪种感觉起着最重要的作用（　　　）
   A. 视觉　　　　　　　　　　　　　B. 听觉
   C. 内脏感觉　　　　　　　　　　　D. 本体感觉

7. 在运动技能形成的泛化阶段，中枢神经系统活动的主要特征是（　　　）
   A. 兴奋与抑制过程都呈扩散状态
   B. 兴奋与抑制过程高度集中
   C. 抑制集中、兴奋扩散
   D. 兴奋集中、抑制扩散

8. 在运动技能形成的分化阶段，中枢神经系统活动的主要特征是（　　　）
   A. 有关中枢的兴奋与抑制逐渐集中
   B. 有关中枢的兴奋与抑制高度集中
   C. 有关中枢的兴奋与抑制逐渐扩散
   D. 分化抑制尚未建立

9. 在运动技能形成的巩固阶段，中枢神经系统活动的主要特征是（　　　）

A. 有关中枢的兴奋与抑制逐渐扩散

B. 有关中枢的兴奋与抑制逐渐集中

C. 有关中枢的兴奋与抑制在时间和空间上更加集中

D. 动作的某些环节无需大脑皮质参与就能实现

10. 运动技能达到自动化程度时，中枢神经系统活动的主要特征是（　　）

    A. 在大脑皮质兴奋最适宜部位的支配下完成动作

    B. 在大脑皮质兴奋性较低的区域的支配下完成动作

    C. 不需要大脑皮质的支配就可以完成动作

    D. 外界环境变化使自动化动作受阻时，大脑皮质的兴奋性也不会提高

11. 在运动技能形成的泛化阶段，教师应强调动作的哪一环节（　　）

    A. 主要环节　　　　　　　　　　B. 次要环节

    C. 附属环节　　　　　　　　　　D. 附属细节

12. 在运动技能形成的分化阶段，教师应特别注意什么（　　）

    A. 做好示范动作　　　　　　　　B. 让学生做模仿练习

    C. 纠正错误动作　　　　　　　　D. 巩固动力定性

13. 在运动技能达到巩固与自动化阶段后，教师在教学中应注意什么（　　）

    A. 强化练习　　　　　　　　　　B. 讲解动作要领

    C. 视觉反馈信息　　　　　　　　D. 语言反馈信息

14. 在运动技能形成的哪一阶段，教师可采用保护帮助、降低难度的方法
（　　）

    A. 泛化阶段　　　　　　　　　　B. 分化阶段

    C. 巩固阶段　　　　　　　　　　D. 自动化阶段

（二）判断题

1. 任何无关刺激与非条件刺激多次结合都可以形成条件反射。（　　）

2. 铃声刺激引起的唾液分泌活动属于非条件反射。（　　）

3. 在运动技能形成初期，应及时纠正错误动作以加快掌握动作技能。
（　　）

4. 运动技能达到自动化后也不能脱离大脑皮质的支配。（　　）

5. 在运动技能分化和巩固阶段，应多利用语言反馈信息强化动作学习。
（　　）

6. 运动技能形成的生理机制是有关中枢之间建立了巩固的神经联系。
（　　）

7. 运动技能形成的过程就是建立简单条件反射的过程。（　　）

8. 对于儿童少年来说，在体育教学中应多利用直观教学法。（　　）

9. 在运动技能形成初期，可主要利用视觉反馈信息以强化动作学习。（　　）

10. 写课后笔记或训练日记可通过自我反馈信息提高学习效果。（　　）

11. 运动技能一旦达到巩固和动力定型后就不会变质和消退。（　　）

12. 在动作结构相似的运动技能之间均具有良性迁移的作用。（　　）

13. 上体育课时，学生的兴奋性越高，建立条件反射和掌握动作越快。（　　）

14. 每个人同时注意多项事物的能力和信息处理能力是有限的。（　　）

15. 教师与学生之间的双向反馈是启发式教学，是较理想的教学模式。（　　）

16. 想象练习虽然没有进行实际练习，但可使这一技能的暂时神经联系得到一次接通，等于接受了一次强化。（　　）

17. 通过后天学习或训练建立的条件反射数量是有限的。（　　）

18. 条件反射可使动物和人对环境变化有较好的预见性。（　　）

19. 条件反射可脱离非条件反射单独形成。（　　）

20. 动物也可以用语词建成条件反射，所以动物也具有第二信号系统。（　　）

（三）填空题

1. 运动技能的形成实质上是建立＿＿＿＿、＿＿＿＿、＿＿＿＿的运动条件反射。

2. 依据运动技能形成过程中周围环境的稳定性及可预见程度不同，可将运动技能分为＿＿＿＿和＿＿＿＿两大类。

3. 运动技能是在＿＿＿＿主导下完成的肌肉活动。

4. 条件反射形成的机制是大脑皮质有关中枢之间建立＿＿＿＿神经联系。

5. 食物引起的唾液分泌活动属于＿＿＿＿反射，铃声与食物多次结合后铃声刺激引起的唾液分泌活动属于＿＿＿＿反射。

6. 在运动技能分化和巩固阶段，可多利用＿＿＿＿反馈信息强化动作学习。

7. 在运动技能的泛化阶段，可采取＿＿＿＿或＿＿＿＿教学手段，有助于初学者消除防御性反射对练习的干扰。

8. 动作的自动化是在大脑皮质兴奋性＿＿＿＿区域支配下完成的。

9. 条件反射形成的基本条件是＿＿＿＿和＿＿＿＿的多次结合。

10. 以前掌握的技能对以后学习新技能起促进作用，这属于＿＿＿＿迁移或＿＿＿＿迁移。

（四）名词解释

1. 运动技能

2. 运动动力定型

3. 反馈

4. 条件反射

5. 第一信号系统

6. 第二信号系统

（五）简答题

1. 试比较非条件反射与条件反射的异同点。

2. 试比较闭锁式和开放式运动技能的异同点。

3. 简述运动技能的生理本质。

（六）论述题

1. 试述运动技能形成的阶段性及规律，并阐述各阶段形成的生理原因、动作表现及采取的教学方法。

2. 为什么说运动技能是一种复杂的、链锁的、本体感受性的运动条件反射。

3. 身体素质与运动技能之间有何关系？请举例说明身体素质对学习运动技能的影响。

（七）案例分析题

王老师为某中学体育教师，教学对象是初三年级的学生，授课内容为学习"双手肩上投掷实心球"。该年级学生身体素质水平一般，由于该项内容为中考体育加试项目之一，所以学生上课积极性较高，具有较强的学习动机，几乎所有的学生把注意力集中在投掷的距离和成绩上，并且相互之间展开了比赛，完全忽视了该项技术的动作要领和学习过程，多数学生出现了错误动作。请你结合所学知识对该案例进行分析，并提出合理的教学方案。

二、参考答案

（一）单选题

1. D　2. B　3. D　4. C　5. C　6. D　7. A　8. A　9. C　10. B
11. A　12. C　13. D　14. A

（二）判断题

1. 对　2. 错　3. 错　4. 对　5. 对　6. 错　7. 错　8. 对　9. 对　10. 对
11. 错　12. 错　13. 错　14. 对　15. 对　16. 对　17. 错　18. 对　19. 错　20. 错

（三）填空题

1. 复杂的，链锁的，本体感受性

2. 闭锁式运动技能，开放式运动技能

3. 大脑皮质

4. 暂时性

5. 非条件，条件

6. 语言

7. 保护帮助，降低难度

8. 较低

9. 无关刺激，非条件刺激

10. 良性，正

（四）名词解释

1. 人体在运动中掌握和有效地完成专门动作的能力称为运动技能。

2. 在形成运动条件反射过程中，各有关中枢的兴奋和抑制在大脑皮质中按照严格的时间间隔和顺序出现，形成固定化的暂时性神经联系，这种固定化的格式称为运动动力定型。

3. 在反应过程中产生的输出信息又返回到输入信息中去，通过伺服机构（控制部位）的调整，使再次输出的信息更为精确，这一过程称为反馈。

4. 个体在后天学习和生活过程中，在一定条件下形成的一类反射称为条件反射。

5. 对第一信号发生反应的大脑皮质功能系统称为第一信号系统。

6. 对第二信号发生反应的大脑皮质功能系统称为第二信号系统。

（五）简答题

1. 非条件反射是先天就有的本能行为，而条件反射是通过后天学习和训练获得的，是在非条件反射基础上建立的较复杂的反射；在数量上，非条件反射是有限的，而条件反射几乎是无限的；在质量上，非条件反射是固定不变的，而条件反射具有极大的易变性，可以新建、消退和改造等。因此，非条件反射只有有限的适应性，而条件反射可使动物和人具有高度的适应性。

2. 闭锁式运动技能指在环境稳定并可预期的环境下完成的技能（如跑步和游泳等，或能够预先评估环境，如打保龄球等），反馈信息只来自于本体感受器，基本上不因环境条件改变而改变自己的动作；开放式运动技能指在环境变化和不可预见的环境中完成的动作（如球类、摔跤等对抗性项目），练习者难以预先决定动作技术，而是依据环境的变化（如对手采取的技战术动作等）而不断改变自己的动作，反馈信息来自多种分析器，尤其是视觉分析器。

3. 运动技能是在大脑皮质支配下的一种随意运动。作为随意运动的运动技能，本质上就是条件反射。其生理机制是大脑皮质运动中枢与其他各感觉中枢之间建立暂时性神经联系。因此，运动技能形成的过程就是建立运动条件反射的过程，但它较一般简单条件反射要复杂得多，是建立复杂的、链锁的、本体感受性的运动条件反射。

（六）论述题

1. 运动技能形成的过程有其阶段性变化规律。一般可将其划分为三个阶段：泛化阶段、分化阶段、巩固与自动化阶段。但各阶段并不是截然分开的，而是逐渐过渡的，各阶段的出现及持续时间受许多因素的影响。

在运动技能形成初期，由于大脑皮质有关中枢的兴奋与抑制过程都呈现扩散状态，而出现泛化现象，动作不准确，教师在教学中应抓动作的主要环节和主要问题，帮助学生建立正确动作的概念。随着学习的不断深入，大脑皮质有关中枢的兴奋和抑制过程日趋分化和集中，运动技能进入分化阶段，初步形成了动力定型，此时教师应重点加强对动作细节的要求，使动作日趋准确。随着运动技能日趋巩固和完善，大脑皮质有关中枢的兴奋与抑制在时间和空间上更加精确和集中，动作完成得更加准确、协调或出现自动化，该阶段教师应对学生提出进一步要求，不断提高动作质量。

2. 由于多数运动技能都是由一连串复杂动作组合而成的，所以它是在大脑皮质主导下建立复杂运动条件反射的过程。其复杂程度主要体现在以下三个方面：① 复杂性。一般条件反射通常只需条件刺激与非条件刺激的中枢之间建立暂时神经联系，而运动技能的形成需要多个中枢参与活动，多个感觉中枢都与大脑皮质运动感觉中枢之间建立暂时神经联系，其反射活动较为复杂。② 链锁性。运动技能是一连串复杂动作的综合，前一个动作的结束便是下一个动作的开始，使整套动作形成一连串前后呼应的条件反射。③ 本体感受性。在形成运动条件反射过程中，本体感受性传入冲动起着非常重要的作用，没有这种传入冲动，条件刺激得不到强化，运动条件反射不能建立，运动技能就不能掌握。综上所述，运动技能形成的过程就是建立复杂的、链锁的、本体感受性的运动条件反射。

3. 身体素质与运动技能是相辅相成的，良好的身体素质是学习和掌握运动技能的基础；身体素质的提高又为进一步改善运动技能打下良好的基础；随着运动技能水平的不断提高，身体素质也会得到发展。

例如，柔韧素质强，人体在运动中就可加大动作幅度，所以关节活动范围的大小与运动技能学习有着密切关系，如果柔韧素质差，就会限制关节活动范围，达不到某些运动技能的要求（如体操、跨栏等）。此外，学习某些动作时还易造成受伤等。

（七）案例分析题

分析要点：① 王老师的教学对象为普通中学生，身体素质水平一般，但具有较强的学习动机，老师应注重发挥学生上课的积极性，有助于加快运动条件反射的建立和运动技能的掌握。② 在"双手肩上投掷实心球"动作学习的初期阶段，王老师应针对学生存在的主要问题，要求学生把注意力集中在完成动作的要领上，而不要过早关注成绩。教师可采取示范、影像、对镜练习等直观教学法和简练的讲解，让学生进行模仿练习等，并针对学生在泛化阶段易出现的错误动作，可以采用正误对比等方法，帮助学生建立正确动作的概念。还可采用分解教学、降低难度等方法，均有助于加快学生学习和掌握运动技能。③ 由于身体素质水平对该动作学习有较大影响，所以，老师还应在课内外安排和要求学生进行发展力量及柔韧等素质的练习，有助于该动作的学习和提高。

（天津体育学院　刘善云）

13

第十三章　年龄、性别
与运动

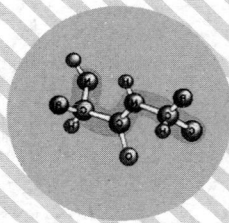

一、习题

（一）单选题

1. 人体在儿童少年时期，各器官系统生长发育的速度呈现出什么特性（　　）
  A. 不均衡性   B. 均衡性
  C. 匀速性   D. 无规律可循

2. 青春期前后骺软骨逐渐骨化、骨骺与骨组织合为一体、骨化基本完成，身高不再增长的年龄段大约是（　　）
  A. 17~18 岁   B. 19~20 岁
  C. 20~25 岁   D. 26~28 岁

3. 儿童少年肌肉发育尚不完善，与成年人相比肌纤维的特点是（　　）
  A. 较长   B. 较短
  C. 较粗   D. 较细

4. 儿童少年心肺功能的发育相对较晚，肺通气量的相对值与成人相比是（　　）
  A. 大   B. 相等的
  C. 小   D. 不相等

5. 儿童少年血液总量比成人少，但若按体重百分比的相对值来看是（　　）
  A. 比成人少   B. 与成人相同
  C. 接近成人水平   D. 比成人多

6. 青春发育期一个重要特点是（　　）
  A. 第一性征发育   B. 第二性征发育
  C. 身高的增长   D. 体重的增长

7. 第二性征的出现，标志着什么的开始（　　）
  A. 身高增长   B. 体重增加
  C. 青春发育期   D. 生长加速期

8. 在人体各系统的发育过程中，哪个系统发育最早（　　）
  A. 神经系统   B. 运动系统
  C. 循环系统   D. 生殖系统

9. 出生时决定男、女性别和性腺的特征属于（　　）
  A. 第一性征   B. 第二性征
  C. 体型特征   D. 面像特征

10. 在人体生长发育过程中，可将哪一年龄段称为少年期（　　）

A. 12～16 岁   B. 13～17 岁

C. 11～l5 岁   D. 10～14 岁

11. "青春发育期"是人体发育过程中的一个特殊时期，大约出现在人体的哪一年龄段 （　　）

    A. 10～13 岁   B. 10～15 岁

    C. 10～17 岁   D. 10～20 岁

12. 儿童骨组织内有机物、无机盐和水分与成年人相比较具有哪些特点 （　　）

    A. 有机物多、无机盐少、水分多

    B. 有机物少、无机盐多、水分少

    C. 有机物多、无机盐少、水分少

    D. 有机物少、无机盐多、水分多

13. 儿童少年身体各部位肌群发展速度极不平衡，其特点是 （　　）

    A. 大肌肉比小肌肉发展快、屈肌比伸肌发展快

    B. 大肌肉比小肌肉发展慢、屈肌比伸肌发展慢

    C. 大肌肉比小肌肉发展快、屈肌比伸肌发展慢

    D. 大肌肉比小肌肉发展慢、屈肌比伸肌发展快

204

14. 儿童少年身高增长速度快时，肌肉的发展特点是 （　　）

    A. 横向发展   B. 纵向发展

    C. 纵横向均等发展   D. 因人而异不确定

15. 儿童少年心肺功能与成年人相比存在一定的差异，其特点是 （　　）

    A. 搏出量绝对值大、但相对值略小

    B. 搏出量绝对值小、但相对值略大

    C. 搏出量绝对值小、相对值也小

    D. 搏出量绝对值大、相对值也大

16. "青春期高血压"的特点是 （　　）

    A. 收缩压增高、舒张压增高   B. 收缩压增高、舒张压下降

    C. 收缩压正常、舒张压增高   D. 收缩压增高、舒张压正常

17. 儿童少年大脑皮质神经活动过程的特点是 （　　）

    A. 兴奋过程占优势、抑制过程相对较弱

    B. 抑制过程占优势、兴奋过程相对较弱

    C. 兴奋过程和抑制过程均占优势

    D. 兴奋过程和抑制过程都比较弱

18. 儿童少年与成年人相比，其运动疲劳与恢复过程的特点是 （　　）

A. 容易疲劳、不容易恢复   B. 不容易疲劳、容易恢复

C. 容易疲劳、也容易恢复   D. 不容易疲劳、也不容易恢复

19. 由于儿童少年的新陈代谢旺盛、呼吸中枢兴奋性高，与成年人相比其特点是（ ）

  A. 肺活量大、肺通气量也大   B. 肺活量小、肺通气量也小

  C. 肺活量大、而肺通气量小   D. 肺活量小、而肺通气量大

20. 儿童血压通常较成年人低，其主要原因是（ ）

  A. 心率快、搏出量少   B. 心率慢、搏出量大

  C. 心肌收缩力弱、外周阻力小 D. 心肌收缩力强、外周阻力大

21. 如果儿童少年时期经常进行大强度的运动训练，容易导致心室壁肥厚、造成心室容积的变化是（ ）

  A. 增大   B. 不变

  C. 减小   D. 略有改变

22. 由于女子雄性激素分泌水平低于男子，而雄性激素对力量的发展有着重要作用，因此女子的肌肉力量大约是男子的（ ）

  A. 1/2   B. 2/3   C. 4/5   D. 5/6

23. 女子的有氧能力不及男子的主要原因是（ ）

  A. 最大摄氧量比男子低   B. 肌肉力量不如男子大

  C. 身高比男子矮   D. 心率比男子快

24. 女子无氧能力低的原因主要是（ ）

  A. 运动时的最大通气量比男子低

  B. 磷酸原和乳酸能容量比男子低

  C. 血红蛋白数值比男子低

  D. 女子的胸廓比男子小

25. 女子第一次来月经称为初潮，通常年龄是（ ）

  A. 8～10 岁 B. 11～12 岁 C. 12～14 岁 D. 15～16 岁

26. 多数学者研究表明，女子的运动能力在一个月经周期的不同时期是有差异的，通常在哪一时期运动能力最大（ ）

  A. 黄体期   B. 月经期   C. 卵泡期   D. 排卵期

27. 造成老年人动作迟缓的主要原因是（ ）

  A. 心血管系统衰老   B. 神经系统衰老

  C. 呼吸系统衰老   D. 感觉器官衰老

28. 在下列选项中，对老年人心血管机能有益的练习是（ ）

  A. 太极拳   B. 力量练习   C. 伸展运动   D. 打乒乓球

29. 骨骼肌发生退行性变化的主要特征是（　　　）

    A. 肌纤维的体积和数量减少　　　　B. 肌肉弹性下降

    C. 肌肉硬度增加　　　　　　　　　D. 肌肉易疲劳

30. 老年人通过适当的体育锻炼可引起肌肉力量的增加，主要原因是（　　　）

    A. 肌纤维数量增多　　　　　　　　B. 肌纤维长度的改变

    C. 肌肉肥大　　　　　　　　　　　D. 动员更多的运动单位参与工作

31. 老年人呼吸系统的功能会随着年龄的增长而下降，其主要原因是（　　　）

    A. 肺泡体积逐渐减小　　　　　　　B. 肺的通气和扩散能力下降

    C. 肺血管口径变宽　　　　　　　　D. 肺动脉压减小

（二）判断题

1. 在生长发育过程中，机体各器官系统的生长发育是一个均衡的、连续的和递增的发展过程。（　　　）

2. 人体各器官系统的发育速度是不同的，神经系统发育最早、生殖系统发育最晚。（　　　）

3. 儿童少年与成人相比，骨质含无机物较多而有机物较少，因此，他们的骨弹性和韧性较好，但坚固性较差。（　　　）

4. 儿童少年关节活动的幅度、灵活性均比成年人好，但关节的牢固性和稳定性则不如成年人，因此，在外力的作用下容易脱位。（　　　）

5. 儿童少年全身各部分肌肉的生长发育不均衡，大肌群发育较早、生长速度较快，而小肌群发育较迟、生长速度也较慢。（　　　）

6. 儿童少年心脏的重量和容积均小于成年人，但与体重的比值则与成年人相近，甚至在一定的年龄阶段还高于成年人。（　　　）

7. 由于儿童少年心脏发育还不完善，所以，与其整体的发育水平是不相适应的。（　　　）

8. 由于儿童少年氧运输系统的功能赶不上成年人，因此，他们的最大通气量和最大摄氧量的绝对值和相对值均比成人低。（　　　）

9. 如果儿童少年时期经常进行大强度训练，易导致心室壁肥厚、心室容积增大、心输出量也增大。（　　　）

10. 青春发育期女子由于内分泌腺活动的变化，可能使神经系统的稳定性暂时下降，表现为动作不协调。（　　　）

11. 儿童少年神经活动过程的特点是兴奋过程占优势、容易扩散、不易集中。（　　　）

12. 儿童少年正处在生长发育时期，各器官系统在不同年龄阶段发育程度不同，所以，身体素质的发展也存在一定的差异。（　　）

13. 成年女子的肌肉力量小于男子是由于雌激素水平较男子低所致。（　　）

14. 评价人体有氧能力的重要指标是最大摄氧量，该指标存在明显的性别差异。（　　）

15. 运动项目特点、训练起始年龄对女运动员月经初潮年龄没有影响。（　　）

16. 初潮前开始训练的女运动员月经失调发生率明显高于初潮后开始训练的。（　　）

17. 机体对糖和脂肪的有氧代谢能力具有性别差异，女性糖的有氧代谢酶活性较男性高。（　　）

18. 身高随年龄增长而降低，主要原因是钙质流失，肌肉萎缩。（　　）

19. 老年人血压常会升高，其原因是由于血管壁生理性硬化、血管壁脂质沉积、外周阻力增加等因素造成的。（　　）

20. 中老年妇女积极参加体力活动可延缓衰老过程中的骨质丢失。（　　）

21. 无氧练习可起到缓解和改善老年人运动和感觉神经减弱的作用。（　　）

22. 老年人只要进行体育锻炼就能提高健康水平。（　　）

（三）填空题

1. 根据人体成长过程中各年龄阶段身体生长发育的特点，按顺序通常可分为婴儿期、幼儿期、＿＿＿＿＿＿、＿＿＿＿＿＿、青年期等年龄期。

2. 在生长发育的过程中，机体各器官系统生长发育的速度是＿＿＿＿＿＿的，时而快、时而慢，呈现出＿＿＿＿＿＿的增长。

3. 在青春发育期，以＿＿＿＿＿＿发育的突增现象为主，称为生长加速期；以＿＿＿＿＿＿发育为主，称为性成熟期。

4. 儿童骨骼的发育特点是弹性好、韧性大，不容易出现＿＿＿＿＿＿，但容易发生＿＿＿＿＿＿。

5. 儿童血压较成年人低，这是由于＿＿＿＿＿＿弱和＿＿＿＿＿＿小两个因素造成的。

6. "青春期高血压"的特点表现是＿＿＿＿＿＿压升高，＿＿＿＿＿＿压正常。

7. 儿童少年脑细胞的工作能力较低，疲劳出现的＿＿＿＿＿＿，恢复过程也＿＿＿＿＿＿。

8. 把身体素质增长速度最快的年龄阶段称为增快期，又称为＿＿＿＿＿＿。

9. 儿童少年各项身体素质的发展可分为＿＿＿＿＿＿和＿＿＿＿＿＿。

10. 儿童少年神经过程的灵活性＿＿＿＿＿＿、神经元的物质代谢旺盛、合成速度快，所以疲劳后恢复过程也_____。

11. 在儿童时期，神经活动中_____信号系统占主导地位，对形象具体的信号容易建立_____。

12. 根据性腺卵巢功能的变化，女子一生可划分为五个生理阶段，即幼年期、_____、性成熟期、_____和老年期。

13. 运动性月经失调中最严重的一种是_____。

14. 女子的动力性力量与静力性力量均比男子低，特别是_____存在明显的性别差异。

15. 月经期一般持续_____天，每次月经的出血量约为_____mL

16. 多数研究显示，在一个月经周期中，女子机体工作负荷能达到最大、工作时间亦最长的时期在_____。

17. 人体随着年龄的增长心血管功能逐渐减退，最大摄氧量值可比年轻时降低_____。

18. 随着年龄的增长，老年人的血液出现了浓、黏、聚和凝的状态，临床上称之为_____。

19. 骨骼肌发生退行性变化的主要特征是肌纤维_____和_____减少。

20. 适宜的健身活动可延缓运动系统的功能退化，是防治老年性_____的良好方式。

21. 人到老年骨的大小和外形变化不明显，但骨的_____明显减少。

（四）名词解释

1. 生长发育

2. 敏感期

3. 青春发育期

4. 青春性高血压

5. 身体素质的自然增长

6. 月经周期

7. 运动性月经失调

8. 妊娠

9. 衰老

（五）简答题

1. 简述青春发育期的分期及特点。

2. 简述儿童少年生长发育的一般规律。

3. 简述儿童少年身体素质发展的特点。

4. 什么是青春性高血压？有何特点？锻炼时应注意什么？

5. 简述女子生理周期的时相划分及生理机制。

6. 孕妇在孕期应该进行哪些身体活动？这些活动对其有哪些益处？

7. 请解释，为什么体脂含量会随着年龄的增长而增加？

8. 简述老年人健身运动的原则。

（六）论述题

1. 儿童少年运动系统有哪些生理特点？在体育教学与训练中应注意什么？

2. 儿童少年氧运输系统有哪些生理特点？在体育教学与训练中应注意什么？

3. 儿童少年神经系统有哪些生理特点？在体育教学与训练中应注意什么？

4. 如何根据儿童少年的生理和身体素质发展的特点进行各项身体素质的训练？

5. 试述运动训练会对女子月经周期产生哪些影响。

6. 试述运动对老年人运动系统、氧运输系统、神经系统和免疫机能的影响。

（七）案例分析题

1. 某小学五年级学生张××，男、12岁，身体较为壮实、喜欢体育运动。该校体育教师认为该生身体条件不错，就将他选入学校田径队，主攻投掷项目。为了尽快提高运动成绩，每周要安排 3 次大负荷的蹲、举杠铃和卧推训练，此外还安排了一些负重跳跃练习，以发展其上、下肢肌肉的绝对力量。请你从生理学角度分析，该教师这种训练方式是否合理？为什么？

2. 某女性白领，年龄 50 岁、身高 162 cm、体重 68 kg。平日其不喜欢运动，近期出现潮热、睡眠不好、易怒、关节疼痛、注意力不集中等症状。请你分析其中原因，并帮助她制订一份合理可行的运动方案。

3. 李大爷今年 70 岁，自感身体比较健康，非常喜欢参加各种体育活动，每天天不亮就去锻炼，接近午饭时才回家。吃过午饭就睡觉，经常睡到下午 4 点左右才起床，感觉这样体力才能得到完全恢复。请你根据已学到的运动生理学知识，分析李大爷一天的这种安排是否科学？为什么？

二、参考答案

（一）单选题

1. A 2. C 3. D 4. A 5. D 6. B 7. C 8. A 9. A 10. B

11. D 12. A 13. A 14. B 15. B 16. D 17. A 18. C 19. B 20. C

21. C 22. B 23. A 24. B 25. C 26. A 27. B 28. A 29. A 30. D

31. B

（二）判断题

1. 错　2. 对　3. 错　4. 对　5. 对　6. 对　7. 错　8. 错　9. 错　10. 对

11. 对　12. 对　13. 错　14. 对　15. 错　16. 对　17. 对　18. 错　19. 对　20. 对

21. 错　22. 错

（三）填空题

1. 儿童期，少年期

2. 不均衡，波浪式

3. 身体形态，第二性征

4. 完全骨折，弯曲和变形

5. 心肌收缩力，外周阻力

6. 收缩，舒张

7. 快，快

8. 增长敏感期

9. 增长阶段，稳定阶段

10. 高，较快

11. 第一，条件反射

12. 青春期，更年期

13. 运动性闭经

14. 爆发性力量

15. 2~7，30~50

16. 黄体期

17. 20%

18. 高黏滞血症

19. 体积，数量

20. 骨质疏松

21. 有机物

（四）名词解释

1. 生长发育是指人体随着年龄的增长，不仅表现在组织器官的不断增长、细胞不断增殖，也表现在各器官组织细胞的功能不断分化、机能逐渐成熟，是机体在形态和机能方面逐步完善的过程。

2. 在身体素质的发展过程中，不仅存在着一个连续的、增长速度较快的快速增长期，而且还存在着一个或几个增长速度特别快的连续年龄段或年龄点，这个年龄段或年龄点称为该项身体素质的敏感期。

3. 青春发育期是儿童发育为成人的过渡期，年龄范围在 10～20 岁之间，也是生长发育的关键时期，机体在形态和机能等方面达到成人水平。

4. 青春发育期后，心脏发育速度增快，血管发育处于落后状态，同时由于性腺、甲状腺等分泌旺盛引起的血压升高，称为青春性高血压。

5. 儿童少年各项身体素质随着年龄的增长而增长的现象，称为身体素质的自然增长。

6. 女子性成熟后，在卵巢激素周期性分泌的影响下，子宫内膜发生一次脱落、出血、修复和增生的周期性变化，称为月经周期。

7. 由于运动训练引起体重降低、精神应激等因素导致女运动员正常月经周期出现一定的紊乱，称为运动性月经失调。

8. 妊娠是新个体的产生和孕育的生理过程。包括：受精及受精卵发育、输送与着床、妊娠的维持及其激素调节和胎儿的生长等环节。

9. 衰老是指随年龄的增长到成熟期以后所出现的生理性退化，即人体在体质方面的增龄变化。

（五）简答题

1. 青春发育期是儿童发育为成人的过渡期，也是生长发育的关键时期，大致将其可划分为早、中、晚三个时期。早期是以体格的生长突增为主要表现；中期是以性器官和第二性征迅速发育为主；晚期的主要特点是性腺发育基本成熟，体格发育逐渐停止。

2. 儿童少年在生长发育过程中主要表现出下列几个特点：生长发育是由量变到质变的过程，生长发育的表现为阶段性和连续性，生长发育速度呈波浪式发展，以及各器官系统生长发育的不平衡性和统一性。

3. 儿童少年在身体素质发展过程中表现出以下几个特点：① 各项身体素质表现出随着年龄的增长而增长的现象。② 身体素质发展表现出一定的阶段性，各身体素质的自然增长包括增长阶段和稳定阶段。③ 在身体素质的发展过程中，存在着一个或几个增长速度特别快的连续年龄段或年龄点，称为该项身体素质的敏感期。④ 在身体素质增长过程中，由于各种素质增长的速度不同，即出现高峰的时间有早有晚。

4. 在青春发育期之后，心脏发育速度加快、血管发育处于相对落后状态，加之内分泌功能的影响，血压明显升高，一些人甚至出现暂时偏高现象，称为"青春性高血压"。其特点是收缩压较高，一般不超过 20 kpa（150 mmHg），具有起伏现象，舒张压则在正常范围。有青春性高血压的人，进行体育活动时，运动量不宜过大，应减少憋气用力的练习。

5. 根据女子子宫内膜在一个周期中的变化特点，可以分为月经后期（也称卵泡期、增生期）、月经前期（也称黄体期、分泌期）以及月经期三个时相。月经后期是在雌激素的作用下完成子宫内膜增殖；月经前期是在雌激素与孕激素的双重作用下完成，子宫内膜进一步增厚、腺体出现分泌；月经期是指若在月经前期未受孕，黄体退化，雌激素与孕激素下降，子宫内膜出血脱落。

6. ① 根据妊娠不同阶段的生理特点，孕妇在孕中、末期根据自身的体能每天进行不少于 30 分钟的低强度身体活动，最好是 1~2 小时的户外活动，如散步、做体操等适度的规律运动。② 这些活动首先可以促进血液循环、减轻妊娠反应所致的不适、增强腹肌力量、帮助孕妇适应身体重心的转移和控制体重，其次还可以增强体质、加强机体免疫力、减少疾病的发生，对胎儿正常发育有良好作用，从而提高自然生产率。此外，孕期养成锻炼的习惯也可以让妇女在后期患上慢性高血压和 2 型糖尿病的概率降低。

7. 体脂含量随着年龄的增长而增加，这是由于与衰老有关的三个因素所造成：即饮食摄入量增加、体育锻炼减少、脂肪的动员能力降低。

8. 老年人在进行体育锻炼时，为了安全有效，应该遵循以下几个原则：① 健康监测。老年人在进行健身锻炼之前，应该进行全面的体格检查，了解自己的健康状况。② 循序渐进。开始健身时的负荷量和强度要小，经过一段时间的锻炼当机体适应后再逐渐加大运动量。③ 自我监督。参加健身的老年人要学会观察并记录自己的心率、血压及健康状况，以便进行自我监督。④ 持之以恒。坚持每周至少锻炼 3 次，每次锻炼不少于 30 分钟，才能达到健身效果。

（六）论述题

1. 儿童少年运动系统的生理特点主要表现为：① 骨骼正处在生长发育时期，软骨成分较多、骨化尚未完成，故其骨骼弹性大而硬度小，不易完全骨折但易弯曲变形。② 关节面软骨较厚、关节囊较薄、关节内外韧带较薄而且松弛、关节周围的肌肉细长，因此关节的灵活性与柔韧性都容易发展，但牢固性较差，在外力的作用下较易脱位。③ 儿童少年与成人相比，肌肉中水分多、蛋白质较少、间质组织多、肌肉收缩的有效成分少，所以其收缩能力较弱、耐力差、易疲劳、但恢复速度较快。

体育教学与训练时应注意以下问题：第一，要注意培养学生养成正确的站、立、跑、跳的姿势；第二，要注意学生身体的全面锻炼，特别是在如网球、乒乓球、投掷等主要是单侧肢体参与的运动项目，更要注意进行一些对称性的补偿练习，否则极易使学生造成发育不均衡和脊柱变形；第三，注意场地的选择，儿童少年脊柱生理弯曲小于成人，缓冲作用较差，不宜在硬地上反复跳跃或着地，否则会对下肢骨化点产生过频或过大的刺激，造成骨化点过早骨化或软骨损伤。此外也要避免过多地进行从高处向下跳的练习，防止骨盆变形；第四，负重练习要慎用，不宜过早、过多、过长的进行，以防骨化过早完成，影响身高发育；第五，儿童少年的骨骼生长正处于生长旺盛时期，对钙、磷等元素的需求量较大，膳食中要保证充足的钙、磷等的供给量，并注意多进行室外健身运动；第六，儿童少年的关节活动范围大，柔韧性好，宜进行柔韧性练习。但其关节的牢固性差，易造成关节韧带损伤或关节脱位。因此在发展关节柔韧性的同时，要注意发展关节周围的肌肉力量，增加其牢固性；第七，在生长加速期，多采用伸展练习，及弹跳和支撑自身体重的练习发展力量。要有计划地发展小肌群的力量和伸肌力量，促进少儿肌肉平衡发展。

2. 儿童少年氧运输系统的生理特点主要表现为以下几个方面：第一，血液总量比成人少，心脏的重量和容积均小于成年人；第二，心脏发育还不完善，心肌纤维短而细、弹性纤维少、心缩力弱，因此每搏量和每分心输出量都小于成年人，但每公斤体重的心输出量相对值较大，相对血量也高于成人；第三，动脉血管和毛细血管的口径相对比成人宽，外周阻力比成人小，所以血压偏低；第四，胸廓狭小、气道较窄、呼吸时的弹性阻力和气道阻力都比较大，而呼吸肌的力量又较弱，所以每次呼吸的深度和肺活量不及成人，但儿童少年代谢旺盛，对氧的需求相对较多，因而呼吸频率较快。

体育教学与训练中应注意以下问题：第一，合理安排运动负荷，活动应以短时间速度性练习为主，不宜采用过多的耐力性练习、力量性练习和静力性练习，课程的密度应小一些，间歇的次数要多一些；第二，要注意区别对待。对心脏发育较差的儿童少年，一定要循序渐进，运动的强度和量都要严格控制。对出现青春期高血压的学生，如经常参加运动，且运动后又无不适反应者，可照常参加运动，但运动量不可过大，不宜做举重等憋气练习，需定期检查，加强医务监督；第三，为发展心肺耐力，12～13岁后力量及耐力性练习的比例可稍增加，15～17岁后，可参加较为剧烈的活动，可适当进行长距离项目训练，而超长距离项目的训练建议在20岁后进行；第四，在运动中应注意根据动作的结构、节奏及用力情况，逐步掌握适宜的呼吸方法，如屈体动作应呼气、挺身动作应吸气，避免做过多的屏气动作，运动时有意识地加大呼吸深度，提高呼吸效率。

3. 儿童少年神经系统的生理特点主要表现为：神经活动过程不稳定，兴奋过程占优势，兴奋和抑制过程在皮质容易扩散。

体育教学与训练中应注意的问题：第一，体育活动项目要注意生动、有趣，尽量避免单调及静止性的活动；第二，在教学过程中既要注意采用直观形象的教法，又要注意培养和发展学生的思维能力；第三，不宜作过分精密、难度较大的动作，应多安排以游戏和模仿性质为主的各种基本技能的活动，在进行耐力性练习时，应考虑要经常变换肌肉的活动方式；第四，因青春期神经系统的特点，女生的动作不协调尤为明显，在教学中应区别对待。

4. ① 儿童少年在进行力量训练的时候，要注意基础训练，对全身各肌群进行全面训练，为专项训练打下基础。运动训练应循序渐进，不宜采用高强度最大力量的训练，不宜做膝关节和脊柱负荷过重的力量训练。在训练早期，不宜过多采用负重练习，力量练习应强调基本运动技能的练习和掌握，强调所完成动作的完整性，使各肌群力量协调发展。② 速度素质训练。儿童少年时期，大脑皮质的兴奋性和神经过程的灵活性都比较高、反应也比较快，特别适宜进行速度素质的训练。要抓住速度素质发展的敏感期进行训练，通过加快反应速度和动作速度，以及提高运动过程中肌肉的协调与放松能力等途径来发展儿童少年的速度素质。训练时应注意多安排发展动作速率和动作频率的练习，注意提高决定动作速度的各个组成因素的练习，注意区别成人运动员最大速度的固定重复练习手段。③ 耐力素质训练。儿童少年的耐力素质的训练应以有氧练习为主，发展有氧代谢供能能力的训练，练习强度应控制在个体乳酸阈强度。无氧耐力训练主要采取中短距离的间歇跑、变速跑和重复跑等。④ 灵敏素质的训练。在 13~14 岁前通过训练来发展灵敏素质的效果较好。⑤ 柔韧素质的训练要从低年龄开始，尤其是对柔韧素质要求高的运动项目。⑥ 协调能力的训练。协调能力不是一种单纯的运动素质，它与机体的各器官、系统的机能，和运动素质、心理素质及技能水平密切相关，是各种能力的综合表现。发展协调能力的训练，应在积极增加运动技能的基础上培养儿童少年的时空感，进行各种变向、变速练习，与其他素质的训练合理结合，多进行一些综合性练习。

5. 运动训练可对女子月经周期产生良好的或不良的两方面影响。良好的影响主要表现为：① 对于身体健康、月经周期正常的女子，月经期参加健身锻炼是有益的。运动可以促进体内新陈代谢、改善盆腔血液循环、减轻盆腔充血和减轻腹部的下坠发胀的不适感觉。② 运动时腹肌、盆底肌的收缩与舒张交替进行，对子宫起到一定的按摩作用，促进经血的排出。月经期情绪往往容易激动、烦躁，适当参加体育活动，可以调节大脑皮质的兴奋和抑制过程，改善人的情绪。

不良的影响主要表现为：① 不同的运动项目、运动水平及训练起始年龄对月经初潮会产生不同的影响。运动员的初潮一般在正常范围内，但有的运动员初潮偏晚，特别是能量消耗大的运动员。② 运动员月经失调比例较高，以痛经最为明显。初潮前开始训练的队员，其月经失调的发生率明显高于初潮后开始训练的队员，其原因是由于促性腺激素的分泌减少造成，其程度与 GnRH

分泌不足的严重程度和雌激素机能低下程度有关。③ 可能出现运动性闭经。国际奥委会（IOC）将运动性闭经定义为一年中月经周期仅有一次或没有。运动性闭经的发生率一般介于 5%～20%，优秀运动员可高达 40%～50%。运动性闭经的运动员血中的 E_2 的水平相当于绝经女性，这将会对骨的健康、脂代谢和骨骼肌代谢造成一定的影响，因此应给予足够的重视。

6. ① 运动对老年人运动系统的影响。适宜的健身活动可延缓运动系统功能的退化，防治老年性骨质疏松症。进行健身运动时，肢体不断地移动，肌肉急剧地收缩，强有力地牵拉所附着的骨骼，刺激了骨细胞的生成，使骨质含量增加，因而产生了对骨的良性影响。不同的运动方式对运动系统的影响是有差异的，老年人的健骨锻炼应增加力量练习内容，以增强肌肉力量，并注意保持较高的瘦体重，降低体脂百分比。② 运动对老年人氧运输系统的影响。长期进行太极拳、长跑、舞蹈、门球锻炼对老年人血液流变学指标可产生良好影响，从而可起到预防动脉硬化、冠心病等心血管疾病的作用。长期有规律运动可以减缓由于衰老导致人的心功能下降的情况。老年人经常进行有氧运动可以增加呼吸肌的力量和耐力，推迟呼吸肌的老化过程，提高肺通气量、增加潮气量。③ 运动对老年人神经系统的影响。老年人经常参加体育锻炼可以推迟血管硬化，增强心血管功能，有利于脑的供血和供氧，从而以防止脑动脉硬化。老年人随着年龄的增加存在着感觉和运动神经传导速度减弱的现象，而有氧运动可以起到缓解和改善运动和感觉神经减弱的作用。④ 运动对老年人免疫系统的影响。大量的研究表明，运动可以改善老年人免疫能力，其可能机制是运动调节神经内分泌、改善了心血管系统机能和消化系统机能，间接促进了免疫系统的功能。

（七）案例分析题

1. 分析要点

该体育教师这种训练方式不合理。其原因主要有：① 儿童少年力量素质自然增长的特点是绝对力量的第一敏感期为 7 岁左右，第二敏感期为 14～15 岁。该生的年龄并未处于敏感期，所以不宜安排大强度的绝对力量训练。② 少儿在 15～16 岁前骨骼生长快于肌肉增长，肌肉长度增长快于围度增长。从 15～16 岁开始，身高增长放慢，肌肉横向发展，16～17 岁接近成人。因此，该生年龄正处于骨骼和肌肉的生长阶段，肌肉还较为细嫩，过多地安排大负荷的蹲、举杠铃、卧推和负重跳跃练习，不但会对他骨骼和肌肉的正常生长发育带来一些不利的影响，而且还可能造成机体一定的损伤。

2. 分析要点

通过计算，该女士的身高体重指数为 25.9 kg/m^2，属于超重，应该适当的控制能量的摄入，增加体育锻炼；根据该女士的年龄，近期出现的症状，说明该女士处于更年期，需要从身体和心理方面进行适当的调理，加强体育锻炼。

运动方案建议：① 坚持每天进行 40 分钟以上的中、低强度的有氧运动，如散步、慢跑、游泳等，这样可以使该女士减少一定的脂肪含量，使体重降到正常范围。② 由于该女士处于更年期，可以适当选择一些对骨骼健康有益的运动方式，如单独或组合的力量练习，高强度、高对抗的训练以及全身的振动，可以帮助增加或者防止其骨量的减少。

3. 分析要点

李大爷这种锻炼方式是不科学的，其原因有：① 天不亮就出去锻炼，时间过早，此时机体机能状态还处较于较低水平，不宜进行体育锻炼。② 接近中午才回家，说明锻炼时间过长、易导致疲劳。③ 吃过午饭睡觉，不符合消化系统的生理功能，应饭后至少半小时以后再休息。④ 睡到下午 4 点才起床，白天休息时间过长，不利于老人晚间的睡眠。

（河南师范大学　党晓云）

（辽宁师范大学　林　华）

第十四章　肥胖、体重控制与运动处方

14

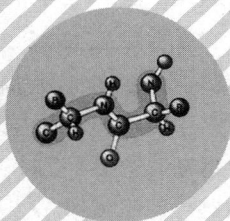

一、习题

（一）单选题

1. 肥胖是脂肪在体内积累过量的表现，检测肥胖最有效的指标是（　　）
   - A. 肥胖度
   - B. 体质指数
   - C. 体重
   - D. 体脂百分比

2. 脂肪堆积的部位会影响人体患病的危险程度，评价脂肪分布最简便、易行的方法是（　　）
   - A. 身体脂数
   - B. 体重
   - C. 腰臀围比值
   - D. 体脂百分比

3. 有体重级别要求的运动项目为了获得最佳运动成绩而减体重，建议运动员每周最大减体重不要超过多少公斤（　　）
   - A. 1 kg
   - B. 2 kg
   - C. 3 kg
   - D. 4 kg

4. 运动可以增加能量消耗，对肥胖患者而言，最常用的运动减肥方式是（　　）
   - A. 有氧运动
   - B. 各种运动
   - C. 无氧运动
   - D. 冲刺跑

5. 肥胖与体重控制的最合理的方法是（　　）
   - A. 运动
   - B. 控制饮食
   - C. 抽脂术
   - D. 运动结合控制饮食

6. 不受体重级别限制，但需要克服体重来完成动作的运动项目是（　　）
   - A. 举重
   - B. 摔跤
   - C. 柔道
   - D. 跨栏跑

7. 青少年减肥减重不适宜采用的措施是（　　）
   - A. 开展运动
   - B. 饮食控制
   - C. 服用药物
   - D. 减少睡眠

8. 身体内的脂肪储量取决于（　　）
   - A. 脂肪细胞数量
   - B. 脂肪细胞体积
   - C. 脂肪厚度
   - D. 脂肪细胞数量和每个细胞的体积

9. 男性哪一种类型的肥胖与心血管系统疾病高度相关（　　）
   - A. 中心型肥胖
   - B. 外周型肥胖
   - C. 全身型肥胖
   - D. 单纯性肥胖

10. 在需要克服体重的运动中，女性体脂对运动的影响与男性相比是

（　　）

    A. 少　　　　　　　　　　B. 多

    C. 一样　　　　　　　　　D. 不影响

11. 康复运动处方的运动目的主要是（　　）

    A. 预防疾病　　　　　　　B. 增强体质

    C. 辅助治疗和康复　　　　D. 改进运动技术

12. 运动处方定量化与科学性的核心因素是（　　）

    A. 运动目的　　　　　　　B. 运动强度

    C. 运动时间　　　　　　　D. 运动频度

13. 自感用力程度可用于监测与评定运动处方的哪一项内容（　　）

    A. 运动目的　　　　　　　B. 运动频度

    C. 运动时间　　　　　　　D. 运动强度

（二）判断题

1. 采用运动减肥控制体重，建议每周体重下降保持在 1 kg 以内为宜。（　　）

2. 减肥运动处方主要考虑能否出现体脂下降、腰围缩小、心肺功能提高等良好的运动效果，而不应该考虑参加者的兴趣。（　　）

3. 耐力运动能够很快激活脂肪水解酶，进而促进脂肪水解，因此减肥运动多采用耐力运动。（　　）

4. 储存脂肪的主要作用是保温、缓冲机械撞击及维持正常的生理功能，其数量缺乏，会降低健康水平。（　　）

5. 体质指数（BMI）是体重（kg）与身高（m）的比值。（　　）

6. 当人体处于能量正平衡状态时，身体组织会分解释放能量，供给机体需要，体重下降。（　　）

7. 减肥运动处方应遵循可接受性、多样性和有效性的原则，与安全性无关。（　　）

8. 肥胖是 2 型糖尿病的重要诱发因素，随着肥胖程度的增加糖尿病的发病率也随之增加。（　　）

9. 运动处方是健身活动者进行身体活动的指导性条款。（　　）

10. 健身运动处方主要以提高专业运动成绩为目的。（　　）

11. 通过运动处方锻炼能丰富生活、调节心理、提高生活质量。（　　）

12. 运动处方的科学性体现在坚持每天进行运动。（　　）

13. 了解运动过程中的心率，通常采用测定运动后即刻 10 s 脉搏数，再乘以 6 的办法进行。（　　）

14. 依据运动处方的内容锻炼后，测试到运动后心率恢复速率加快，提示

身体机能出现了疲劳。（　　　　）

（三）填空题

1. 必需脂肪主要用来维持正常的生理功能，其含量男性约占总体重的_____，女性约占总体重的_____。

2. 依照脂肪在身体不同部位的分布，肥胖可分为_____型肥胖和_____型肥胖。

3. 根据人体各组成成分的生理功效不同，常把体重分为_____和_____。

4. 常用的肥胖诊断指标有肥胖度（%）、_____、_____和_____。

5. 世界卫生组织 2002 年针对亚洲人制定了肥胖的诊断推荐标准，BMI 大于_____（kg/m^2）为超重，大于_____（kg/m^2）为肥胖。

6. 腰臀围比是以脂肪分布来评价患病危险概率的一种简便方法，若男性的腰臀围比值超过_____、女性的腰臀围比值超过_____，患病率会大幅度增加。

7. 在制定减肥运动处方时，应遵循下列三个原则：即_____、_____和_____。

8. 身体成分是指组成人体的各组织、器官的总成分，常以_____或_____来表示。

9. 人体脂肪分为_____和_____两种，其中前者主要用来维持正常的生理功能；后者主要作用是保温、缓冲机械撞击及能源储存。

10. 肥胖是脂肪在体内积累过量的表现，_____是检测肥胖的有效指标，而_____是评价脂肪分布的一种简便方法。

11. 运动处方按照应用的对象和目的进行分类，可以分为_____、_____和_____三类。

12. 现代运动处方中的运动形式包括三类，分别是_____、_____、_____。

13. 控制与评价耐力性（有氧）运动强度的生理指标主要有_____、_____和_____。

14. 运动处方制定的原则有_____、_____、_____和_____。

15. 运动处方的实施过程包括_____、_____和_____三个阶段。

（四）名词解释

1. 身体成分

2. 体重

3. 体质指数

4. 肥胖

5. 运动处方

6. 基础心率

（五）简答题

1. 简述成年人肥胖的诊断指标及其划分标准。

2. 简述肥胖形成的生物学机制。

3. 试从生理学的角度分析运动员减体重常用的几种方法。

4. 简述运动减肥的可能机制。

5. 简述运动处方的主要内容和注意事项。

6. 简述运动处方的分类及其主要目的。

7. 简述现代运动处方的运动形式，并对每类形式至少列举 2 例加以说明。

8. 简述运动处方实施过程中自我监控的目的和意义。

（六）论述题

1. 试述身体成分与体重控制的意义。

2. 试述运动减肥处方的制定原则及其实施过程中的注意事项。

3. 请详细分析运动处方的各项基本内容。

4. 试述运动处方的分类、主要对象及各类运动处方的主要目的。

（七）案例分析题

某男子，体重 96 kg、体脂百分比 35%，他想在 6 个月（26 周）内将体脂百分比减少到 25%。请问：该男子应该减少多少脂肪总量？每周应减少多少千卡的热量？若每天减少能量摄入 300 kcal，则每周体育活动消耗总热量为多少？如果每周运动 4 次，则每次耗能为多少千卡？（脂肪生物学热价为 7.7 kcal/g）

二、参考答案

（一）单选题

1. D　2. B　3. C　4. A　5. D　6. D　7. C　8. D　9. A　10. B

11. C　12. B　13. D

（二）判断题

1. 对　2. 错　3. 对　4. 对　5. 错　6. 错　7. 错　8. 对　9. 对　10. 错

11. 对　12. 错　13. 对　14. 错

（三）填空题

1. 3%，12%

2. 腹部，臀部

3. 脂肪重，去脂体重

4. 体脂（%），体质指数（BMI），腰臀围比值（WHR）

5. 23，25

6. 0.95，0.80

7. 安全性，有效性，可接受性

8. 体脂百分比（体脂%），去脂体重

9. 必需脂肪，储存脂肪

10. 体脂%，腰臀围比值（WHR）

11. 健身运动处方，竞技运动处方，康复运动处方

12. 有氧耐力运动，伸展运动，力量性运动

13. 心率，梅脱，自感用力程度

14. 有效性，安全性，全面性，因人而异

15. 准备阶段，锻炼阶段，整理阶段

（四）名词解释

1. 身体成分是指组成人体的各组织、器官的总成分。根据各个成分的生理功效的不同，常把体重分为体脂重和去脂体重，身体成分常以体脂百分比表示。

2. 体重是人体各部分（骨骼、骨骼肌、关节、韧带、脂肪组织等）的总重量，即以重量为单位的人体各组成成分的总和。

3. 体质指数（BMI）是体重（kg）与身高（m）平方的比值。是肥胖诊断指标之一。

4. 肥胖是一种常见的、明显的、复杂的代谢失调症，是可以影响整个机体正常生理功能的一种营养障碍性疾病。这种营养障碍性疾病表现为机体脂肪组织量过多或脂肪组织与其他软组织的比例过高。

5. 运动处方是根据参加活动者的年龄、性别、健康状况和体能水平以处方的形式确定其运动目的、运动形式、运动强度、运动时间、运动频率和注意事项的系统化、个性化的运动方案。

6. 早晨清醒后、起床前的心率称为基础心率。

（五）简答题

1. 成年人肥胖的诊断指标及其标准可用以下表格来说明。

诊断指标	肥胖划分标准		
	轻度肥胖	中度肥胖	重度肥胖
肥胖度/%	20%~29%	30%~50%	>50%
体脂/%	男 20%~25%	男 25%~30%	男 >30%
	女 25%~30%	女 30%~35%	女 >35%
BMI（g/cm²）	>30（全球标准，1998 年）		
	>25（亚太标准，2002 年）		
WHR（腰围/臀围）	男>0.95 女>0.85		

注：① 肥胖的判断不能仅凭体重来判定，而应该结合体脂量来判断。

② 多项指标比单项指标评价更可靠。

2. 肥胖形成的生物学机制主要有：① 遗传因素。目前认为遗传是肥胖的主要决定因素。人类大多数肥胖属于多基因性肥胖，其易感性决定于遗传因素，有研究显示，双亲都肥胖的家庭子女约有 80% 肥胖，单亲肥胖的家庭子女约有 40% 肥胖。② 生理因素。这一因素可用中枢体重"调定点"理论来解释，在中枢的下丘脑部位存在有体重"调定点"，正常情况下，当体重增加高于"调定点"时，食物摄入量减少，整个机体代谢水平升高；当体重低于"调定点"时，能量消耗急剧下降，食物摄入量增加。肥胖是在提高了"调定点"的情况下对机体能量平衡进行调节。③ 代谢因素。人体消耗的能量主要来自糖和脂肪的分解代谢供能，而肥胖者更多地依赖糖的氧化供能，而不是脂肪。因此，肥胖者脂类氧化能力降低与脂肪储存过多有密切的关系。④ 环境和行为因素。不良的环境和行为因素作用于特定的遗传背景而易导致肥胖，由不良生活方式引发的儿童肥胖约有 80% 将会延续为成年人肥胖。成年男女随着年龄的增长，每 10 年其基础代谢率分别降低 2% 和 3%，如果食物摄入量没有随着减少或体力活动量不足，则随着年龄的增大肥胖发生率也就会随之增加。

3. 运动员减体重常用的方法有：① 主动限制能量摄入（减少食量、半饥饿或全饥饿）。运动员长时间采用该方法减重会出现医学问题"营养不良"。长期营养不良可引起"发育迟缓、月经紊乱、乏力、神经性厌食症、运动能力下降"等医学问题。② 药物抑制食欲、催吐、催泻。这种方法不利于健康，不提倡使用。③ 增加体力活动量。运动能强身健体，耐力运动不仅消耗大量的脂肪，还可提高心肺等器官系统的功能，应该提倡使用这种方法。④ 脱水。这是快速减体重的方法。体重减少 1%，肌肉水分就减少 1.2%；体重减少 5%，血液容量会丢失 10%。脱水不仅影响运动员成绩的发挥，也在一定程度上影响运动员的健康。

4. 运动减肥的可能机制：① 耐力运动消耗脂肪。耐力运动不仅加速脂肪酸和磷酸甘油的氧化，同时也抑制脂肪酸的合成，阻碍甘油三酯的合成，从而达到体脂减少、控制肥胖的目的。② 降低食欲。运动对食欲的影响比较复杂，人体处于正常状态时，为保持能量平衡，食欲往往会随着运动量的增加而增加，弥补运动时的能量消耗。然而，对于有代谢紊乱问题的肥胖者，运动则有抑制食欲的作用。③ 增加基础代谢。运动不仅可以增加运动时的能量消耗，而且可以使运动结束后24小时内组织代谢水平仍保持在较高水平，从而使人体基础代谢率增加。④ 抑制脂肪生成。运动可以下调脂肪合成酶（FAS）基因表达，减少或抑制脂肪的合成，从而使脂肪的生成量减少。

5. 运动处方的主要内容包括6方面：运动目的、运动形式、运动强度、运动频率、持续时间、注意事项及微调整。注意事项主要包括明确指出禁忌的运动项目，提出运动中自我观察的指标和停止运动的指征。

6. 运动处方按照应用的对象和目的可分为三类。一是健身运动处方，以增强体质，促进健康，预防疾病为目的；二是竞技运动处方，以提高专业运动成绩为目的；三是康复运动处方，以辅助治疗和康复为目的。

7. 现代运动处方的运动形式包括三类：一是有氧耐力运动项目，如步行、慢跑、速度游戏、游泳等运动；二是伸展运动，如健身操、广播体操、武术、舞蹈等；三是力量性运动，如自由负重练习、部分健美操等。

8. 运动处方实施过程中自我监控很重要。通过对运动过程中多项指标的采集与分析，可以及时、准确地收集运动中和运动后身体的反应，客观地评价身体状态、疲劳程度、机体的恢复情况，从而监控和调节运动量，对预防过度训练和运动损伤有积极的作用。

（六）论述题

1. 身体成分与体重控制的意义在于：① 人体健康需要合理的体重和身体成分比例。体重过轻或过重以及体成分比例失调都会对人体健康造成危害。体脂量过多，会造成肥胖，不仅给生活、工作带来诸多不便，而且严重影响健康。肥胖能增加相关疾病的发病率和死亡率，缩短人类寿命。体脂过少也会危害人类健康，如代谢紊乱、身体功能失调（如闭经），严重者可导致死亡。所以合理的体脂比例有利于健康长寿。② 运动员获得佳绩需要适宜的体重和身体成分比例。为了保持良好的竞技状态，在比赛中取得佳绩，训练期或比赛前保持合理的体重和体成分比例非常重要，因此，各类运动项目的理想体重和体成分就成了教练员、运动员和体育科研人员关注的问题。测定体成分对指导运动员达到理想体重、发挥运动潜力、提高运动能力，帮助教练员找到合理的体重调控方法，合理安排训练以及运动员的科学选材，都具有重要意义。

2. 运动减肥的效果在较大程度上依赖于所采用的运动处方是否适用。运动处方包括运动方式、运动强度、持续时间及运动频率四要素，在制定减肥运动处方时，应遵循的原则有：① 安全性。所制定的运动强度、持续时间和练习频率应在参加者体质健康和心肺功能的安全范围之内。② 可接受性。运动方式应该使参加者感兴趣、能坚持下去和能够承受得起运动的费用。③ 有效性。即通过一段时间的减肥运动，出现体脂下降和腰围缩小等良好效果。

在实施过程中，首先应注意进行医学检查，判定心功能状态及有无心血管系统并发症等，根据实际情况制定切实可行的减肥目标和计划。每周以体重下降 0.5 kg 为宜，否则不能真正长久地减肥。其次，应注意饮食调整，在满足机体营养需要的基础上，尽量减少热量的过多摄入，主要是控制脂肪、糖类和食物总量的摄入。减肥健体运动方式应以有氧运动为主，结合抗阻力量练习，即在增加能量消耗的基础上，增加瘦体重。第三，每次运动时，要注意在开始时做好充分的准备活动，在结束时做好整理活动，运动过程中细心观察体会主观体力感觉程度（RPE），过于轻松或过于吃力，可对练习的内容和运动量做适当调整，避免运动伤害事故发生，以第二天不感到疲劳为宜。

3. 运动处方的基本内容包括以下几个方面：① 运动目的。依照不同的对象、不同身体健康状况或不同的要求，运动处方的目可以是多方面的，如促进生长发育，发展身体素质；增强体质，提高身体适应能力，延缓衰老以及防治某些疾病等。② 运动形式。运动形式是指依据个体运动处方的目而采用的专门运动种类或练习手段和方法。选择运动形式的条件要经过医学检查许可、本人喜欢、运动负荷适合本人体能水平、场地和设备器材允许，最好有指导者与同伴参与。③ 运动强度。运动强度是运动处方定量化与科学性的体现，只有适合个体状况的运动强度锻炼，才会获得好的锻炼效果。④ 运动时间。包括运动的持续时间与运动时间在一天中的安排。⑤ 运动频率。指每周运动的次数。⑥ 运动注意事项及微调。在运动处方中应根据运动目的或运动者的具体情况提出相应的注意事项，这对确保运动安全与防止伤害事故有重要作用。

4. 运动处方按照应用的对象和目的可以分为健身运动处方、竞技运动处方和康复运动处方三类。健身运动处方的主要对象是一般健身锻炼者，以增强体质、促进健康、预防疾病为目的；竞技运动处方的对象主要是运动员，以提高专业运动成绩为目的；康复运动处方的对象主要是疾病患者或功能康复者，以辅助治疗和康复为目的。

（七）案例分析题

该男子应该减少的脂肪总量

体脂重：96×35%＝33.5 kg；

去脂体重：96−33.6＝62.4 kg；

理想体重：62.4÷(1−25%)＝83.2 kg；

应减脂量：96−83.2＝12.8 kg。

每周应减少的热量

总的能量消耗为：12.8 kg×7 700＝98 560 kcal；

则每周应消耗的热能为：98 560÷26＝3 790 kcal；

若每天减少能量摄入 300 kcal，则每周体育活动消耗总热量为 3 790−300×7＝1 690 kcal；如果每周运动 4 次，则每次耗能为：1 690÷4＝423 kcal。

（河北师范大学　何玉秀）

（华南师范大学　黄玉山）

第十五章　环境与运动

15

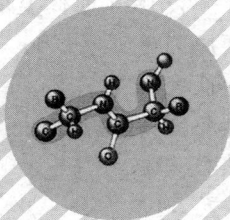

一、习题

（一）单选题

1. 正常人体直肠、口腔和腋窝的温度关系是（　　　）

    A. 直肠＞口腔＞腋窝　　　　　　　　B. 直肠＞腋窝＞口腔

    C. 口腔＞腋窝＞直肠　　　　　　　　D. 腋窝＜直肠＜口腔

2. 在环境温度达到或超过皮肤温度和体内温度时，身体散热的重要方式是（　　　）

    A. 传导　　　　　　　　　　　　　　B. 对流

    C. 辐射　　　　　　　　　　　　　　D. 蒸发

3. 人的体温在一天当中表现为周期性变化，通常是（　　　）

    A. 清晨 2~6 时体温最低　　　　　　B. 午夜 0~1 时体温最高

    C. 上午 8~12 时体温最高　　　　　D. 午夜 0~1 时体温最低

4. 在高原，引起人体机能发生变化的最主要原因是（　　　）

    A. 缺氧　　　　　　　　　　　　　　B. 低气压

    C. 低气温　　　　　　　　　　　　　D. 生物节律的改变

5. 当环境温度低于体温时，机体主要的散热方式是（　　　）

    A. 传导　　　　　　　　　　　　　　B. 蒸发

    C. 对流　　　　　　　　　　　　　　D. 辐射

6. 初上高原进行亚极量运动时，人体生理功能的主要变化是（　　　）

    A. 肺通气量减少　　　　　　　　　　B. 心率减少

    C. 心输出量增加　　　　　　　　　　D. 摄氧量增加

7. 下列有关自主性体温调节机制的叙述中，错误的选项是（　　　）

    A. 通过调节体内的产热过程和散热过程的平衡，以维持体温的稳定

    B. 由体温的自身调节系统来实现

    C. 其中的调节方式类似恒温器的调节

    D. 包括人行为性的体温调节，如人为采取的保温和降温措施等

8. 以下哪一选项不是人体高原习服的表现（　　　）

    A. 骨骼肌细胞中线粒体的容积密度增加

    B. 红细胞数量和血红蛋白的含量增加

    C. 血红蛋白的氧离曲线左移

    D. 安静和次最大强度运动时心率下降

9. 体温调节中枢位于人体哪一脑区（　　　）

    A. 延髓　　　　　　　　　　　　　　B. 脑桥

C. 中脑　　　　　　　　　　　　　　D. 下丘脑

10. 人体各部位的温度并不相同，哪一部位的温度最接近体内温度（　　　）

A. 口腔　　　　　　　　　　　　　　B. 腋窝

C. 直肠　　　　　　　　　　　　　　D. 皮肤

11. 有关生物节律的错误叙述是（　　　）

A. 它是生物体在长期进化过程中适应自然界时间周期性变化的结果

B. 生物节律是生物体固有的节律

C. 它通常不受外界环境变化的影响

D. 意义在于生物体对外环境的变化能做出更好的前瞻性反应

12. 中度大气环境污染，对人体最明显的影响是（　　　）

A. 心脏病和肺病患者症状显著加剧

B. 心脏病和肺病患者症状降低

C. 运动耐受力无变化

D. 运动耐受力增加

13. 大气环境污染对人体健康影响的特点是（　　　）

A. 涉及面广、且易感性无差异　　　　B. 低计量、长时间作用

C. 限呼吸途径进入人体　　　　　　　D. 见于健康状况不良者

14. 运动训练和体育锻炼应选择的适宜环境是（　　　）

A. 污染较小的环境　　　　　　　　　B. 污染较重的环境

C. 无大气污染的环境　　　　　　　　D. 有无污染的环境均可

15. 大气中的光化学烟雾对人体健康危害最严重的是（　　　）

A. 一次污染物和二次污染物协同作用

B. 二次污染物作用

C. 二次污染物和生成的臭氧共同作用

D. 一次污染物作用

（二）判断题

1. 外界环境的温度越高，机体通过辐射散失的热量就越少。（　　　）

2. 人体在寒冷环境下，骨骼肌寒战加强，促使产热量增加，是冷适应的标志之一。（　　　）

3. 高原服习，表现为从事耐力项目或长时间运动的能力得到提高。（　　　）

4. 热习服的人，运动时皮肤血流减少，但伴随排汗能力提高，使机体外周导热能力增强。（　　　）

5. 体温调节是通过人体自身调节系统，即生物控制系统来完成的。（　　　）

6. 热习服时，对流和蒸发散热的能力大大增强，使得外周导热能力提高。

（　　）

7. 高原环境对人体运动能力的影响因海拔高度及运动项目不同而有差异。
（　　）

8. 训练效果会因大气环境污染而消退，污染程度越严重消退越快。（　　）

9. 在大气环境污染的条件下运动时，人体吸入的有害气体无明显增加。
（　　）

10. 大气尘粒与 SO_2 共存的协同作用对人体的毒性会更大。（　　）

11. 大气环境污染对人体产生的急性作用，在某些情况下是以某种或某些毒物急性中毒的形式表现出来，即毒物直接作用的结果。（　　）

12. 生物节律是生物体对自然环境诸因素变化的一种适应。（　　）

13. 生物节律的存在，揭示了内环境的稳态呈现节律性的波动。（　　）

（三）填空题

1. 机体对冷环境的反应可归纳为_____和_____两个方面。

2. 在热环境下运动可能出现热造成的危害，包括_____、_____、热衰竭和中暑等热疾病。

3. 机体产生的热量通过血液到达皮肤，通过传导、_____、_____、_____的方式向体外散发。

4. 高原环境对人体生理功能的影响，主要表现为对_____系统的影响，因而，人在高原时最大摄氧量明显_____。

5. 高原环境可使运动员血液中_____和_____增多，使其在高原训练回到平原后机体供氧能力得以提高。

6. 低温可反射性地引起人体内物质代谢过程_____，使机体的摄氧量_____。

7. 长期身体训练可_____人体对寒冷环境的适应能力，并可改善肢体_____功能。

8. 安静时人体最主要的产热器官是_____，运动时最主要的产热器官则是_____。

9. 大气环境污染对人体健康的慢性危害是由于_____与_____接触引起的。

10. 运动员常因时差的改变而影响到运动成绩的正常发挥，在运动实践中可通过_____和_____，使生物节律逐步与环境变化同步。

11. 人体与外界环境不断进行着气体交换，维持着正常的生理活动，所以大气的正常化学组成是保证_____和_____的必要条件。

12. 对大气环境质量影响较大的化学污染物主要有_____和_____。

13. 大气环境污染会导致持续运动能力_____，污染程度越_____，运动能力下降越明显。

14. 生物节律的构成包括两方面，一是_____二是_____。

15. 人在一天中会出现_____个功能高潮，它与人体各种生理功能活动的_____有关。

（四）名词解释

1. 体温调节
2. 热习服
3. 高原适应
4. 中暑
5. 生物节律
6. 大气环境污染
7. $PM_{2.5}$
8. 生物节律起搏器
9. 非同步综合征

（五）简述题

1. 简述人类对冷环境适应的三种习服类型及其原因。
2. 简述人体在热环境下运动时所引起的生理反应。
3. 简述高原环境对人体运动能力的影响。
4. 简述人体日节律、周节律和年节律的规律及意义。
5. 简述大气环境污染对人体运动能力的影响。
6. 简述大气环境污染对人体健康影响的特点。

（六）论述题

1. 试结合水环境中运动的特点，阐述人体对水环境适应的表现。
2. 试述高原习服的生理学基础及其意义。
3. 试述人体运动时体温的变化、调节及意义。
4. 试述大气环境污染对人体健康影响效应所体现的几个方面。

（七）案例分析题

1. 老王，男、46岁、喜欢跑步。某日，天气炎热、湿度较大、气温37 ℃。他身着运动装外出跑步，一般跑个40 min就会回家，但当天出去两个小时都不见回来，家人赶快派人出去寻找，不久发现他已昏倒在路边，并已处于昏迷状态。紧急呼叫120急救车将其送往医院，经过几天抢救，最终因抢救无效死亡。

请问：老王死亡的可能原因是什么？它有哪些症状？遇到这种情况后应该

231

如何处理？

2. 某市环保局透露的数据显示，在夏季机动车尾气污染占到整个空气污染的 22%，这一比例在所有污染物中排名第二，仅次于 25% 的扬尘污染，比挥发性污染高出两个百分点。

为迎接全运会召开，该市出台应对极端天气预案：全运会期间重污染一旦来袭，政府将按照预案针对机动车尾气污染采取交通管制措施。届时，三环以内所有运输残土、沙石和水泥等物料的车辆，都将被禁止驶入。70% 的政府机关和事业单位机动车辆，也将停止使用。此外，还采取了重污染企业限产、实施交通管制、二环内所有施工工地停工等措施，从而保障空气质量。

请根据上述案例说明该市全运会期间应对大气环境污染预案的意义。

二、参考答案

（一）单选题

1. A　2. D　3. A　4. A　5. D　6. C　7. D　8. C　9. D　10. C
11. C　12. A　13. B　14. C　15. C

（二）判断题

1. 对　2. 错　3. 对　4. 对　5. 对　6. 错　7. 对　8. 对　9. 错　10. 对
11. 对　12. 错　13. 对

（三）填空题

1. 产热，保温

2. 脱水，热痉挛

3. 对流，辐射，蒸发

4. 心血管和呼吸，下降

5. 红细胞数量，血红蛋白

6. 增强，增加

7. 促进，末梢循环

8. 肝脏，骨骼肌

9. 污染物，呼吸道黏膜

10. 前适应调整，后适应调整

11. 生理功能，健康

12. 氮氧化物，二氧化硫

13. 下降，严重

14. 生物固有节律，与环境同步节律

15. 2 个，节律变化

（四）名词解释

1. 在人体体温调节系统的调控下，通过机体的产热和散热，以实现人体体温的相对恒定，称体温调节。

2. 不间断或反复居留在高温环境中，身体会逐渐适应这种特殊的气候条件，身体对抗热应激的稳定性得到发展、对炎热的耐受能力提高，机体出现的这种热适应状态，称为热习服。

3. 当人体在高原居住几天（或几周）后，机体对较低的氧分压进行了相应的调整，产生了一定程度的适应现象，称为高原适应。

4. 中暑是指人在高温和热辐射的长期作用下，机体体温调节中枢出现功能障碍，汗腺功能衰竭，以水、电解质代谢紊乱及神经系统功能损害为特征的一种疾病。

5. 生物体内的各种功能活动常按一定时间顺序周而复始、重复出现，生物体这类节律性变化称为生物节律。

6. 当大气环境的污染物达到一定浓度并持续一定时间时，破坏了大气正常组成和生态的平衡，对人体、动植物、物品材料以及工农业生产等产生不利影响和危害，称为大气环境污染。

7. 粒径小于 $2.5~\mu m$ 的颗粒物称为微粒子，简称 $PM_{2.5}$。

8. 控制生物机能周期性变化的生物节律中枢，称为生物节律起搏器。

9. 由外界环境急性变动而引起的机体暂时性生物节奏失调，表现为暂时性疲劳、失眠、胃肠道障碍、性功能障碍、精神及运动能力下降等各种身心功能障碍，称为非同步综合症，亦称之为时差病。

（五）简述题

1. 人类对冷环境的适应表现有三种习服类型：① 代谢型习服。长时间在寒冷环境中生活的人，基础代谢率平均高于温带地域人的 $14\% \sim 17\%$。这与交感神经所调节的非寒战产热有关，是人体通过提高产热而达到的寒冷服习。② 绝热型习服。长时间处于寒冷条件下，可使体表血管收缩和皮下脂肪增多，引起体表绝热性增大，产生服习。③ 习惯性冬眠型习服。世居长期寒冷环境中生活的人，在温度较低的情况下也不增加产热，皮肤的温度下降也少，体温也相对较低，机体习惯了较低的体温。

2. 人体在热环境下运动时所引起的生理反应主要有以下几个方面：① 导致脑细胞工作能力的下降。脑细胞对温度和缺血有着特殊的敏感性。② 影响肌肉的工作能力。过高的温度使肌细胞酶活性降低、能量代谢受阻、功能蛋白变性，这些都可直接影响肌肉工作能力。③ 导致机体脱水并引起一系列的生理反应。热应激合并机体脱水对机能的消极影响比单纯热应激或单纯脱水更明显。

3. 高原环境对运动能力的影响因海拔高度及运动项目不同而有差异。① 导致运动能力下降的临界高度大约在海拔 1 200 m 以上。② 运动持续时间超过 1 min 以上的全身性耐力运动，到高原后运动成绩明显下降。③ 由于高原空气稀薄，所以短距离的运动成绩在高原会有所提高。④ 需要利用空气升力的项目（如标枪等）可能在高原环境下会受到一些影响。

4. 生物节律的合理利用表现为使生物体对外环境变化做出前瞻性适应。如人的生物节律有日节律、周节律和年节律。人的日节律表现在一天中会出现两个功能高潮，一个高潮是上午 9～11 点，另一个高潮是下午 5～6 点；周节律也有一定规律，在一周节奏中最良好的工作能力表现在星期三和星期四；在年节奏中工作能力也表现出两个高潮期，第一个高潮在 5～6 月，第二个高潮在 8～10 月。人体生物节律的这些规律，既为运动训练的周期理论提供了依据，也是运动员重大比赛安排的参考依据之一。

5. 大气环境污染对人体运动能力会产生以下两方面的影响：① 大气污染会导致持续运动的能力下降，污染程度越严重、持续时间越长、运动的能力下降越明显。② 对运动训练的效果也有十分明显的影响，已产生的运动训练效果会因空气污染而消退，消退速度与空气污染的程度有关，污染程度越严重消退越快。

6. 大气环境污染对人体健康的影响主要有四个特点：① 环境污染涉及面广、易感性差异较大。② 低剂量、长时间的作用。③ 多途径进入人体。④ 多种因素同时存在。

（六）论述题

1. 在水环境中进行运动，水的冷刺激可提高人体对冷刺激的适应能力。因此，经常在水环境中运动，不但对人体产热、散热的调节能力有良好影响，而且对各器官系统的功能也有一定的促进作用。① 水的密度比空气大得多，在水中前进要克服更大的阻力，由于游泳时完成呼吸要比陆地上克服更大的阻力与压力，因此对呼吸肌的锻炼效果较之陆地为佳。另外在水中运动时，呼吸频率的变化受游泳动作节奏的限制，不能随意加快呼吸，同时水的压力又使补吸气的增加受限，因而经常进行游泳运动，可使人体最大摄氧量和从通气中获得氧的效率得到提高。② 在水环境中运动时，人体全身肌肉的静力紧张成分减少，加上呼吸节奏加深、水波对身体表面的拍击，会给静脉血的回流和心脏工作创造有利条件。因此，在水环境中运动可使循环功能发挥更大潜力，经常进行水中运动的人，可使其循环功能得到有效的锻炼。游泳运动员一般表现为心脏扩大、心动徐缓、心搏有力、心力储备与心率储备增强，心血管机能也得到提高。③ 经常从事游泳活动的人会提高身体的抗寒能力，可使代谢水平提高和皮下脂肪增厚来对冷环境产生适应。有训练的人入水后对第一次冷感的适应比一般人要快，对第二次冷感出现比一般人间隔时间要长，因而能量节省化程度较高。

2. 习服是机体在短期内对环境刺激发生的一种生理补偿过程，人在高原环境中可产生短期习服和长期习服两种，具体表现有：① 肺通气的适应。短期习服肺通气量增加并达到较高水平，长期习服则肺通气量明显减少。肺通气调节能力改善，这与脑脊液和血液中碳酸氢盐含量减少和肺通气对二氧化碳敏感性增加有关。② 血液红细胞数量增加、血红蛋白浓度升高、血液运载氧的能力提高、血液中能促进氧合血红蛋白的 2，3-二磷酸甘油酸增多，这些因素都有利于氧气向组织弥散。③ 血流动力学的变化。安静时和次最大强度的运动时，心率和心输出量均有所下降。④ 肺适应。肺弥散能力增强，伴随出现肺血压升高、肺血管分布和肺血容量增加。⑤ 组织适应。更长期的习服可产生类似耐力训练的细胞内变化，表现为线粒体含量、氧化酶含量和参加运动组织的血管分布增加等。⑥ 高原习服可提高肌肉对氧的利用率，改善人体有氧工作能力。

3. 运动时体温适当增高可提高人体的运动能力，因为适当的体温升高，可以提高神经系统的兴奋性、降低肌肉的黏滞性、提高肌肉组织中血流速度和血流量、促进氧合血红蛋白解离氧等，使肌肉收缩速度加快、肌力增加。但人体剧烈运动时能量代谢可达安静时的 20~25 倍，可使身体的产热量增加 10 倍以上，此时，机体的散热虽然也已加强，但总产热量仍暂时大于散热量，使体温暂时升高。

如果人体没有体温调节和适应机制，即便是中等强度的运动也会使体温每隔 5~6 min 升高 1 ℃，运动时间将不会超过 20 min，就出现疲劳或有危及生命的高热现象。因此，即使在温度较低的环境中运动，由于肌肉产热加强及体内代谢过程加强，人体就会通过大量出汗的方式排热，以维持体温恒定。在高气温条件下运动时，出汗则更是调节体温稳定的主要方式。此外，排汗散热的速率还受环境温度、空气温度和湿度的影响。如果空气完全干燥、对流，空气足以使体表汗液迅速蒸发，那么人体可以忍受很高的气温而不至于产生疾病；如果湿度为 100%、空气不流动，气温在 34 ℃ 左右便会产生不良影响。因此，在闷热、湿度大而通风又差的环境下运动时，特别要注意防暑降温，否则，过多的热量不能散发，将会使身体受到严重的危害。

4. 大气环境污染影响人体健康的作用有直接作用和间接作用，其效应有急性效应和慢性效应。大气环境污染对人体的急性作用，往往以某种或某些毒物急性中毒的形式表现出来，这就是毒物直接作用，如加重人体原先所患疾病的病情或加速患者的死亡，就是间接作用的影响。效应可以是急性的，也可以是慢性的，但有些急性效应也可以是受到长期慢性作用所引起的。此外，如短期接触窒息剂，可产生慢性的后作用。低浓度污染物长期作用于人体会产生慢性的远期效应。

（七）案例分析题

1. 分析要点

老王最有可能的死亡原因是重度中暑，亦称之为热射病。这种疾病多发生于在夏天高温、高湿天气下，长时间、大强度剧烈运动过程中或运动结束后，是一种致命性疾病，病死率较高。

典型症状为：体内温度超过 40 ℃、停止出汗、皮肤干燥，脉搏和呼吸加快、血压升高、意识混乱或丧失，如得不到及时治疗，可能会进一步发展为昏迷甚至死亡。

遇到这种情况后，要求一小时内将患者体温降到 38.5 ℃ 以下，一般处理措施如下：① 立即脱离高温环境，采取措施降体温并停止运动，将患者挪到阴凉地方，解开衣服、暴露体表、冷水擦拭身体。② 及时补充丢失的体液。③ 密切观察身体状况，测量体温、观察患者神志，如果降温效果差或者患者昏迷不醒，要立即送往医院。

2. 分析要点

主要意义有：① 该市全运会期间出台应对极端天气预案，反映了地方政府对大型比赛期间可能发生的大气环境污染的高度重视，预案操作性强，具有针对性明确、防治力度大等特点。② 汽车尾气过量排放是该市夏季大气环境污染源之一，为城市大气治污重点。限行方案不仅有利于减少污染物排放，而且有利于增强国民的环保意识。③ 大气环境污染危及比赛环境，不利于运动员健康，不利于实现比赛目标，验证了大气环境污染对运动的影响。

（西南师范大学　彭　莉）

（江西师范大学　吴纪饶）

（海南师范大学　吴　华）

参 考 资 料

［1］邓树勋，王健，乔德才，等. 运动生理学 ［M］. 第 3 版. 北京：高等教育出版社，2015.

［2］邓树勋，王健，乔德才. 运动生理学 ［M］. 第 2 版. 北京：高等教育出版社，2009.

［3］邓树勋，王健，乔德才. 运动生理学 ［M］. 北京：高等教育出版社，2005.

［4］吴纪饶，黄玉山. 运动生理学题解 ［M］. 第 2 版. 北京：高等教育出版社，2006.

［5］乔德才，汤长发，邓树勋. 运动生理学实验 ［M］. 北京：高等教育出版社，2006.

［6］乔德才，刘晓莉，侯莉娟，等. 运动生理学词汇解析 ［M］. 北京：北京师范大学出版社，2014.

［7］王步标，华明. 运动生理学 ［M］. 第 2 版. 北京：高等教育出版社，2011.

［8］王瑞元，苏全生. 运动生理学 ［M］. 北京：人民体育出版社，2012.

［9］朱大年，王庭槐. 生理学 ［M］. 北京：人民卫生出版社，2013.

［10］朱大年. 生理学 ［M］. 北京：人民卫生出版社，2011.